D1703224

99 neue Weihnachtsgeschichten

Willi Hoffsümmer (Hg.)

99 neue Weihnachtsgeschichten

Zum Vorlesen in Familie, Kindergarten, Schule und Gemeinde

FREIBURG · BASEL · WIEN

© Verlag Herder GmbH, Freiburg im Breisgau 2011
Alle Rechte vorbehalten
www.herder.de

Umschlaggestaltung: Finken & Bumiller
Umschlagmotiv: daniel.schoenen / photocase.com

Satz: Barbara Herrmann, Freiburg
Herstellung: fgb · freiburger graphische betriebe
www.fgb.de

Gedruckt auf umweltfreundlichem, chlorfrei gebleichtem Papier
Printed in Germany
ISBN 978-3-451-33999-8

Inhalt

I. Geschichten für 3- bis 7-Jährige
  1. Der kleine Tannenbaum 11
  2. Im Dornenwald 12
  3. Das Haus der Varenka 14
  4. Der alte Baum war doch zu etwas nütze 15
  5. Am Hirtenfeuer 16
  6. Die Sternenputzer 18
  7. Die Bärenweihnacht 19
  8. Der Engel und der Hirtenjunge 21
  9. Drei kleine Sterne 23
  10. Ein Esel geht nach Bethlehem 25
  11. Tiere an der Krippe 27
  12. Das Jesuskind liebt alle Tiere 28
  13. Bömmels Weihnachtsgeschenk 29
  14. Ein Geschenk für Weihnachten 31
  15. Wozu die Liebe den Hirtenknaben veranlasste 34
  16. Der rote Mohn 35
  17. Christrosen für Maria 37

II. Geschichten für Grundschüler/-innen
  18. Nikolaus in Not 43
  19. Die Legende vom allerkleinsten Engelchen 45
  20. Dinis Weihnachtswunsch 46
  21. Das Gesicht im Spiegel 47
  22. Weihnachten kann man nicht kaufen 49
  23. Der böse Traum, der alles veränderte 51
  24. Der Bauer und das Bettelkind 52
  25. Von den Blumen auf der hohen Treppe 53
  26. Silvio 55
  27. Der Engel, der nicht fliegen konnte 57
  28. Die Kerze, die nicht brennen wollte 59
  29. Ein Stern ging auf 61
  30. Zwei Briefe an das Christkind 64
  31. Warum die Tanne zum Christbaum wurde 66
  32. Der hässliche Tannenbaum 68

33. Der Straßenkehrer und das Engelshaar 70
34. Kara erzählt 72
35. Vom Geheimnis des Christkindes 74
36. Der Stern von Bethlehem erzählt 75
37. Ursels Streichelbild 77
38. Die Apfelsine des Waisenknaben 79
39. Der unerwartete Mitspieler 80
40. Ich bin ja nur ein Esel 81
41. Der Weihnachtskaktus 85
42. Maria und das schwarze Schaf 89
43. Das Kindlein und der Kieselstein 91
44. Josef gehört in die erste Reihe 94
45. Die Flucht nach Ägypten 97
46. Vom vierten König 101
47. Der verlorene König 104
48. Plötzlich nahm die fremde Dame die Dose 106

III. Geschichten für Schüler/-innen weiterführender Schulen
49. Unerwünscht 111
50. Vielleicht kommt er morgen zu dir 112
51. Der Weihnachtsbrief 114
52. Die Gruppe würde ihn Feigling nennen 116
53. Der Engel im Glatteis 118
54. Weihnachten in Chicago 120
55. Papa, Charly hat gesagt 122
56. Liesel will im Gefängnis bleiben 126
57. Geschenke von Herzen 128
58. Die kleine Spieldose 130
59. Lebenslange Trauer um einen Feind 131
60. Der Weihnachtstraum 133

IV. Geschichten für jüngere Erwachsene
61. Vertrauen gegen Vertrauen 137
62. Der Engel in Uniform 140
63. Das Kind mit dem Schulranzen 141
64. Das Geheimnis der Wollmütze 142
65. Der Eisklumpen 144
66. Die Bescherung 146

67. Wann ist Weihnachten?	149
68. Die Geige	150
69. Wenn Weihnachten heute stattgefunden hätte	151
70. Das Flüstern im Herzen	153
71. Mein schönstes Weihnachtsgeschenk	155
72. Mein Heinrich	156
73. Die Versuchung	158
74. Nicht vor dem Leben kapitulieren	160
75. Der bucklige Josef	162
76. Was der Esel dem Christkind zu sagen hatte	164
77. Der Stein des Eseltreibers	165
78. Die Klage der Christbäume	167
79. Merkwürdige Gäste an der Krippe	169
80. Die goldene Kette	171
81. Auf der Suche	175
82. Der Nachweihnachtsengel	176

V. Geschichten für ältere Erwachsene

83. Das Krippenhuhn	181
84. Das richtige Wort	182
85. Der goldene Kreislauf	183
86. Die Geschichte vom Weihnachtsbraten	185
87. Das Gesicht des Engels	187
88. Mein Stern	190
89. Der Schattenengel	192
90. Mutter wacht auf	194
91. Die Macht der Christnacht	196
92. Der junge Hirte	198
93. Die Ferntrauung	200
94. Herr Kreuzer zündet die Kerzen an	202
95. Nachdenken Josefs	204
96. König, Bauer und Knecht	206
97. Der Weihnachtsnarr	207
98. Friede allen Völkern	209
99. Die Legende vom Baum im Paradies	212

Quellenverzeichnis ... 215

I. Geschichten für 3- bis 7-Jährige

1. Der kleine Tannenbaum

Hinführung: Ein kleiner Tannenbaum träumt davon, ein schön geschmückter Christbaum zu werden.
Vorlesedauer: ca. 2 Minuten.

Ein kleiner Tannenbaum träumte davon, einmal so groß zu sein wie die anderen. Wenn im Herbst die Waldarbeiter kamen, um die großen Bäume zu fällen, dann sehnte er sich danach, auch einmal eine große Reise zu machen.

In der Weihnachtszeit wurden auch kleinere Bäume abgeschlagen, und eines Tages drang eine Axt auch in seinen Stamm. Vor Schmerz wurde der kleine Tannenbaum fast ohnmächtig. Er spürte sofort, dass er jetzt Abschied nehmen musste von den anderen Bäumen und den Vögeln, Eichhörnchen und Kaninchen. Ach, vielleicht würde er auch Sonnenschein und Wind nie mehr spüren?

Aber die Vögel hatten ihm ja erzählt, dass er in der Stadt geschmückt würde mit Äpfeln, Sternen, goldenen Kugeln und glitzerndem Lametta, und viele Lichter würden ihn unvergleichlich schön machen. Da überwand er leichter den Abschiedsschmerz.

Und richtig: Eine Familie wählte ihn aus und schmückte ihn bald mit vergoldeten Nüssen und Spielzeug. Und oben in seine Spitze setzten sie einen glänzenden Stern.

Als der Heilige Abend kam, erstrahlte er in seiner ganzen Pracht; er glitzerte und leuchtete so schön, wie man es in Worten gar nicht wiedergeben kann.

Als dann die Kinder mit großen Augen hereintraten und andächtig zuhörten, als die Geschichte vom kleinen Jesuskind in der Krippe vorgelesen wurde, da war der kleine Tannenbaum ganz glücklich und hätte mit keinem auf der Welt tauschen mögen.

Doch viel zu schnell war Weihnachten vorbei. Sie rissen den Schmuck von seinen Zweigen, schimpften über seine Nadeln, die piekten und überall zerstreut herumlagen, und warfen ihn in den Hof in eine kalte, garstige Ecke. Jetzt war der kleine Tannenbaum ganz unglücklich und hatte große Angst, dass sie ihn zersägen oder verbrennen würden. Aber da bemerkte er in seinen Ästchen ein paar Fäden Lametta, die vergessen worden waren: die leuchteten immer noch und erinnerten daran, wie schön es gewesen war. Da schloss der kleine Tannenbaum seine Augen und träumte. Er sah noch einmal seine Schwestern und Brüder im Wald, atmete den Duft der Kerzen ein, erinnerte sich an das Kind in der Krippe und dachte: Wenn dieses Kind der Herr der Welt ist, dann kann jetzt nicht alles zu Ende sein.

Könnte das Lametta doch sprechen und ihm etwas erzählen von der Herrlichkeit, die mit dem Kind in der Krippe eines Tages beginnt.

Der erste Teil nach Hans Christian Andersen

2. Im Dornenwald

Hinführung: Überall dort, wo Maria und das Kind in ihrem Leib hinkommen, wird alles schöner. Wir hören, wie aus Dornen Rosen wachsen.
Vorlesedauer: ca. 2 Minuten.

Auf ihrem Weg nach Bethlehem mussten Maria und Josef auch einen Wald durchqueren. Trocken und starr ragten die dürren Stämme empor. Dazwischen aber wucherten hart und knorrig Büsche, die statt der Blätter nur lange, spitze Dornen trugen. Diese reckten sich den Wanderern entgegen und rissen an ihren Kleidern. Vor allem dem Eselchen, das sich nicht so dünn machen konnte wie die Menschen, erging es sehr schlecht. Die Dornen fuhren ihm immer wieder in sein armes Fell, dass es schließlich gar nicht mehr weitergehen mochte. Da half auch alles Bitten und Schelten nichts. Das Eselchen stand wie angewurzelt und schrie nur jämmerlich „I-ah", als Josef es mit seinem Wanderstab antreiben wollte. Da schimpfte Josef auf die Dornenbüsche, die ihnen die Reise so beschwerlich machten. Maria aber, die liebe Gottesmutter, legte ihrem Mann sanft die Hand auf seinen Arm und sprach: „Lieber Josef, schimpf die armen Büsche nicht so sehr. Sie können doch nicht anders, als Dornen tragen. Es ist ja ganz trocken in dieser Gegend. Hätten sie nur genügend Wasser, ich gebe dir mein Wort: sie würden für uns und unser liebes Kind duftende Rosen tragen." Dann hob sie die Augen auf zum Himmel und bat: „Lieber Gott, lasse deine

Güte herniederrinnen als einen Leben spendenden Tau, dass diese armen Dornenbüsche sich verwandeln können, wie sie es ersehnen."

Kaum hatte Maria dieses Gebet gesprochen, da fiel ein milder Tau vom Himmel herab auf die Dornenbüsche. Die sogen voller Freude das Wasser auf, und als sie das taten, da fielen alle Dornen von ihnen ab. An deren Stelle aber erblühten die herrlichsten Rosen; die leuchteten in den schönsten Farben und dufteten um die Wette, dass es eine rechte Lust war. Da dankten Maria und Josef für dieses Wunder. Das Eselchen aber ward wieder ganz fröhlich, streckte die Nase in die würzige Luft und trabte munter voraus, Bethlehem entgegen.

Georg Dreißig

Das folgende Lied, das gut zu der Geschichte passt, hat etwas Bezauberndes und Geheimnisvolles an sich, so dass es auch schon Kinder sehr gerne singen.

Was trug Maria unter ihrem Herzen? Kyrie eleison!
Ein kleines Kindlein ohne Schmerzen,
das trug Maria unter ihrem Herzen! Jesus und Maria.

Da hab'n die Rosen Dornen getragen. Kyrie eleison!
Als das Kindlein durch den Wald getragen,
da haben die Dornen Rosen getragen! Jesus und Maria.

Wer hat erlöst die Welt allein? Kyrie eleison!
Das hat getan das Christkindlein,
das hat erlöst die Welt allein! Jesus und Maria.

Weise und Text aus dem Eichsfeld

3. Das Haus der Varenka

Hinführung: Wer Gott um etwas bittet, bekommt oft etwas anderes geschenkt, das weiterhilft.
Vorlesedauer: ca. 1 ½ Minuten.

Vor langer Zeit lebte friedlich in den weiten Wäldern Russlands die Witwe Varenka. Aber eines Tages wütete ein schrecklicher Krieg. Alle flohen und rieten auch Varenka zur Flucht. Doch sie dachte: Wer stärkt dann die müden Wanderer oder nimmt die Kinder auf, die sich verirren? Sie kniete nieder und bat Gott, um ihr Haus eine Mauer zu bauen.
Aber Gott half nicht.

Anderntags pochte ein Ziegenhirt auf der Flucht bei ihr an, dem nur eine kleine Ziege geblieben war: „Nimm uns auf, sonst fressen uns die Wölfe!", bat er. Da öffnete Varenka ihnen die Tür. Abends betete sie wieder, Gott möge eine Mauer um ihr Haus bauen.
Aber Gott half nicht.

Schließlich schluchzte ein kleines Mädchen vor der Tür, das auf der Flucht Vater und Mutter verloren hatte. Varenka nahm es auf. Das Donnern der Kanonen war jetzt schon bedrohlich nahe. Morgen würden die Soldaten da sein! Abends betete Varenka noch inständiger als zuvor.

Und – in der Nacht fiel Schnee! Er fiel so dicht, dass er erst bis zum Fenstersims reichte und dann das ganze Haus bedeckte.

Am Mittag zogen die Soldaten suchend durch den Wald. Sie gingen an der Hütte vorbei.

Da wusste Varenka, dass Gott sie doch erhört hatte – auf *seine* Weise.

Bernadette Watts

4. Der alte Baum war doch zu etwas nütze

Hinführung: Wir hören von einem alten Baum, der sterben wollte und dann zu etwas Großem wurde.
Vorlesedauer: ca. 2 ½ Minuten.

Auf einer Lichtung in einem Wald stand ein alter, krummer Baum. Sturm und Unwetter hatten ihn gezeichnet. Und alt war er, sehr alt. Er wusste, dass seine Tage gezählt sind. Ein Sturm noch und sein Stamm würde umknicken wie ein Streichholz.

Er war nicht unglücklich darüber, nein, schließlich hatte er ein langes und gutes Leben gehabt. In seinen besten Jahren trug er so viele Früchte, dass sich seine Äste bis zum Boden bogen. Doch jetzt berührten sie nur dann die Erde, wenn sie abknickten. Gerne wäre er noch zu etwas nütze gewesen, bevor er endgültig …! „Ach ja", dachte er, „erinnern wird sich wohl keiner an mich und vermissen schon gar nicht."

Eines Tages nun fing ein hektisches Treiben um ihn herum an. Es wurde gehämmert, gesägt, gehobelt und geschliffen. Auf der Lichtung wurde ein Stall gebaut. „Nun, vielleicht können die mich ja brauchen", dachte er, „als Bretter für die Wände; als Balken, die das Dach halten, oder als Türrahmen?" Er streckte seinen krummen Stamm, so gut er konnte, damit man ihn ja nicht übersah.

Aber die Stallwände standen und keiner hatte ihn geholt; das Dach wurde errichtet und keiner holte ihn; der Türrahmen wurde eingepasst und keiner holte ihn. Ja, nicht einmal für die Zaunlatten brauchte man den alten, krummen Baum. Traurig und ohne Kraft stand der Baum da; ja, es schien sogar, als ob sein Stamm noch etwas krummer geworden sei.

Und wirklich: beim nächsten Sturm knickte der Stamm um, ohne sich auch nur ein bisschen zu wehren! Am anderen Morgen kam ein Mann, begutachtete den umgefallenen Baum, holte eine Motorsäge und trennte den Stamm von Wurzel und Krone. Dann holte er Hammer und Meißel und schnitzte mit kräftiger Hand eine – Krippe aus dem alten Baumstamm. Danach trug er die Krippe in den Stall und füllte sie mit duftendem Heu.

Und ratet mal, was noch in diese Krippe gelegt wurde? Eine Frau und ein Mann kamen eines Tages in den Stall und brachten dort ein

Kind zur Welt. Und sie legten das Baby genau in diese Krippe. Und man sagte, dieses Kind sei Jesus, der Gottessohn.

Sagt mir, ist es nicht das Schönste, was passieren konnte?: Gottes Sohn zu tragen, ihm Geborgenheit, Schutz und Wärme zu geben?

So war der alte, krumme Baum schließlich sogar zu etwas Besonderem berufen worden!

Monika Endres

5. Am Hirtenfeuer

Hinführung: Es ist schön, an einem Lagerfeuer zu sitzen und zuzuhören, was die Großen sich alles erzählen.
Vorlesedauer: ca. 3 Minuten.

Auf den Feldern vor den Toren der Stadt Bethlehem brannte ein Feuer. Drumherum saßen die Hirten und wärmten sich, denn es war Winter, und die Nächte waren kalt. Um sie her im Kreis lagerten die Schafe in friedlicher Ruhe. Nur die Hunde streiften rastlos um die Herde und wachten.

„Wäre das schön", seufzte Samuel, der junge Schäfer, plötzlich, „wenn es keine Wölfe mehr gäbe, die die Herde bedrohen!" Jakob aber schüttelte unwillig den Kopf und erwiderte seinem Kameraden: „Was sollen die Träume! Solange es Schafe gibt, wird es auch Wölfe geben, die sie reißen."

Da hob Elias, der Alte, das weiße Haupt, blickte die beiden mit hellen Augen an und sprach geheimnisvoll: „Wer weiß, wer weiß. Ich habe von einer Verheißung gehört, dass eines Tages die Wölfe friedlich mit den Lämmern grasen werden."

„Wann wird das sein?", fragte Samuel rasch. Der Alte wiegte bedächtig das Haupt. „Im Buche steht, dass eines Tages der Sohn Gottes als Mensch geboren werden wird. Dann wird alle Feindschaft auf Erden aufhören und Friede unter den Menschen und unter den Tieren sein. Aber wann dieser Tag anbricht, das weiß niemand zu sagen."

Sinnend schauten die Hirten ins Feuer. Auf einmal vernahmen sie einen lieblichen Gesang, so süß, dass er ihnen das Herz anrührte. Als sie sich umwandten, gewahrten sie auf der Straße zur Stadt einen alten Mann und eine junge Frau im blauen Kapuzenmantel, die von einem kleinen Esel begleitet wurden. Und die Frau sang, sang für das Kind, das sie unter dem Herzen trug, und heiterer Friede breitete sich aus in den Seelen derer, die ihr lauschten.

Die Hirten schauten der Frau nach, bis sie ihren Blicken entschwunden war. Als sie sich endlich wieder dem Feuer zuwandten, merkten sie, dass auch die Schafe die Köpfe nach Bethlehem gekehrt hatten, und selbst die Hunde hatten in ihrem rastlosen Lauf innegehalten und standen mit gespitzten Ohren. Plötzlich wies Samuel vorsichtig mit der Hand über die Herde und flüsterte: „Seht einmal, dort! Das ist keiner unserer Hunde; das ist der Wolf!"

Die anderen Hirten folgten seinem Zeichen und nickten dann. Ja, der Wolf bei den Schafen. Wie diese stand er, vom Zauber des Gesangs ergriffen, und schaute gen Bethlehem. Da leuchtete das Gesicht des alten Elias, und er rief: „Noch glaubten wir, dass das Wunder, von dem wir sprachen, erst in ferner Zeit geschehen werde, und nun ist es ganz nahe. Der Sohn Gottes kommt in die Welt. Untrüglich ist das Zeichen: Friedlich grast der Wolf bei den Lämmern."

Georg Dreißig

6. Die Sternenputzer

Hinführung: Weil die Sterne am Himmel so leuchten und glitzern, glauben manche, dass Engel sie immer wieder blank putzen.
Vorlesedauer: ca. 2 Minuten.

Damit die Sterne am Himmel am Abend und in der Nacht glitzern und funkeln, müssen sie am Tage ganz gründlich von den Sternenputzern geschrubbt und geputzt werden.

Jeder Sternenputzer ist für einen Stern verantwortlich. Da gibt jeder sich natürlich die allergrößte Mühe, dass sein Stern so blank geputzt wird, dass es eine Freude ist.

Doch plötzlich wirft ein Sternenputzer traurig seine Putzlappen weg und sagt: „Ich weiß gar nicht, warum wir uns jedes Jahr so viel Mühe geben sollen! Die Menschen auf der Erde haben überall bunte Lichter und leuchtende Reklameschilder aufgehängt. Da schauen sie doch gar nicht mehr zu unserem Weihnachtsstern am Himmel hinauf."

„Ja", meint ein anderer Sternenputzer leise, „im letzten Jahr haben sie den Weihnachtsstern schon ganz vergessen. Sie kümmern sich nicht mehr darum, ob er nun schön funkelt und glitzert. Da wirft ein dritter Sternenputzer seinen Lappen zu den anderen: „Also putzen und schrubben wir nicht weiter!" Alle umstehenden Sternenputzer nicken und schauen mit traurigen Gesichtern um sich.

Nur einer scheint nicht einverstanden zu sein und sagt: „Stellt euch einmal vor, wenn in der Weihnachtszeit doch ein paar Kinder zum Himmel hinaufsehen, um den Weihnachtsstern zu suchen. Es wäre doch schlimm, wenn sie ihn nicht finden, weil er nicht am hellsten strahlt und leuchtet."

„Sehr schlimm wäre das!", pflichten ihm die anderen Sternenputzer leise bei. „Auch wenn nur ein einziges Kind den Weihnachtsstern nicht finden könnte, wäre das sehr schlimm." Und nach einem kurzen Augenblick holen die Sternenputzer einer nach dem anderen ihren Putzlappen zurück.

Glaubt nur, am Weihnachtsabend wird der Weihnachtsstern so hell glitzern und funkeln wie noch nie vorher so, daß wieder viele Menschen zu dem Weihnachtsstern hinaufsehen und sich freuen, Kinder und große Leute. *Um zwei Drittel gekürzt von Micaela Kemme*

7. Die Bärenweihnacht

Hinführung: Wir hören eine Geschichte, in der das Kind in der Krippe nicht vorkommt. Aber alle tun das, was das Jesuskind wollte: Sich gegenseitig helfen.
Vorlesedauer: ca. 5 Minuten.

In dem einen Jahr, da geschah es, dass der alte Korbinian zu Weihnachten ganz allein war. Seine Freunde waren weg, und niemand hatte zu ihm gesagt: „Du kannst doch ganz einfach zu uns kommen. Ja, komm doch zu uns, wir warten, bis du kommst." Und so war der alte Korbinian allein geblieben. Er hatte auch kein Holz mehr zum Heizen, und es fror ihn an den Händen.

„Ich werde vielleicht über die Felder gehen", sagte er zu sich, „das macht warm." Und er ging an den Häusern vorbei, aus der Stadt hinaus bis zu der Böschung, von wo aus man den Fluss sehen kann. Er ging so vor sich hin und merkte mit einem Mal, dass jemand neben ihm ging. Ein Fuchs! Sie gingen eine Weile nebeneinander her, und keiner fragte den anderen, woher oder wohin. Bald sah der alte Korbinian, dass auch noch fünf Krähen und zwei Hasen, sieben Waldmäuse und ein Wiesel mitgingen. Und sie gingen nebeneinander und setzten einen Fuß vor den andern, und keiner sagte ein Wort, denn Tiere sind wortkarg. Erst bei der Buche beim kleinen Wald kratzte ihn der eine Hase am Bein und sagte in der Hasensprache: „Ob Sie mich, bitteschön, tragen könnten, Herr Korbinian? Ein kleines Stück bloß. Nicht weit. Ich bin auch gar nicht schwer. Hasengewicht. Meine Beine – wissen Sie, mir ist so kalt. Auch bin ich nicht mehr der Jüngste."

Da nahm Korbinian den Hasen auf die Schulter. Bald krochen die Waldmäuse in seine Taschen und das Wiesel unter seine Jacke. Dann nahmen auch die größeren Tiere die kleineren auf den Rücken, weil ihnen die Beine wehtaten.

Sie waren zusammen schon vierundsechzig Waldtiere, elf Vögel und ein Hund aus einem fremden Dorf. „Ein kleines Stück bloß noch", flüsterte das Wiesel dem Korbinian ins Ohr, „wir gehen nämlich zum Bären. Bei ihm ist es warm, und heute ist doch die große Nacht. Der Bär ist der König." Ich weiß schon, manche denken, es gäbe gar keine Bären. Aber in solchen Nächten gibt es doch Bären!

Der Bär war böse. „Wer ist der Mensch? Wo habt ihr ihn her, wer hat ihn mitgebracht? Noch nie war ein Mensch hier, nie!" Da setzte sich ein kleiner Hänfling auf die Bärenschulter des Königs und sang ihm ins Ohr: „Ich, bitteschön, Herr König. Ich kenne ihn. Er ist der Korbinian. Ich kenne ihn sogar persönlich. Sie wissen schon, er hat mich im vorigen Jahr auf dem Vogelmarkt gekauft und freigelassen. So etwas tat vorher noch niemand. Das ist eine Tat, Herr Bär, und ich lege für ihn meine Flügel ins Feuer, wenn Sie wollen. Meine Familie und ich haben den ganzen Sommer das Lied von dem wunderbaren Mann gesungen, Sie werden sich vielleicht erinnern. Er soll, bitte, bleiben."

Da drängten sich die Stadtmäuse nach vorn und riefen: „Ja, ja! Das stimmt! Er ist der Korbinian. Wir kennen ihn gut. Wir haben immer sein Brot unter uns geteilt. Jeder die Hälfte, ganz ehrlich. Er ist ein guter Mensch, Herr König. Und wo sollte er überhaupt hingehen, wenn Sie ihn wegschicken? Wo denn hin?" – Da wurden die Augen des Bären ganz hell, und er wischte sich mit der Pfote über die Schnauze und sagte: „Er bleibt."

Die Tiere setzten sich um den Bären, und ihre Augen sahen aus wie klares Wasser. „Macht die Lichter an, Freunde!", sagte der Bär, und die Adler flogen zu den Sternen und putzten sie mit ihren Flügeln blank. Das war eine Nacht, die so groß war, dass den Korbinian die Erde nicht mehr unter den Füßen drückte. „Und was habt ihr mir zu sagen, Tiere?", fragte der Bär. Ein Hamster trat vor, knöpfte seinen Pelz auf und sagte: „Hier ist ein Schmetterling, Herr König. Ich habe einen Schmetterling vor dem Erfrieren gerettet." Er legte ihn dem König zur Probe auf die Pfote, damit er ihn spüren konnte, und steckte ihn dann vorsichtig wieder unter die Pelzjacke. Da hörte Korbinian, wie jemand neben ihm flüsterte: „Der Mann! Vielleicht hat der Mann Hunger." Und er merkte, wie ein Eichhörnchen ihm seinen Nussvorrat in die Tasche steckte. Heimlich, und alle Nüsse geknackt. Er probierte die Nüsse, sie waren so wie früher, als er noch nicht allein war. Hinter dem Rücken verteilte er sie weiter an die Waldmäuse. Und er hörte, wie jemand sagte: „Vielleicht friert es den Korbinian." Da legten sich die Hasen auf seine Füße und wärmten ihn. Der Bär deckte ihn mit seinem Fell zu, und Korbinian sah den Himmel, und die Sterne waren gar nicht mehr weit. Und der Hamster flüsterte ihm ins Ohr: „Ich könnte dir meinen Schmetterling schenken, wenn du magst. Ich selber brauche ihn ehrlich nicht."

Der Hänfling setzte sich ganz nah bei seinem Gesicht nieder, und als er den Schnabel auf seinen Schnurrbart legte, da träumte der alte Korbinian vom lieben Gott.

Janosch

8. Der Engel und der Hirtenjunge

Hinführung: Ein kleiner Engel sollte erst gar nicht mit nach Bethlehem, aber dann bekommt er noch einen besonderen Auftrag.
Vorlesedauer: ca. 5 Minuten.

Unter den vielen großen herrlichen Engeln, die den Hirten auf dem Feld in der Weihnachtsnacht die Frohe Botschaft brachten, befand sich auch ein ganz kleiner. Eigentlich war er noch viel zu klein für die weite Reise. Seine großen Brüder hatten ihn deshalb gar nicht mitnehmen wollen.

„Du hast noch nie in unserem Chor mitgesungen", hatten sie gesagt. „Du spielst kein einziges Instrument. Und den Text der Frohen Botschaft bringst du immer durcheinander."

Der kleine Engel hatte oben im Himmel nicht zu widersprechen gewagt, aber aufgegeben hatte er nicht. Er wollte unbedingt mit nach Bethlehem. Und weil er ein ziemlich schlauer kleiner Engel war, gelang es ihm, sich beim Aufbruch seiner großen Brüder zwischen den weiten, weißen Gewändern und im Rauschen der goldenen Flügel zu verstecken. So flog er mit auf die Erde.

Sobald er festen Boden unter den Füßen hatte, hüpfte er vergnügt über die Wiese, auf der er gelandet war. Neugierig sah er sich um.

„Aha, das sind also die Schafe!", rief er entzückt. „Das sind die Hirten! Und das schiefe Häuschen dahinten ist sicher der Stall. Da kann ich sicher gleich hingehen und das Jesuskind anschauen."

Seine großen Brüder waren nicht sehr erfreut, als sie den kleinen Engel entdeckten. Und dass er so neugierig war und so viel plapperte, gefiel ihnen erst recht nicht.

Der Erzengel Michael nahm ihn beiseite und legte den Finger über die Lippen. „Schscht!", machte er. „Wenn du schon nicht singen und musizieren und die Frohe Botschaft verkünden kannst wie wir, dann sei wenigstens ruhig!"

Der kleine Engel gehorchte. Er setzte sich zwischen die Schafe und war mucksmäuschenstill. Während die anderen auf ihren Instrumenten spielten und ihre wunderbaren Lieder sangen, gab er keinen Ton von sich. Und bei der Verkündigung der Frohen Botschaft bewegte er nur lautlos die Lippen.

Erst als die Hirten sich auf den Weg zur Krippe machten, wurde er wieder munter. Er wollte sofort hinter ihnen her und das Jesuskind sehen. Außerdem wollte er Maria und Josef die Hand geben. Und den Ochsen und den Esel streicheln.

Der Erzengel Michael erwischte ihn gerade noch rechtzeitig am Ärmel. „Nein, du bleibst hier!", sagte er streng. „Ich habe eine Aufgabe für dich."

Der jüngste der Hirten, ein neunjähriger Junge, war nämlich vom Musizieren der Engel und von der Verkündigung der Frohen Botschaft nicht aufgewacht. Er lag noch zwischen den Schafen und schlief.

„Bei ihm bleibst du sitzen!", bestimmte der Erzengel. „Er ist noch ein Kind und soll sich ausruhen. Wenn er aufwacht, erzählst du ihm, was geschehen ist und führst ihn zum Stall."

Der kleine Engel war froh und stolz, dass er nun eine richtige Aufgabe hatte. „Ist gut!", sagte er. „Du kannst dich auf mich verlassen. Und den Heimweg finde ich auch." Während seine großen Brüder in den Himmel zurückkehrten, setzte er sich neben den Hirtenknaben und wartete.

Er wartete lange Zeit. Der Morgen graute schon, als der Junge endlich die Augen aufschlug. Als er den kleinen Engel an seiner Seite erblickte, war er zwar ziemlich überrascht, aber kein bisschen erschrocken. „Wer bist du denn?", rief der Junge. „Ein großer Schmetterling vielleicht? Ist der Frühling schon da?"

„Ich bin kein Schmetterling", antwortete der kleine Engel. „Und wir haben erst Ende Dezember. Aber in der letzten Nacht wurde dein König und Heiland geboren. Er heißt Jesus und liegt dahinten im Stall zwischen Ochs und Esel in einer Krippe. Ich bin ein Engel und soll dich hinbringen."

Sofort sprang der Junge auf und reichte dem kleinen Engel die Hand. Zusammen machten sie sich auf den Weg. Einer war so fröhlich und neugierig wie der andere.

Ingrid Uebe

9. Drei kleine Sterne

Hinführung: Wir hören, wie zwei kleine Sterne einem Stern helfen, der erloschen war.
Vorlesedauer: ca. 5 Minuten.

Am Tage vor Weihnachten traten die drei kleinsten Sterne aus der Milchstraße in die himmlische Kanzlei und baten darum, Weihnachten zu den Menschen gehen zu dürfen.

„Was wollt ihr denn auf der Erde?", fragte sie der alte Obersternmeister verwundert.

„Wir wollen den Menschen nur ein bisschen Licht und Wärme bringen", antworteten die Sterne.

„Schenkt ihr ihnen nicht das ganze Jahr über genug Licht?"

„Es ist aber doch Weihnachten, Herr Obersternmeister", baten die Sterne.

„Nun gut, geht zu den Menschen, aber schenkt nicht all euer Licht fort, sonst findet ihr nicht mehr nach Hause und müsst auf der Erde bleiben." So sprach der alte Obersternmeister. Die Sterne nickten froh und machten sich auf den Weg zur Erde.

Sie kamen in eine Stadt, die so dunkel war, als hätte ein Riese seinen Hut über sie gestülpt. Eines der Sternchen lief von Haus zu Haus und hauchte ein wenig gegen die Scheiben. Da entzündete sich überall ein Licht dahinter. Sogar die Menschen bekamen frohe Augen.

Das zweite Sternlein war ins Haus getreten. Überall fand es nur kalte Öfen und tote Herdfeuer vor, und die Menschen in den Stuben froren bitterlich. Da trat der Stern ans Herdloch und blies eine helle Flamme an, die den ganzen Raum durchwärmte. In vielen kalten Stuben begannen die Öfen warm zu werden und die Herde zu prasseln.

Damit hatte auch der zweite Stern seine Gaben verschenkt und kehrte in den Himmel zurück.

Der dritte kleine Stern begegnete auf einer einsamen Straße einem Blinden, der mühsam seinen Stock vor sich hersetzte, um damit den Weg abzutasten. Aber er hatte seinen Weg verloren und stand nun hilflos in der Finsternis. Er rief um Hilfe und klopfte mit seinem Stock an die Wände längs der Straße, aber niemand wohnte in den Ruinen. Da trat der kleine Stern zu ihm und schenkte ihm etwas von seinem Licht, aber es war zu wenig. Erst als der Stern all sein Licht an den Blinden verschenkt hatte, begannen dessen Augen zu leben: Er sah wieder, und obwohl es eine ärmliche Welt war, die er um sich erblickte, weinte er darüber vor Freude helle Tränen. Den kleinen Stern neben sich aber gewahrte er nicht mehr, denn der hatte all seinen Glanz verloren. Der Stern fand nun nicht mehr den Weg nach Hause. So musste er wohl für immer auf der Erde bleiben, und die Menschen würden ihn für einen Stein halten und darüber hinwegtreten; denn Steine hatten die Menschen ja genug.

Als die beiden Sterne in den Himmel zurückkehrten, fragte der Obersternmeister böse, wo sie ihren Gefährten gelassen hätten. „Wir haben ihn verloren", antworteten die beiden Sterne. Da richtete der alte Herr sein Fernrohr auf die Erde und suchte nach dem verlorenen Stern. Und er sah ihn, ohne Licht und grau wie ein Stein, auf der einsamen Straße liegen.

„Warnte ich ihn nicht, sein ganzes Licht zu vertun? Nun darf er nicht mehr nach Hause!", schimpfte der Obersternmeister.

„Wenn wir alle ihm ein bisschen von unserem Licht abgeben, darf er dann wieder zurückkehren?", baten die Sterne. Der Obersternmeister überlegte eine Weile, und weil es gerade Weihnachten war, mochte er nicht nein sagen. Er nickte nur. Da fuhren die beiden Sternlein auf einem Windstoß durch die Milchstraße und sammelten überall die Lichtspenden ein. Es ward so viel Licht, dass sie es gar nicht mehr tragen konnten. Dann fuhren sie zur Erde nieder, um dem erloschenen Stern das Licht zu bringen. Wie freute er sich, als er wieder leuchtete, und er funkelte schöner und herrlicher als früher.

Nun steht er wieder am Himmel. Mitten in der Milchstraße. Wer Zeit dazu hat, suche ihn mal vor dem Schlafengehen – oder denke über diese Geschichte nach.

Ernst Wichert

10. Ein Esel geht nach Bethlehem

Hinführung: Ein kleiner Esel auf dem Weg zur Krippe wird belächelt und verspottet. Aber er hält durch und – wird belohnt.
Vorlesedauer: ca. 5 Minuten.

Zu jener Zeit, als über dem Stall von Bethlehem ein heller Stern stand, ging ein Raunen durch das Land: Ein Kind ist geboren in einem ärmlichen Stall! Es soll der neue König sein!

Ein König in einer Krippe auf Heu und Stroh? Ungläubig schüttelten die Leute die Köpfe. Doch ein jeder, der an den König glaubte, machte sich auf den Weg nach Bethlehem. Auch ein kleiner Esel wollte gehen. Aber sein Herr sagte: „Das ist doch Unsinn! Ein König wird in einem Palast geboren und nicht in einem Stall." Und er verbot dem Esel, nach Bethlehem zu gehen.

Da aber der Glaube des kleinen Esels so stark war, blieb ihm nichts anderes übrig, als sich unbemerkt davonzustehlen.

Es war tiefe Nacht, als der kleine Esel fortging. Er fürchtete sich in der Dunkelheit und wäre am liebsten gleich wieder umgekehrt. Doch wollte er nicht den neuen König begrüßen? „Gewiss wird dieser mich freundlich anlächeln", dachte der kleine Esel. Bei diesem Gedanken verflog seine Angst. Und der kleine Esel ging weiter, Schritt für Schritt nach Bethlehem. Steile Hügel musste er überwinden, und die Wege waren steinig. Doch der Esel achtete nicht darauf. Er dachte nur an den König, den er begrüßen wollte.

Unterwegs begegnete er vielen Tieren. „Wohin gehst du, kleiner Esel?", fragte ihn ein Kamel. „Nach Bethlehem. Ein neuer König soll dort geboren sein. Ich will ihn begrüßen. Darüber wird sich der neue König freuen und mich anlächeln."

„Was bildest du dir ein, du Esel! Der König wird dich niemals anlächeln. Davonjagen wird er dich, weil du nur ein einfältiges Tier bist", sprach das Kamel und stapfte weiter.

Traurig blickte der kleine Esel dem Kamel nach. Was sollte er tun? Sollte er weitergehen? Oder lieber umkehren?

Engel in goldenen Gewändern waren den Hirten auf dem Felde erschienen. So wurde erzählt. Sie hatten von dem neuen König gesungen und von Frieden auf Erden. „Ein König, welcher Engel vorausschickt, damit sie sein Kommen ankündigen und Frieden auf Erden verheißen, der wird mich nicht fortjagen", sagte der kleine Esel bei sich. Und zuversichtlich trottete er weiter, Schritt für Schritt nach Bethlehem.

Auf einer Anhöhe stand ein Löwe. Geringschätzig musterte er den Esel, der einen König begrüßen wollte, und sprach: „Nur mich wird der neue König anschauen, bin ich doch ein gewaltiges Tier, du aber bist ein Nichts." Der Löwe schüttelte seine prächtige Mähne und sprang davon. Verschüchtert blieb der kleine Esel stehen.

Eine Hyäne trat ihm in den Weg. „Du törichter Esel!", grinste sie. „Du bist gerade gut genug, Lasten zu tragen, aber nicht würdig, deinen Rücken vor einem König zu beugen. Geh zurück, woher du gekommen bist", höhnte die Hyäne und machte sich davon.

Zurückgehen sollte er? Nein, das wollte er nicht. Was wussten denn alle diese Tiere von seinem brennenden Wunsch, den König in der Krippe zu sehen? Und was konnte er dafür, dass er ein Esel war?

Immer wieder kamen Tiere vorüber, die ihn auslachten. Ein Wolf musterte ihn verächtlich. Selbst die Schafe machten sich über ihn lustig. Und ein Widder zeigte ihm unfreundlich den Rücken.

Da begann der Esel sich seiner grauen Eselshaut zu schämen und wagte kaum noch die Augen zu heben. So geschah es, dass er vom Weg abirrte und in der Dunkelheit beinahe zu Tode stürzte. Der kleine Esel rieb sich die schmerzenden Flanken und ließ mutlos den Kopf hängen. Wie finster es war! Nirgends ein Licht, welches Trost spendete. Oder täuschte er sich? Löste sich die Finsternis nicht auf in einen goldenen Dunst?

Die Engel, die in goldenen Gewändern zu ihm herabgestiegen waren, konnte der kleine Esel nicht erkennen. Aber er spürte ihre Nähe. Vertrauensvoll folgte er ihnen Schritt für Schritt nach Bethlehem.

Der kleine Esel achtete nun nicht mehr auf die Tiere, die ihm begegneten. Er hörte auch ihren Spott nicht mehr. Er sah nur noch das Licht, welches sich ausbreitete und immer heller wurde. Da erblickte er den Stern über Bethlehem!

Freudig betrat der kleine Esel den ärmlichen Stall. Darin lag ein Kind auf Heu und auf Stroh, so wie es gesagt worden war. Leise begrüßte der kleine Esel den neugeborenen König. Und als das Kind ihm freundlich zulächelte, da wusste der kleine Esel, dass der neue König auch dem geringsten seiner Geschöpfe Liebe schenkt.

Gerda Marie Scheidl

11. Tiere an der Krippe

Hinführung: Die Tiere überlegen, wie sie dem Kind in der Krippe eine Freude machen können.
Vorlesedauer: ca. 2 Minuten.

In der Nacht, als der König der Welt geboren wurde, waren es außer Maria und Josef Tiere, die als Erste das Jesuskind sehen konnten. Genauer gesagt: Ochs und Esel, die friedlich im hinteren Teil des halb verfallenen Stalles ruhten, bekamen die Geburt hautnah mit. Und dann waren es Hunderte von Schafen, die mit ihren Hirten zum Kind in der Krippe eilten. Ihr vielzähliges Blöken ließ das Kind in den Armen seiner Mutter fröhlich lächeln.

Die Tiere sagten untereinander, dass sie ein solch schönes und strahlendes Menschenkind noch nie gesehen hatten, und sie überlegten, welche Freude sie ihm wohl machen könnten.

Der Ochs sagte: „Ich werde mich an den Eingang der Hütte stellen, dann kann kein schlechter Mensch und kein böses Tier hier hereinkommen."

Der Esel sagte: „Ich werde jetzt nicht mehr so störrisch sein und die Mutter mit ihrem Kind auf meinem Rücken über das Gebirge tragen."

Und die Schafe stritten sich fast, weil jedes von ihnen dem Kind seine Wolle schenken wollte, damit es etwas Warmes zum Anziehen habe.

Nur einer, der grauschwarze Schäferhund Selgra, wusste nicht, wie er das Kind erfreuen sollte. und er wurde ganz traurig.

Da kam eine Spitzmaus aus dem Stroh gelaufen und setzte sich neben Selgra. Sie hatte überhaupt keine Angst. „Ich weiß, was du tun kannst", sagte sie, „du kannst doch so toll springen! Zeige dem Christuskind deine Künste!"

Der Hund schaute zuerst erstaunt, dann aber nickte er strahlend. Und er sprang hoch und weit und überschlug sich: er sprang über die Krippe auf den Rücken des Esels, machte auf dem Nacken des Ochsen Männchen und war ganz aus dem Häuschen.

Ein glückliches Lächeln war im Gesicht des Christuskindes. Und auch Ochs und Esel, die Schafe, die Hirten und Maria und Josef klatschten begeistert Beifall. So waren alle zufrieden und freuten sich. Auch die Maus war froh, denn sie hatte Selgra etwas geschenkt, das dann alle fröhlich machte: ihren klugen Rat!

Hans Orths

12. Das Jesuskind liebt alle Tiere

Hinführung: An der Krippe sind manchmal viele Tiere versammelt: die Schäfchen, der Esel, der Ochs, das Kamel, manchmal sogar das Pferd und der Elefant. Was meinst du, welches Tier das Kind in der Krippe am meisten lieb hat?
Vorlesedauer: ca. 2 ½ Minuten.

In der Vorfreude auf den Heiligen Abend hatten die vier Kinder schon drei Tage vorher die Krippenfiguren aus der untersten Schublade holen dürfen. Nur Maria und Josef und das Kind mussten noch zweimal schlafen. Jetzt standen die Figuren in Reih und Glied: die ernsten Hirten, die prächtigen Könige, der kleine Junge mit dem Apfelkörbchen und das Mädchen mit dem weißen Lamm; daneben all die vielen weißen Schäfchen, der steifbeinige Ochse und das Eselchen mit den langen Ohren und den melancholischen Augen. Dann kamen die großen Tiere: das stolze Pferd, das für Europa an der Krippe steht, das Kamel mit der langen Nase für den Erdteil Asien und der majestätische, breite und glänzende Elefant, der für Afrika wie ein Turm dastand. So sehr der kleine Hans diesen Elefanten auch liebte, er durfte ihn sowie Pferd und Kamel erst ganz weit entfernt vom Stall aufstellen, weil sie erst am Dreikönigstag zur Krippe finden.

Für Leon war das Kamel überhaupt das interessanteste Tier an der Krippe, weil es wochenlang nichts fressen braucht, da es genug Vorräte in seinem Höcker hat, und weil es mit seinen breiten Füßen nicht im Sand einsinkt und vor allem, weil es viel Wasser in seinem langen Hals speichern kann. Hanna schwörte auf das Pferd und hätte es am liebsten noch zwei Nächte mit ins Bett genommen. Die kleine Susi griff nach einem Schäfchen, um es lieb zu halten; es war so schön weiß. Gewiss liebte das Kind in der Krippe die Schäfchen am meisten!

Aber da kam Protest! Mama nahm das Eselchen in die Hand: „Ich glaube, Jesus mochte den Esel besonders gern, weil er denen hilft, die viele Lasten zu tragen haben. Und darin ist der Esel ein Meister: Er trägt die schwersten Lasten, obwohl er selten dafür ein gutes Wort bekommt, doch viel Schläge einstecken muss. Und er rettet die Heilige Familie bei ihrer Flucht nach Ägypten. Später trug er Jesus in Jerusalem zu denen, die ihm mit ihren Palmzweigen zujubelten. Ja, das mag wohl stimmen, dass ihm das geduldige Lasttier besonders am Herzen lag."

Mama stellte es wieder in Reih und Glied und meinte dann: „Ich glaube, Jesus hat *alle* Tiere gern, selbst den Ochsen, der seinen warmen Atem über das Kind in der Krippe blies. Denn jedes Tier hat ja eine andere Aufgabe – wie wir Menschen auch …"

Verkürzt und verändert nach einer Geschichte von A. M.

13. Bömmels Weihnachtsgeschenk

Hinführung: Der kleine Bömmel – so hieß das Kind – hat sich für Weihnachten ein besonderes Geschenk ausgedacht.
Vorlesedauer: ca. 3 Minuten.

Der Vater ging in das Weihnachtszimmer und zündete die Kerzen an. Die Mutter, Bömmel und seine Schwester Susi nahmen auch jeder eine brennende Kerze in die Hand. Und als der Vater die Tür öffnete, gingen sie in das Weihnachtszimmer und sangen. Dann las Susi die Weihnachtsgeschichte. Sie hatte gerade lesen gelernt. Aber sie brauchte gar nicht zu lesen. Sie hatte sie so oft geübt, dass Bömmel genau sah, dass sie die Geschichte auswendig hersagte und nur so auf das Buch guckte.

Danach gab es die Geschenke. „Wir freuen uns, dass Jesus geboren wurde", sagte Papa, „darum wollen wir uns auch gegenseitig eine Freude machen." Susi bekam von Papa die Puppe, und Mama schenkte ihr ganz viele Kleider dazu. Papa schenkte Bömmel einen Traktor, den er sich gewünscht hatte. Und von Mama bekam er einen Malkasten, mit dem er nicht gerechnet hatte. Das war toll. Papa bekam von Mama eine Pelzmütze. Und er schenkte Mama das Fahrrad, das sie sich schon lange für ihre Einkäufe gewünscht hatte. Dann ging Susi an die Tür, stellte sich neben den Stern, den sie gemalt hatte und sagte: „Das ist für euch! Von mir!" Und wartete, dass Mama und Papa sie küssen sollten. Das taten sie dann auch. Und dann drehten sich alle zu Bömmel um, und Mama sagte: „Hattest du nicht auch noch was für uns?" Bömmel nickte. „Es ist nur nicht so groß wie das von Pussi", sagte er zögernd.

„Das macht doch nichts", sagte Papa.

„Stellt ihr euch auch auf?", fragte Bömmel.

„Warum das denn?", fragte Pussi, „das habt ihr bei meinem Bild ja auch nicht gemacht."

„Weil es für euch alle ist", antwortete Bömmel.

„Also gut", meinte die Mutter, „wo denn?"

„Da, vorm Tannenbaum", sagte Bömmel und ging hinaus. Es dauerte einen kleinen Augenblick, bis er wieder hereinkam. Er hatte beide Arme vorgestreckt und trug auf den Händen einen kleinen Kasten von der Größe eines Schuhkartons. Langsam, mit ganz roten Wangen kam er auf die drei zu. Da ging Pussi ihm einen Schritt entgegen und fragte: „Was ist denn da drin?" Aber sie sah nur rotes Seidenpapier. Bömmel stellte den Kasten vor den Eltern auf die Erde und schlug das Papier auf. Da lag ein Klumpen in dem Karton, blau, rot und golden bemalt.

„Was soll denn das sein?", fragte Susi.

Bömmel blickte die Eltern an. Aber bevor sie etwas sagen konnten, hatte Susi sich hingehockt. Sie betrachtete die Figur aus der Nähe und sagte: „Das soll Jesus sein, nich? Das Kind, nich?" Bömmel nickte. Immer noch ein wenig ängstlich, wie sein Geschenk aufgenommen würde. Nun bückten sich auch die Eltern zu der Figur hinab und sahen, dass auf einem blauen Körper mit einem roten Mantel ein Kopf mit einer goldenen Krone saß. Das Ganze war aus Ton geformt.

„Oh, Bömmel", sagte die Mutter, „das hast du aber schön gemacht." Und sie nahm ihn in den Arm und küsste ihn.

„Wann hast du das denn gemacht?", fragte der Vater.

„Im Kindergarten", sagte Bömmel. Und nun strahlte er.

„Wie bist du denn darauf gekommen?", fragte die Mutter.

„Der eine Hirte in der Geschichte, die du uns erzählt hast, der hatte auch so einen Jesus." Er hockte sich vor den Karton und sagte: „Und dies hier, dies ist meiner."

Er nahm die Figur aus dem Karton und legte sie in die Tannenzweige in die Ecke neben den Baum. Da lag nun der blaue, rote und goldene Jesus neben den anderen Krippenfiguren, die der Vater dort aufgestellt hatte. Und seine Farben leuchteten im Schein der Kerzen.

Nach Hans May

14. Ein Geschenk für Weihnachten

Hinführung: Wer von euch hat einen Opa? … Wer hat denn einen, der auch gut Geschichten erzählen kann? … Ist das nicht schön? Wir hören von so einem Großvater.
Vorlesedauer. ca. 6 Minuten.

Der Großvater und das Kind gehen miteinander spazieren.

„Opa! Wann ist Weihnachten?", fragt das Kind.

„In einer Woche", antwortet der Großvater.

„Ist das bald?" „Ja."

„Wie bald?" „Siebenmal ein Tag."

„Und Nacht auch?"

„Ja. Siebenmal Tag und Nacht und dann ist Weihnachten."

„Muss ich dir was schenken zu Weihnachten, Opa?"

„Niemand muss niemand was schenken."

„Doch! Alle Eltern müssen allen Kindern was schenken. Weil Weihnachten ist."

„So? Und die Kinder?"

„Die müssen nicht, weil sie kein Geld haben."

„Weißt du eigentlich, was ein Geschenk ist?"

„Ja. Ich wünsch mir was, dann krieg ich es und das ist ein Geschenk."

„Jetzt erzähle ich dir eine Geschichte."

„Was für eine Geschichte, Opa?"

„Eine Geschenk-Geschichte", sagt der Großvater und fängt an zu erzählen:

„Es war einmal vor langer Zeit in einem fernen Land ein Kalif ..."

„Was ist ein Kalif, Opa?"

„Ein Herrscher über das Volk."

„War er ein guter Kalif?"

„Ja und so einen hat es auch früher nur ganz selten gegeben", sagt der Großvater und erzählt weiter:

„Als der Kalif den Thron bestieg, gab er ein großes Fest, zu dem jeder im Land eingeladen war. Viele Leute kamen in den Palast, um dem neuen Kalifen ein Geschenk zu bringen. Es kamen die Bauern, die Fischer, die Hirten, die Handwerker, die Kaufleute und die Viehhändler. Vom Sonnenaufgang bis zum Sonnenuntergang zogen sie alle am Thron vorbei, begrüßten den Kalifen und überreichten ihm ihr Geschenk. Jedem von ihnen dankte der Kalif mit einer Münze aus purem Gold.

Als Letzter kam ein kleiner Junge. Er war so schmutzig und zerlumpt, dass der Türhüter ihn nicht vorlassen wollte. ‚Hör zu, so schmutzig und zerlumpt darfst du nicht vor dem Kalifen erscheinen', sagte er und packte den Jungen mit einem harten Griff, um ihn hinauszuwerfen. Aber der zappelte und schrie so jämmerlich und laut, dass alle Leute im Saal es hörten. Auch der Kalif hörte es. Er winkte den Kleinen zu sich heran, schaute ihn aufmerksam an und fragte: ‚Wie heißt du?'

‚Ich heiße Hamid', sagte der Junge.

‚Warum hat dich deine Mutter nicht gewaschen, bevor du zu mir gekommen bist, Hamid?', fragte der Kalif.

‚Ich habe keine Mutter mehr', sagte der Junge.

‚Und dein Vater? Warum hat er dir nicht eine saubere Hose gegeben, bevor er dich zu mir geschickt hat?', fragte der Kalif.

‚Einen Vater habe ich auch nicht und auch keine andere Hose, aber ich will dir doch nur mein Geschenk bringen, dann geh ich gleich wieder fort', sagte der Junge, griff in seine Hosentasche und holte einen Kieselstein heraus. ‚Schau ihn dir an, mächtiger Kalif!', sagte er. ‚Auf der einen Seite ist er grün, auf der anderen blau, in der Mitte hat er drei weiße Streifen und wenn du ihn in die Sonne hältst, dann glitzert er. So einen Kieselstein findest du ganz selten. Ich schenke ihn dir.'

Alle Leute im Saal lachten und der Türhüter sagte voll Zorn: ‚Wie kannst du es wagen, dem großen Kalifen einen Kieselstein zu schenken?'

‚Es ist das Einzige und Schönste, was ich habe', antwortete der Junge.

Da nahm der Kalif den Stein in seine Hand und sprach: ‚Viele Geschenke habe ich heute bekommen und über ein jedes habe ich mich gefreut, das liebste aber von allen ist mir dieser Kieselstein.' Dann hob er den kleinen Hamid zu sich auf den Thron und küsste ihn mitten auf die schmutzige Stirn. –

Und wir gehen nach Hause, meine Geschichte ist aus", sagt der Großvater.

„Noch nicht, Opa!", sagt das Kind. „Was ist aus dem schmutzigen Jungen geworden? Wo ist er hingegangen?"

„Nirgends ist er hingegangen. Der Kalif behielt den kleinen Hamid bei sich im Palast und hatte ihn lieb wie einen eigenen Sohn. Und jetzt ist meine Geschichte wirklich aus", sagt der Großvater.

„Und da ist unser Haus", sagt das Kind und lacht.

Eine Woche vergeht, siebenmal Tag und Nacht und dann ist Weihnachten. Am Baum brennen die Lichter, darunter liegen die Geschenke. Aber das Kind schaut gar nicht hin. Es hält einen kleinen Hubschrauber in der Hand, der ist rot, weiß und blau, unten hat er zum Rollen zwei schwarze Räder und ein kleines rotes, und obendrauf sind die Drehflügel, die jeder Hubschrauber zum Fliegen braucht.

„Der ist für dich, Opa, das ist mein allerliebstes Spielzeug", sagt das Kind. Die Eltern schauen ein bisschen komisch. Aber der Großvater sagt: „So ein schönes Geschenk hab ich noch nie bekommen."

Anne Faber

15. Wozu die Liebe den Hirtenknaben veranlasste

Hinführung: Ein kleiner Hirt war nicht mitgenommen worden zur Krippe. Hört einmal, welches Geschenk er sich ausgedacht hat, als er heimlich ganz alleine nach Bethlehem gegangen ist.
Vorlesedauer: ca. 2 Minuten.

In jener Nacht, als den Hirten der schöne Stern am Himmel erschienen war und sie sich alle auf den Weg machten, den ihnen der Engel gewiesen hatte, da gab es auch einen Buben darunter, der noch so klein und dabei so arm war, dass ihn die anderen gar nicht mitnehmen wollten, weil er ja ohnehin nichts besaß, was er dem Gotteskind hätte schenken können.

Das wollte nun der Knirps nicht gelten lassen. Er wagte sich heimlich ganz allein auf den weiten Weg und kam auch richtig in Bethlehem an. Aber da waren die anderen schon wieder heimgegangen und alles schlief im Stall. Der heilige Josef schlief, die Mutter Maria, und die Engel unter dem Dach schliefen auch und der Ochs und der Esel, und nur das Jesuskind schlief nicht. Es lag ganz still auf seiner Strohschütte, ein bisschen traurig vielleicht in seiner Verlassenheit, aber ohne Geschrei und Gezappel, denn es war ja ein besonderes Kind, wie sich denken lässt.

Und nun schaute das Kind den Buben an, wie er da vor der Krippe stand und nichts in Händen hatte, kein Stückchen Käse und kein Flöckchen Wolle, rein gar nichts. Und der Knirps schaute wiederum das Christkind an, wie es da liegen musste und nichts gegen die Langeweile hatte, keine Schelle und keinen Garnknäuel, rein gar nichts.

Da tat dem Hirtenbuben das Himmelskind in der Seele leid. Er nahm das winzig kleine Fäustchen in seine Hand und bog ihm den Daumen heraus und steckte ihn dem Christkind in den Mund. Und von nun an brauchte das Jesuskind nie mehr traurig sein, denn der arme, kleine Knirps hatte ihm das Köstlichste geschenkt, was einem Wickelkind beschert werden kann: den eigenen Daumen.

Karl Heinz Waggerl

16. Der rote Mohn

Hinführung: Ein kleiner Engel liebte ganz innig eine Blume: den roten Mohn. Und dazu gibt es eine tolle Geschichte.
Vorlesedauer: ca. 3 Minuten.

Ein kleiner Engel träumte im Himmel in den Tagen der Weihnacht davon, ganz zu den Menschen auf die Erde zu schweben. Im Traum hatte er eine Mohnblüte gesehen und war von dem Rot so begeistert, dass er vor Gottes Angesicht trat und bat: „Lass mich bitte ein Mensch unter Menschen werden."

Da trat ein weiser Engel hinzu und flüsterte: „Weißt du auch, dass es auf der Erde nicht nur Blumen gibt, sondern auch Stürme und Unwetter?"

„Ha", erwiderte der kleine Engel, „aber ich sah einen starken Menschen, der spannte einen großen Schirm auf, sodass zwei Menschen darunter geschützt werden." Da lächelte Gott dem kleinen Engel zu.

Es vergingen nicht viele Tage, und der kleine Engel trat wieder vor Gott und bat: „Lass mich doch bitte zu den Menschen hinunter!"

Da trat der weise Engel wieder näher und flüsterte: „Da unten gibt es auch bitteren Frost und gefährliches Glatteis!"

„Ja", erwiderte der kleine Engel, „aber ich sah Menschen, die teilten ihre warmen Mäntel und gingen bei Glatteis Arm in Arm!" Da lächelte Gott wieder dem kleinen Engel zu.

Und er versuchte es zum dritten Mal: „Lass mich doch bitte!"

Aber der weise Engel sagte mit ernster Stimme: „Da unten gibt es auch Tränen und Wut und vor allem: den Tod!"

Doch der kleine Engel erwiderte mit fester Stimme: „Ich sah einen Menschen, der trocknete einem anderen die Tränen, ein anderer reichte die Hand, um sich zu versöhnen, und wieder einer wachte bis zuletzt bei einem, der im Sterben lag. So möchte ich auch werden."

Da trat der weise Engel zurück. Gott segnete den kleinen Engel für die lange Reise und schenkte ihm viel Licht ins Herz.

Doch bevor er zur Erde fliegen wollte, trat der weise Engel noch einmal vor, nahm ihm einen Flügel ab und machte den anderen unsichtbar. Da sagte der kleine Engel empört: „Und wie soll ich mich ohne Flügel hinabschwingen und wieder zurückfinden?"

„Das herauszufinden, wird deine Lebensaufgabe sein!", entgegnete der weise Engel.

Das Licht im Herzen des kleinen Engels, der jetzt nur mit *einem* unsichtbaren Flügel unterwegs war, hatte es schwer gegen all die Mühsal und Dunkelheit, die auf ihn warteten. Nach einigen Jahren musste er feststellen: Seine Kräfte reichten nicht aus, und viele Aufgaben vermochte er nicht zu lösen. Aber seine Liebe zu den roten Mohnblumen war geblieben! Er sehnte sich immer nach ihnen.

Eines Tages setzte er sich in ein Feld voller roter Mohnblüten. Am liebsten hätte er jedem Menschen eine als Zeichen der Liebe geschenkt. Ein müder Wanderer, der vorüberkam und mit ihm ins Gespräch kam, sagte: „Weißt du denn nicht, wie schnell Mohnblumen verwelken?"

Da wehrte sich der kleine Engel: „Aber sie sind doch wie die Liebe. Auch wenn das Äußere verwelkt, ihr Rot bleibt in der Seele!"

Sie schauten sich dabei ins Gesicht, entdeckten noch einen Funken Himmelslicht in ihren Augen und sahen plötzlich an jedem *einen* Flügel. Da umarmten sie sich. Und dann geschah das Wunder: Sie konnten fliegen. Sie merkten: Wenn jeder nur noch *einen* Flügel hat, dann müssen sie sich umarmen, um fliegen zu können.

Da hörte der kleine Engel die Stimme Gottes: „Du hast deine Lebensaufgabe erfüllt. Dein Mohn blüht jetzt im Himmel. Komm heim!"

Stark verändert und verkürzt nach Elisabeth Bernet

17. Christrosen für Maria

Hinführung: Eine weiße Blume, die im Winter blüht, heißt Christrose. Manche erzählen sich eine wunderbare Geschichte darüber, wie sie entstanden ist.
Vorlesedauer: ca. 3 Minuten.

In der Heiligen Nacht, als das Jesuskind geboren wurde, lag überall Schnee. Auch in Bethlehem. Städte und Dörfer, Felder und Wälder, Wiesen und Wege waren ganz zugeschneit. Die Häuser hatten weiche weiße Mützen auf, und die Gärten versteckten sich unter weichen weißen Tüchern. Der Stall, in dem das Jesuskind auf Heu und auf Stroh in der Krippe lag, war ebenfalls vor lauter Schnee kaum zu erkennen.

Maria und Josef waren ganz zufrieden, dass es geschneit hatte. Der Schnee hielt die Hütte von außen gut warm. Und drinnen sorgten Ochse und Esel dafür, dass sie nicht frieren mussten.

Maria hatte das Kind auf ihren Armen in den Schlaf gewiegt und dann in die Krippe gelegt. Gleich darauf fielen ihr selbst die Augen zu. Sie legte sich auf eine Decke und schlummerte ein. Josef deckte sie mit ihrem blauen Mantel zu. Er setzte sich auf den Boden und betrachtete Mutter und Sohn voller Glück. Doch gleichzeitig war er ein bisschen traurig. Er hätte Maria so gern zur Geburt ihres Kindes einen schönen Blumenstrauß geschenkt. Aber wo sollte er den mitten im Winter, zwischen tief verschneiten Feldern und Wiesen hernehmen? Nach einer Weile stand Josef auf, trat hinaus vor den Stall und sah in die sternklare Nacht. Sie war eisig kalt und vollkommen still. Josef ging ein paar Schritte und blieb dann stehen.

„Liebe Maria!", dachte er. „Liebe, schöne, junge Mutter des Christkindes! Wie gern würde ich dir ein paar Blumen neben dein armseliges Lager stellen. Gewiss würden deine Augen strahlen, wenn dein Blick beim Erwachen auf einen Blumenstrauß fiele."

Der gute Josef merkte gar nicht, dass ihm ein paar Tränen über die Wangen rollten und in den Schnee tropften. Erst als ihm die nächsten Tränen den Blick trübten, wischte er sie mit dem Handrücken fort. Nun konnte er wieder klar sehen. Aufatmend blickte er hinauf zu dem Stern, der größer als alle anderen über dem Stall stand. Danach fühlte er sich ein wenig getröstet. Er senkte den Blick zu Boden und beugte sich vor. Was war das? Er traute seinen Augen kaum!

An der Stelle, wo seine Tränen in den Schnee gefallen waren, wuchsen auf einmal hell und zart die lieblichsten Blumen, die er sich vorstellen konnte. Josef beugte sich tiefer und betrachtete die Blüten voller Staunen. „Christrosen!", flüsterte er.

Behutsam pflückte er eine nach der anderen ab. Darauf ging er leise in den Stall und holte einen Becher aus seiner Reisetasche. Den füllte er mit Schnee und stellte die Blumen hinein.

„Christrosen!", flüsterte er noch einmal. „Wie wird sich Maria freuen!" Drinnen im Stall rückte er den Blumenbecher zwischen Mutter und Kind in den sanften Schein der Laterne. Ochse und Esel sahen ihm aufmerksam zu.

Als Maria die Christrosen beim Aufwachen erblickte, strahlten ihre Augen so hell, wie es sich Josef gewünscht hatte.

Ingrid Uebe

Weitere geeignete Geschichte in diesem Buch:
Die Nummer 39.

II. Geschichten für Grundschüler/-innen

18. Nikolaus in Not

Hinführung: Stellt euch vor, ein Nikolaus hat sich in der Hausnummer vertan und gibt seine tollen Geschenke einem falschen Kind!
Hinweis: Bitte nur älteren Kindern vorlesen, deren Glauben an den Nikolaus „durchlöchert" ist.
Vorlesedauer: ca. 5 Minuten.

Ihr wisst ja bereits: der richtige Nikolaus lebt jetzt bei Jesus in der Herrlichkeit des Himmels. Aber er braucht eine Menge Niköläuse, die auf Erden seine Güte von Tür zu Tür tragen. Ihr könnt ja den verschiedenen Niköläusen überall begegnen. (Ich meine nicht die Weihnachtsmänner; die sind eine Erfindung von Coca Cola.)

So war auch ein armer Student bereit, Nikolaus zu spielen. Ein gut gekleideter Herr erschien bei ihm und bat ihn, diese Rolle bei seinem verwöhnten Sprössling zu übernehmen. Und der reiche Herr legte ihm in einem Sack einen echt ledernen Fußball vor die Füße, auch eine Mundharmonika, eine Playstation, ein Spielzeugauto mit Fernbedienung und eine Menge Süßigkeiten.

In einem Kostümverleih besorgte sich der Student das Nikolausgewand – und sonderbar: Als er sich die andere Kleidung anlegte, fühlte er sich verwandelt – gütig und kinderfreundlich.

So machte er sich auf und freute sich, vor staunenden Kinderaugen den Gabensack ausschütten zu dürfen. Er fischte den Zettel mit der Anschrift aus seiner Geldbörse und – herrje – welch fürchterliche Handschrift! Mühsam entzifferte er: „Biedenstett, Kronengasse 17".

Die Kronengasse 17 war ein hohes Mietshaus mit vielen Briefkästen, und schließlich hatte er „Wiesenstatt" gefunden – das musste es sicherlich sein! Hoch unterm Dach wohnte die Familie. Ein mageres Kerlchen öffnete ihm und rief überwältigt: „Der Nikolaus!" Vor Begeisterung vergaß der Junge, ihn hereinzulassen, aber dann polterte der Sack mit den Gaben zu Boden, und die Schreie des entzückten Kindes wollten nicht enden: „Bei mir ist der Nikolaus noch nie gewesen! Und so viel …!" Auch der Mutter fielen beinah die Augen aus dem Kopf.

Im Studenten wuchs jedoch der schreckliche Verdacht, das falsche Kind beschert zu haben. Diese Wohnung gehörte nie und nimmer dem

Herrn mit dem Mercedes und der dicken Brieftasche. Darum war Nikolaus total verunsichert, als er die Treppe hinunterstieg. Wird er den Schaden aus der eigenen Tasche bezahlen müssen?

Draußen zog er noch einmal den Zettel aus der Tasche. Die 7 von „Kronengasse" konnte auch eine 2 sein. Also ging er zur Kronengasse 12. Richtig: ein schmuckes Einfamilienhaus mit gepflegtem Vorgarten. Und da stand auch „Biedenstett". O weh, was nun?

Beim Klingeln sprang ein kleiner Junge an die Tür, der ihn, ohne schüchtern zu sein, an der Hand nahm und ins Wohnzimmer zog, und da saßen sie alle erwartungsvoll.

„Da ... da ist mir eben eine merkwürdige Sache passiert", stotterte der Nikolaus, während der Junge vor Freude um ihn herum tanzte, „ich war auf dem Weg hierher, da begegnete mir ein Junge, der hatte nur ein geflicktes Mäntelchen an und hatte noch nie in seinem Leben einen Ball oder ein Spielzeugauto geschenkt bekommen. Und da habe ich *ihm* all die schönen Sachen geschenkt. Nun habe ich nichts mehr für dich!"

Der Junge sah den Nikolaus fassungslos an, dann drehte er sich um und stürzte aus dem Zimmer. Alle warteten jetzt auf sein Schluchzen oder Füßestampfen. Aber nichts geschah. Dann wurde die Tür heftig aufgestoßen: Der Junge hielt einen Baukasten und einen Teddybär in der Hand und sagte: „Lieber Nikolaus", und man merkte an seiner Stimme, dass er ein Weinen unterdrückte, „geh bitte noch mal zu dem kleinen Jungen und schenke ihm auch diese Sachen, denn er hat sicher keinen Bär – und ich habe noch einen Mecki."

Als der Student sich verabschiedete und dem Hausherrn unter vier Augen alles gestand und bezahlen wollte, da drückte ihm dieser spontan die Hand: „Geschenkt! Sie haben mir, wenn auch unfreiwillig, einen großen Gefallen getan. Ich hielt meinen Sohn bisher immer für einen verwöhnten Ich-Menschen. Jetzt weiß ich, dass er auch verzichten kann!"

Auf dem Weg zur Straßenbahn wurde der Student das Gefühl nicht los, als habe der heilige Nikolaus seine Hand im Spiel gehabt. Und auch er fühlte sich wie ein beschenktes Kind.

Umgeschrieben auf untere Grundschulklassen; Quelle unbekannt

19. Die Legende vom allerkleinsten Engelchen

Hinführung: Warum der allerkleinste Engel wieder lächeln konnte.
Vorlesedauer: ca. 1 ½ Minuten.

Als die Engel und Heiligen im Himmel immer trauriger wurden, weil die Menschen auf der Erde immer noch nicht begriffen, warum Gott seinen eigenen Sohn zu ihnen geschickt hatte, ja, sogar noch unmenschlicher miteinander umgingen als damals vor zweitausend Jahren und es deshalb auf der Erde so dunkel und finster war, da hielt es der allerkleinste Engel im Himmel vor Traurigkeit und Mitleid nicht mehr aus und machte sich auf den Weg zu den Menschen. Er wollte etwas vom himmlischen Licht auf die Erde mitnehmen und es den Menschen bringen.

Und als der allerkleinste Engel zurück in den Himmel kam, leuchteten seine Augen. Das tröstete alle ein bisschen. Er sagte: „Alles ist so, wie ihr sagt! Es ist sehr dunkel auf der Erde. Und doch ist es wieder nicht so! Da gibt es unter den Menschen Kinder. Und stellt euch vor: sie spielen und singen von Christi Geburt, und ihre Augen leuchten, und sie warten und freuen sich auf Weihnachten. Und ich fand Gott in den Augen der Kinder, etwas von seinem göttlichen Licht und von seiner Freude."

Da strichen die Engel und Heiligen im Himmel dem allerkleinsten Engel ganz zärtlich über sein Haar und konnten wieder lächeln und sich am Lichtglanz des Himmels erfreuen.

20. Dinis Weihnachtswunsch

Hinführung: Wer das Geld hat für tausend Dinge im Kinderzimmer, ist der garantiert glücklich?
Vorlesedauer: ca. 2 Minuten.

Dini hat alles, was sie sich wünscht: Drei Schränke voll Kleider und Pullover. Einen eigenen Fernseher, einen Heimcomputer und ein Videogerät. Sie besitzt 27 Puppen, drei Teddybären und über dreihundert CDs und viele DVDs.

„Was soll ich dir zum Weihnachtsfest schenken?", seufzt der Vater. „Das Beste wird sein, ich schenke dir einen goldenen Zweihunderteuroschein."

Dinis Eltern sind reich. Geld spielt bei ihnen keine Rolle. Die Mutter sagt: „Ich schenke dir einen selbsttätig fahrenden Puppenwagen mit Elektromotor."

„Und von mir bekommst du einen leuchtenden Bernsteinring mit eingebauter Taschenlampe", schmunzelt der Opa. Die Oma meint: „Ich stricke dir eine Schutzhülle für Zahncremetuben."

Dini murrt: „Ich will keine Schonhülle für Zahncremetuben, keinen Puppenwagen mit Elektromotor, keinen Taschenlampenring und auch keinen goldenen Zweihunderteuroschein."

„Ja, was möchtest du dann geschenkt bekommen?", fragt die Mutter erstaunt.

„Dass ihr mich liebt und Zeit für mich habt!", antwortet Dini.

Der Vater überlegt. Dann schüttelt er den Kopf. „Aber Dini", spricht er, „was du für Wünsche hast! Liebe, Zuneigung und Zeit kann man doch nirgends kaufen."

„Ja, darum!", sagt Dini.

Bruno Horst Bull

21. Das Gesicht im Spiegel

Hinführung: Jeder von uns hat einen Kompass im Kopf. Gott sei Dank!
Vorlesedauer: ca. 5 Minuten.

Es war zur Zeit des Advents, ich entsinne mich gut; die Geschäftsviertel der Stadt schimmerten im Glanz der Rauschgoldengel und grünen Girlanden. Und auch in den Schaufenstern sah man die Zeichen des Monats: hier bunte Glaskugeln, dort Schneeflocken aus Watte und breite Spruchbänder mit „Friede den Menschen".

Da geschah um Mitternacht ein seltsamer Alarm für die Polizei. Es hieß, in den Räumen eines Spielwarenhauses brenne Licht, es ginge offenbar mit wenig rechten Dingen zu.

Als die Beamten anrückten, sehr leise diesmal, um der Störenfriede leichter habhaft zu werden, da bot sich den Herbeigerufenen ein verwirrendes Bild: Über den Boden kroch ein Knabe von etwa sieben Jahren. Der Junge spielte mit der Uhrwerkeisenbahn, dann mit dem Schaukelpferd, endlich mit den Bären und Löwen aus Filz und Plüsch, spielte in aller Ruhe; denn Friede war um ihn.

Wie hieß der Junge? Wo kam er her? Ein kleines Rätsel. Immerhin steckte die Polizei ihre Waffen ein; doch legten sich die Männer auf die Lauer, sachte und unsichtbar.

Nein, der Junge hatte keine Mitspieler, geschweige denn das, was man in derlei Fällen „Gehilfen" nannte. Aber er hatte sich, das stand fest, tagsüber versteckt gehalten und abends einschließen lassen, um einmal, ein einziges Mal nur, der für ihn oder seine Eltern unerreichbaren Dinge teilhaftig zu werden. Man sah doch, sein Haar war struppig, die Hose trug Flicken. Durfte man den kuriosen Täter stören? Sicherlich! Doch man unterließ es, und eigentlich wussten die Alarmierten kaum, warum sie so handelten. Vielleicht wollte man verborgenen Mitwissern auf die Spur kommen. Oder man war neugierig, wie sich der Knirps gegen den Morgen hin betragen würde. Womöglich hatte man auch das Herz, den armen Genießer nicht vor der Zeit trennen zu wollen von den herrlichen Dingen … Gleichviel, man wartete. Im Hinterhalt. Und beobachtete.

Da geschah denn etwas, was dem Traum des Kindes leider seinen heimlichen Zauber nahm: Man sah, wie der Junge eine kleine Puppe einsteckte. Er knuddelte sie regelrecht in die Hosentasche, um das Spielzeug mitzunehmen. War er sich des unredlichen Handelns bewusst? Noch zweifelte man und hielt den Atem an vor der Merkwürdigkeit des Vorgangs. Nunmehr schlich der Junge davon, auf Zehenspitzen, tappte so behutsam, als dürfe er niemand wecken. Und er ging auf eine Hintertür zu; die Beamten behielten ihn im Auge.

Abermals geschah etwas Eigenartiges: Der Junge lief, ohne das vorher bemerkt zu haben, einem Spiegel entgegen. Ja, einem hohen und breiten Spiegel, in dem er sich plötzlich betrachten musste, ob er wollte oder nicht. Da zuckte er. Seine Knie wankten, der Blick wurde groß und ängstlich. Bald zwei Minuten staunte der Troll sich an. Dann schloss er die Augen, griff in die Tasche, holte die zerknüllte Puppe hervor und brachte sie rasch, schleunigst, ja stürzend dorthin, wo er sie fortgenommen hatte. Und das eben noch verwirrte Gesicht nahm wieder die Ruhe des Friedens an.

In diesem Augenblick kamen die Beamten aus ihrem Versteck hervor und führten den zu Tode erschrockenen Knaben zur Wache. Es stimmte: Der Junge hatte sich einschließen lassen. Ob die Mutter, eine arbeitsame Witwe, ihn strafte, das wissen wir nicht. Wir wissen nur, dass der Inhaber des Spielwarenhauses auf jede Sühne verzichtete und dass er dem Knaben zur kommenden Weihnacht etwas schenkte. Zwar nicht die Puppe, vielmehr etwas fürs Leben: einen großen Spiegel!

Nach Heinz Steguweit

22. Weihnachten kann man nicht kaufen

Hinführung: Ein kleiner Knirps will partout „Weihnachten" kaufen und bringt einen ganzen Laden durcheinander.
Vorlesedauer: ca. 5 Minuten.

Bisweilen braucht man eine Engelsgeduld, will man Herr der Lage bleiben. Das gilt besonders in den Tagen vor Weihnachten, wo es jeder eilig hat, weil noch so vieles zu tun ist. Wie leicht kann man dabei vergessen, das eigentliche Weihnachten zu suchen.

Es war zum Verzweifeln. Der ganze Laden stand voller Kunden, und dieser Knirps, dessen Nasenspitze kaum über den Tresen reichte, wollte ausgerechnet „Weihnachten" kaufen. Wünsche hatten die Menschen! Schmidtke fühlte, wie ihm die Handflächen feucht wurden. Ein untrügliches Zeichen, dass er mit seiner Geduld bald am Ende war. „Hier, Schokoladenweihnachtsmänner. Das Stück nur zwanzig Cents."

Nein, es war nichts zu machen.

„Kringel vielleicht? Möchtest du diese bunten Schokoladenkringel?"

Auch nicht. Schmidtke blickte Hilfe suchend über die Regale, Marzipanbrote! Natürlich, der Junge wollte Marzipanbrote kaufen, das war Weihnachten; Schmidtke hob ein schweres, dunkelbraunes Brot vom Stapel – echt Lübecker Marzipan –, erstklassige Ware.

„Da nimm, ich schenke es dir!"

Die Kundinnen lächelten gerührt. Der alte Schmidtke hatte doch ein Herz für Kinder. Gespannt blickten sie auf den kleinen Jungen, der zögernd das Marzipanbrot in die Jackentasche schob.

„Weihnachten", sagte er, als kenne er nur dieses eine Wort. Seine Augen leuchteten. Er wollte Weihnachten, nichts anderes. Was aber war das?

„Nüsse", durchfuhr es Schmidtke. Dass er nicht gleich daran gedacht hatte! Der Junge wollte Nüsse kaufen. Nüsse erinnern an Weihnachten. Wie oft hatte er selbst abends am Kachelofen gesessen und Nüsse geknackt. Die Kerzen brannten, ganz leise bewegte sich das Lametta. Das war Weihnachten; Schmidtke bückte sich, schaufelte Walnüsse in eine Tüte, warf eine Handvoll Haselnüsse dazu, auch zwei, drei teure Paranüsse: „Hier hast du Nüsse, mein Junge. Das ist Weihnachten."

Schmidtke hielt dem Kleinen die offene Tüte über den Ladentisch hin, ließ ihn hineinsehen. Der Junge schüttelte traurig den Kopf. Nein, auch das war nicht Weihnachten für ihn. Eine Frau beugte sich zu ihm herunter, legte ihm die Hand auf die Schulter und zeigte mit dem Finger auf all die Herrlichkeiten in den Regalen. Dort drüben hingen bunte, glitzernde Adventskalender. „Nein? Vielleicht der schöne Rauschgoldengel mit der Laute?" Das Kind schüttelte den Kopf.

Immer mehr Frauen bemühten sich um den kleinen Jungen. „Apfelsinen? Zeigen Sie ihm doch eine Apfelsine!" Schmidtke hob eine Apfelsine hoch. „Vielleicht meint er Feigen?" „Oder Datteln?"

Sie schoben ihm eine Dattel in den Mund. Er kaute, spuckte den Kern säuberlich in die Hand und legte ihn auf den Ladentisch. Schmidtke nahm ihn mit spitzen Fingern herunter. Plötzlich riss ihm die Geduld. „Weihnachten kann man nicht kaufen!", polterte er los. „Weihnachten kann man nicht essen! Weihnachten ..." Er hielt inne.

Die Frauen sahen ihn erschrocken an. Jetzt lächelte er verlegen. Wozu hatte er sich nur hinreißen lassen! „Verzeihen Sie", sagte er leise.

Als er sich zu dem Jungen über den Ladentisch beugte, ihm eine Handvoll Rosinen zustecken wollte, war der Kleine verschwunden. Die Frauen blickten einander an. Niemand hatte ihn fortgehen sehen. Hatte die Ladenglocke geklingelt? Sie wussten es nicht.

Schmidtke räusperte sich, als wollte er etwas sagen, doch dann schüttelte er nur stumm den Kopf. „Ein Pfund Mehl", hörte er. Das war die Wirklichkeit.

Draußen fiel der Schnee in weichen Flocken. Die elektrischen Kerzen brannten hinter der Schaufensterscheibe, die Weihnachtsmänner aus Schokolade standen wie immer in Reih und Glied ... Lächelten sie? Wer achtete schon darauf.

Horst Glameyer

23. Der böse Traum, der alles veränderte

Hinführung: Ein Riese zerquetscht beinahe einen Geizkragen. Der weiß, was es geschlagen hat.
Vorlesedauer: ca. 3 Minuten.

Es gab einmal einen sehr reichen Mann, der war so geizig, dass er sich und anderen nichts gönnte. Während sich die Menschen schon frohe Weihnacht wünschten, ließ er seinen einzigen Angestellten im fast kalten Büro noch bis zum Abend arbeiten.

Als sein Neffe kam, um ihn zum Weihnachtsessen einzuladen, rief er ihm zu: „Ich habe keine Zeit zu feiern!" Dann schellte es schon wieder. Zwei Bettler standen frierend vor der Tür. „Ich habe nichts zu verschenken!", rief der Geizige nur und jagte sie fort.

Als er endlich durch die stillen Straßen nach Hause ging und den Türgriff seiner Haustür greifen wollte, da schreckte er entsetzt zurück, denn plötzlich bekam der Griff ein Gesicht und begann zu sprechen. „Hörst du mich?", sprach die Stimme, und der Geizige erkannte das Gesicht seines früheren Geschäftspartners, „ich habe früher die Menschen betrogen und die Armen verspottet. Drei Geister werden dir in dieser Heiligen Nacht erscheinen. Sie können deine letzte Rettung sein. Wenn du das Falsche machst, legen sie dich in Ketten – so wie mich!"

Zitternd ging der reiche, geizige Mann die Treppen hoch. Jetzt war ihm alle Lust vergangen. Schnell ging er zu Bett.

Kaum war er eingeschlafen, stand ein Zwerg vor ihm, der seinen Zauberstab schwenkte und sprach: „Los, zieh dich an! Wir reisen in die Vergangenheit. Ich bin der Geist der vergangenen Weihnacht. Schau hin!"
Da sah er sich mit einer wunderschönen Frau tanzen. „Was warst du dumm!", hörte er wieder den Zwerg, „du hättest ein glückliches Miteinander leben können. Aber du hast dein Geld mehr geliebt als diese Frau!"

Kaum hatte er darüber nachgedacht, packte ihn ein Riese zwischen die Finger und sagte zu ihm: „Ich bin der Geist von Weihnachten heute. Schau genau hin!" Und der reiche Geizige schaute auf seinen Angestellten. Dessen kleiner Sohn Tim ging an Krücken und sah so elend aus, weil er nie genug zu essen bekam. Der Riese drohte: „Wenn der

Junge nicht mehr in die Rippen bekommt, erlebt er die nächste Weihnacht nicht mehr. Dann wehe dir!"

Kaum war der Riese verschwunden, erhob sich eine noch größere unheimliche Gestalt, die ihn furchterregend anschaute: „Ich bin der Geist der Weihnacht vom nächsten Jahr. Komm mit!" Er packte ihn und zeigte ihm ein Grab. Auf dem Grabstein stand nur das Wort „Tim". Daneben befand sich noch ein Grab – leer und unendlich tief. Der Unheimliche packte den Geizhals und wollte ihn mit einem grässlichen Lachen in das Loch stoßen, da schrie der reiche Mann: „Nein, nein! Gib mir eine Chance! Ich will mich ändern!"

Er erwachte schweißgebadet, sprang auf, räumte seinen Kühlschrank leer, fuhr zu einem Bauern, den er gut kannte, und besorgte noch mehr zum Essen. Und einem Bettler, der ihm über den Weg lief, drückte er einen Geldschein in die Hand. Da erfuhr er langsam, wie sein Herz aus Stein schmolz und wie schön es war, andere glücklicher zu machen. Als er schließlich Tim lächeln sah, da fiel nach vielen, vielen Jahren wieder sein Blick auf das kleine Kind in der Krippe, das er ganz vergessen hatte.

Neu erzählt nach Disneys „Fröhliche Weihnachtszeit"

24. Der Bauer und das Bettelkind

Hinführung: Wer teilen kann, wird von Gott belohnt.
Vorlesedauer: ca. 2 Minuten.

Ein eisiger Wind fegte übers Land. Er peitschte die kahlen Äste der Bäume hin und her. Zugeschneit waren Wege und Stege. Auch die Mühlen am Rande des Dorfes hatten eine dicke Schneehaube auf. Wenn die Mühlenflügel sich drehten, staubte der Schnee empor an den grauen Winterhimmel.

Da klopfte es leise an der Mühlentür. „Wer wagt sich bei diesem Wetter hinaus in die Kälte?", brummte der Müller und öffnete die Tür. Draußen stand ein kleines Bettelkind und hielt ihm bittend ein leeres Säckchen entgegen. „Soll ich denn alle Leute satt machen?", fuhr der Müller unwirsch das Kind an. „Lauf deiner Wege, ich brauche mein Korn selber!"

Da knirschten draußen die Kufen von einem Pferdeschlitten. Ein Bauer brachte eine Sack voll Weizen, um ihn mahlen zu lassen. Er sah, wie der Müller das Kind fortschicken wollte. Mitleid ergriff ihn und er sprach: „Halt dein Säckchen auf, ich gebe dir etwas von meinem Korn ab." Er schüttete ein Maß voll Weizen hinein. Aber das Kind hielt immer noch sein Säckchen auf. Da füllte der Bauer ihm ein zweites und noch ein drittes Maß voll Weizen hinein.

Der Müller schüttelte den Kopf und dachte: „Was ist der Bauer doch für ein Dummkopf! So viel gibt er fort! Für das Mahlen muss er auch noch einen Topf abgeben. Da wird ihm nicht viel übrig bleiben!" Er schüttete den Weizen oben in das Mahlwerk hinein. Sofort fingen die Mühlenflügel an, sich zu drehen. Die Mühle mahlte und mahlte und hörte nicht auf. Das Mehl rieselte immerfort in die Säcke, Stunde um Stunde.

Vollgefüllt standen die Säcke in der Mühle, und der Bauer wusste nicht, wie er sie alle nach Hause schaffen sollte. Er dachte bei sich: „Ob das arme Bettelkind vielleicht das Christkind gewesen ist?"

Barbara Cratzius

25. Von den Blumen auf der hohen Treppe

Hinführung: Wir hören von einer Treppe, die in den Himmel führt, und was man dabei nicht vergessen sollte.
Vorlesedauer: ca. 2 Minuten.

In den Tagen des Advents hatte Timo hohes Fieber bekommen. Der Arzt saß mit nachdenklichem Gesicht an seinem Bett. Schließlich sagte er: „In dieser Nacht wird es sich wohl entscheiden, ob wir ihn durchbringen."

Das hohe Fieber ließ Timo fantasieren: Er sah sich auf einer hohen Freitreppe, die in die Wolken führte. Seine Füße erschienen ihm beim

Hochsteigen wie aus Blei. Ein kleines Mädchen überholte ihn, auch ein alter Mann: Sie trug einen kleinen Blumenstrauß, er einen Kranz aus Blumen und Ähren. Timo rief ihnen nach: „Wartet doch auf mich!" Da wandte sich der alte Mann um und sagte: „Ohne Blumen steigt es sich schwer, wenn man vor Gott hintreten will!"

„Wie", fragte Timo, „die Treppe führt in den Himmel?"

„Ja", sagte das Mädchen, „und du musst ihm etwas mitbringen. Geh zum Garten der Liebe und frage, wem du einmal Gutes getan hast, damit dir jemand eine Blume überreicht!"

Da setzte sich Timo traurig auf die Stufen: Nein, er hatte keinem bei den Schulaufgaben geholfen oder mit einem sein Butterbrot geteilt. Und bei dem Stückchen Schokolade, das er einmal Max geschenkt hatte, wollte er als Gegengabe dessen Spielzeug haben. Doch – jetzt erinnerte er sich an eine gute Tat: Einmal hatte er einer Maus, die halb in einer Falle steckte, die Freiheit wieder geschenkt. Aber nein, das zählt auch nicht, fiel ihm ein: Denn mit der lebendigen Maus wollte er die Köchin ärgern. Doch was war das? Husch, da sprang ein Mäuschen über die Stufen und piepste: „Bring das dem lieben Gott!", und vor ihm lag ein winziges Gänseblümchen.

Nein, das reichte Timo nicht. Er beschloss, die Stufen wieder hinunterzusteigen, um zum Elternhaus zurückzukehren. Jetzt gehorchten ihm plötzlich seine Füße …

Timo schlug die Augen auf. Mutter und Vater weinten nicht mehr. Er stammelte: „Ich muss Blumen über die hohe Treppe tragen." Er lächelte ein wenig. Dann fielen ihm die Augen wieder zu.

Auf ein Viertel verkürzt nach der Geschichte „Blumen" von Hilde Leithner

26. Silvio

Hinführung: Es gibt Familien, für die ist am Heiligabend das Festessen das Besondere. Silvio lernt in einer fremden Familie die Weihnachtsgeschichte kennen.
Vorlesedauer: ca. 5 Minuten.

Sie saßen beim Essen, als Vater Keller seine drei Kinder fragte: „Was sagt ihr dazu, wenn ihr bald einen Bruder bekommt?" Alle schauten auf die Mutter. Die lachte: „Er ist schon sieben Jahre alt. Ein Geschäftsfreund von Vater muss für drei Monate ins Ausland. Und weil die Mutter gestorben ist, weiß er nicht, wohin mit dem Jungen."

Wenige Tage später saß Silvio im Wohnzimmer, als Agatha und Rolf aus der Schule heimkamen. „Bist du wirklich schon sieben Jahre alt?", fragte Rolf, „du bist ja kleiner als Erich und der wird erst sechs."

Später raunte Erich entsetzt der Mutter zu: „Denk nur, Silvio geht noch gar nicht zur Schule, auch in den Kindergarten ist er nicht gegangen, und zum Kreuz über meinem Bett hat er gefragt, wer das denn sei!"

In der Tat war vieles dem kleinen Silvio fremd. Er hatte noch nie vor dem Essen gebetet; er kannte auch kein Abendgebet. Dann kam die Adventszeit, und sie merkten, wie Silvio diese Zeit genoss. Er half mit, den Adventskranz zu binden. Und als am Abend die erste Kerze brannte, strahlten Silvios Augen wie zwei Sterne. Als Mutter ihm ein Stück aus der Weihnachtsgeschichte erzählte, lauschte er fasziniert. Er hatte auch gern, wenn Adventslieder gesungen wurden. Überhaupt, wenn Mutter kleine Geschichten aus der Bibel erzählte, rückte er ihr immer näher und verlor alle Schüchternheit.

Weihnachten nahte. Silvios ferner Vater schickte eine ganze Kiste mit Spielwaren. Aber Silvio freute sich nicht übermäßig über die tolle Indianer-Ausrüstung und auch nicht über die schöne Eisenbahn. Agatha fragte Silvio: „Und wie habt ihr Weihnachten gefeiert? Habt ihr auch einen Christbaum geschmückt?"

„Nein!", sagte Silvio, „wir haben gut gegessen, Papa hat mir meine Geschenke überreicht, und dann musste ich bald ins Bett."

Jetzt verstand Agatha, dass Mutter einmal gesagt hatte, Silvio sei ein armes Kind. Agatha nahm seine kalte, feine Hand und meinte:

„Jetzt gehörst du zu uns. Du wirst sehen, wie schön es heute Abend bei uns wird!"

Als das Glöckchen erklang und Agatha, Rolf und Erich schon ein bisschen nach den Geschenken schielten, blickte Silvio staunend in den Lichterbaum. Er stieß einen hellen Freudenschrei aus, dass sich alle fast erschrocken zu ihm umwandten. Während die Weihnachtsgeschichte vorgelesen wurde, kniete Silvio bei den Krippenfiguren. Er bekam gar nicht genug davon. „Wie schön das Jesuskind ist", freute er sich, „und Maria und Josef! Und wie entzückend das Eselchen! Das wird das Kind nach Ägypten tragen!"

Zum ersten Mal nannte Silvio Frau Keller „Mutter", und während der Weihnachtslieder konnte man richtig sehen, wie seine Augen jede Figur streichelten. Der Vater sagte: „Silvio, kannst du auch ein Gedicht aufsagen?"

„Ja!", rief Silvio glücklich, „aber ich sage es dem Christkind", und kniete sich vor dem Kind in der Krippe, während er die Verse aufsagte.

Als sie sich dann auf die Geschenke stürzten, sagte er zum erstaunten Rolf: „Wenn du willst, kannst du die Indianerausrüstung auch einmal anziehen!" Und Erich meinte: „Sollen wir morgen die Eisenbahn im großen Gang oben aufstellen?" Silvio nickte zufrieden.

Als Mutter spät am Abend noch durch die Zimmer ging, um die Kinder richtig zuzudecken, merkte sie, dass Silvio etwas fest in seinen kleinen Händen hielt: Silvio hatte das Jesuskind mit ins Bett genommen.

Auf ein Drittel verkürzt nach Marta Wild

27. Der Engel, der nicht fliegen konnte

Hinführung: Auch im Himmel kann man hinzulernen.
Vorlesedauer: ca. 6 Minuten.

Es war einmal – so beginnen selbst im Himmel die Märchen – ein junger Engel, der ganz neu zu den himmlischen Heerscharen gekommen war. Er tat sich von Anfang an schwer mit dem Leben als Engel, doch machte ihm ein Problem besonders zu schaffen: Er kam, so merkwürdig das auch für die himmlische Welt klingen mag, mit seinen Flügeln nicht zurecht. Anfangs drückten sie ihn, dann juckte es ihn gerade an den Stellen, an denen sie ihm gewachsen waren, am Rücken, ohne dass es ihm möglich war, sich zur Erleichterung ein wenig zu kratzen. Vor allem mit dem Fliegen tat er sich schwer. So sehr er sich auch bemühte, es wollte ihm einfach nicht gelingen, sich mehr als ein paar Meter hoch von einer Wolke abzuheben. Zu groß war die Angst, nach wenigen Sekunden ungeschickt wieder abzustürzen, wie er es nach seinen ersten Flugversuchen mehrfach erlebt hatte. Am liebsten wäre er diese lästigen Dinger an seinem Rücken wieder losgeworden. Äußerungen in diese Richtung stießen allerdings bei seinen Mitengeln auf herbe Kritik. „Zu einem Engel gehören nun einmal Flügel dazu", meinten die anderen. „Aber wozu denn?", fragte der Neue leicht bockig. „Von Liebe und Frieden singen und Gott loben kann ich doch schließlich auch ohne diese Wedel da hintendran."

„Was sind denn das für Ausdrücke", mahnte ihn einer der Oberengel, dem es oblag, die Kleinen in die Ordnungen des himmlischen Gemeinschaftslebens einzuführen. Er holte tief Luft und fügte dann in ruhigem Tonfall hinzu: „Die Flügel brauchen wir, um uns leise und leicht in engelsamer Geschwindigkeit von einem Ort zum anderen zu bewegen. Wir werden oft ganz schnell an weit entfernten Orten gebraucht und könnten nicht helfend eingreifen, wenn wir uns mühsam und schwerfällig auf Füßen bewegen würden, wie die Menschen auf der Erde." Der Kleine nickte resigniert. Die Antwort des Oberengels leuchtete ihm ein. Dennoch fühlte er sich hier irgendwie fehl am Platz.

Aber er wollte es nicht an seinem guten Willen fehlen lassen. Jeden Tag erprobte er sich in neuen Flugversuchen. Doch die Angst, zu versagen und von den anderen nicht als richtiger Engel anerkannt zu werden, lähmte ihn. Sooft er auch zum Fliegen anhob, immer wieder stürzte er ab, bis er seine Anstrengungen eines Tages völlig aufgab. Zu dieser Zeit kümmerte es auch keinen Engel mehr, wie es um ihn stand. Alle waren unablässig damit beschäftigt, sich auf die Geburt von Gottes Sohn vorzubereiten, die in wenigen Wochen auf der Erde in einem völlig unbedeutenden Ort namens Bethlehem stattfinden sollte. Wenigstens fiel er im Engelchor nicht unangenehm auf. Er sang das „Gloria in excelsis" so klar und rein, dass er zumindest hier als richtiger Engel anerkannt wurde.

Endlich kam der Tag, an dem das wunderbare Ereignis stattfinden sollte. Aufgeregt flatterten alle Engel hin und her, suchten ihre Liedblätter zusammen, stimmten ihre Harfen und Posaunen und machten sich bereit für den gemeinsamen Flug gen Israel. „Nun komm schon!", rief der Oberengel dem Kleinen zu. „Du wirst doch diese einmalige Stunde in der Weltgeschichte nicht versäumen wollen?" Mühsam versuchte der junge Engel, seine Flügel zu bewegen, aber auch dieser erste Versuch seit langer Zeit misslang kläglich.

„Dann musst du eben hier oben bleiben!", riefen die anderen einmütig im Chor. „Wir müssen jetzt los." Traurig nickte der kleine Engel und verharrte, als sich die anderen alle hoch in die Lüfte aufschwangen, einsam und verlassen auf seiner Wolke. Wer je behauptet haben mag, dass Engel keine Tränen kennen, wurde in diesem Augenblick Lügen gestraft. Der junge Engel schluchzte so tief, dass sogar sein Heiligenschein Gefahr lief, aufgrund der seelischen Erschütterungen von seinem Kopf zu fallen.

Doch die Tränen versiegten, und der junge Engel war zu neugierig, um nicht doch einen Blick auf die Erde zu werfen, just dahin, wo die anderen gerade das Wunder des göttlichen Geheimnisses priesen. „Halleluja", sangen sie aus voller Kehle und danach das „Ave Maria", das er so oft mit ihnen zusammen geübt hatte. Dann aber verhießen ihre Stimmen, dass nun, durch die Geburt des Heilands, alle Leiden und Schmerzen überwunden würden und jede zerrissene Seele heil werden könne. Niemand müsse sich mehr fürchten oder Angst davor haben, zu versagen oder angeblich nichts wert zu sein. Das Wunder von Weihnachten bedeute, dass niemand nach seinen Leistungen bewertet werden dürfe, sondern dass sich jeder in aller Freiheit zu dem entfalten könne, der er ist.

Diese Töne trafen den kleinen Engel mitten ins Herz. Wenn diese Worte nicht nur den Menschen auf der Erde, sondern auch ihm gelten würden, dann bräuchte er sich seiner Unfähigkeit beim Fliegen nicht länger zu schämen. Dann musste er sich nicht länger davor fürchten, von den anderen belächelt, verachtet oder gar aus dem Kreis der Engel ausgestoßen zu werden.

Ein unglaubliches Glücksgefühl durchfuhr ihn. Er war innerlich so beschwingt, dass er ganz unmerklich seine Flügel bewegte und sie vor Begeisterung über das, was er gehört hatte, derart kraftvoll bewegte, dass er sich, das erste Mal in seinem Engeldasein, weit in die Lüfte erhob. „Halleluja", sang er aus vollem Herzen und eilte mit mächtigen Flügelschlägen hin zu dem Ort, an dem sich das Wunder des Heils ereignet hatte. Unmerklich mischte er sich unter die jubelnde Engelschar. Als diese das große „Gloria in excelsis Deo" anstimmte, war er es, der das Wunder von Weihnachten am lautesten pries.

Christa Spilling-Nöker

28. Die Kerze, die nicht brennen wollte

Hinführung: Wann ist eine Kerze schöner? Wenn sie schön, aber ungebraucht herumsteht, oder wenn sie strahlend leuchtet und sich verzehrt?
Vorlesedauer: ca. 2 Minuten.

Nein, das hatte es noch nicht gegeben. Eine Kerze, die nicht brennen wollte, war absolut einmalig. Es herrschte große Aufregung unter den Kerzen im Wohnzimmer – zumal bald Weihnachten gefeiert werden sollte, und die Kerzen mit ihrem festlichen Glanz die Dunkelheit verwandeln wollten. Eine alte, erfahrene Kerze bot sich an, mit der widerspenstigen Kerze zu reden. „Nein, ich möchte nicht brennen", antwortete sie störrisch. „Wer brennt, verbrennt recht bald, und dann ist es um ihn geschehen. Ich möchte bleiben, wie ich bin – so schlank, so schön und so elegant."

„Wenn du nicht brennst, bist du tot, noch bevor du gelebt hast", antwortete die Alte gelassen. „Dann bleibst du auf ewig Wachs und Docht, und Wachs und Docht sind nichts. Nur wenn du dich entzünden lässt, wirst du, was du wirklich bist."

„Na, da danke ich schön", entgegnete die Kleine ängstlich. „Ich möchte mich nicht verlieren; ich möchte lieber bleiben, was ich jetzt bin. Gut, es ist etwas langweilig und manchmal etwas dunkel und kalt, aber es tut noch lange nicht so weh wie die verzehrende flackernde Flamme."

„Man kann es eigentlich nicht mit Worten erklären, man muss es erfahren", antwortete die Alte rätselhaft. „Nur wer sich hergibt, verwandelt die Welt, und indem er die Welt verwandelt, wird er auch mehr er selbst. Du darfst nicht über das Dunkel und die Kälte klagen, wenn du nicht bereit bist, dich anstecken zu lassen."

Da ging der kleinen Kerze plötzlich ein Licht auf. „Du meinst, man ist das, was man von sich herschenkt?"

„Ja", antwortete die Alte. „Man bleibt nicht so schlank, so schön und so elegant. Man wird gebraucht und gerät auch etwas aus der Form. Aber man ist mächtiger als jede Nacht und alle Finsternis der Welt."

So geschah es, dass die kleine Kerze ihren Widerstand aufgab und sich entzünden ließ. Je mehr sie flackerte, umso mehr verwandelte sie sich in reines Licht und leuchtete und strahlte, als gelte es die ganze Welt zu wärmen und alle Nächte hell zu machen. Wachs und Docht verzehrten sich, aber ihr Licht leuchtet bis auf den heutigen Tag in den Augen und Herzen all der Menschen, für die sie brannte.

Ulrich Peters

29. Ein Stern ging auf

Hinführung: Darf man Brot wegwerfen? Wie viele Kinder in der Welt würden weggeworfenes Brot aufheben und vor Hunger küssen und verschlingen – Brot, das wir nicht beachten!
Vorlesedauer ca. 7 Minuten.

Mitten auf dem Schulhof lag er im Schmutz. Gegen Ende der großen Pause hob Regina ihn vom Boden auf. Es war ein Weihnachtsstern, aus braunem Lebkuchenteig gebacken und mit Zuckerguss dick überzogen. In der Klasse legte Regina den Stern vor Frau Tiltfuchs auf das Lehrerpult. „Den habe ich auf dem Schulhof gefunden", sagte sie.
„Den hat jemand weggeworfen", sagte Karolin.
„Der ist schmutzig, den kann niemand mehr essen", sagte Ferdi.
„Wenn einer richtig Hunger hat, dann würde er ihn doch essen", behauptete Regina.
„Bieh! Ich würde ihn nie in den Mund stecken", sagte Ferdi.
Frau Tiltfuchs hörte den Kindern eine Weile schweigend zu. „Wer hat denn von euch schon einmal einen richtigen, großen Hunger gespürt?", fragte sie schließlich. Einige Finger fuhren in die Luft.
„Ich musste mal ohne Abendessen ins Bett."
„Wir haben im Sommer bei einem Ausflug unseren Picknickkorb vergessen."
„Wir haben Tante Emmi besucht. Aber sie hat uns nichts zu essen angeboten."
„War euer Hunger so groß, dass ihr den Stern gegessen hättet?", wollte Frau Tiltfuchs wissen.
„Nö, so groß war er nicht", gestand Paula ein. „Davon wird man ja krank, wenn man so etwas isst."
Da erzählte Frau Tiltfuchs die Geschichte vom kleinen Sindra Singh, der im fernen Indien lebt und der ungefähr so alt ist wie die Kinder aus der Klasse 3b. Jeden Tag bekommt Sindra in der Station eine Hand voll Reis. Das sind ungefähr 350 Reiskörner. Sindra hat sie gezählt. 150 isst er, sobald er den Reis von dem Mann in der Station bekommt. 100 Körner steckt er in den Mund, wenn die Sonne ganz hoch steht. Den Rest hebt er auf, bis der Sonnenball die Erde berührt. Manchmal mogelt er ein wenig und beginnt zu essen, wenn die Sonne

noch hoch in den Bäumen hängt. „Was meint ihr", fragte Frau Tiltfuchs die Kinder, „ob Sindra Singh den Lebkuchenstern wohl essen würde?"

„Ich glaube, ja", gab Regina zu.

„Und hier liegt der Stern auf dem Schulhof. Im Dreck liegt er, auf dem Boden!"

„Mein Opa hat erzählt, Brot darf man gar nicht wegwerfen", berichtete Mathilde. „Er sagt, das hat er in Russland gelernt. Da war er nach dem Weltkrieg in Gefangenschaft."

„In Afrika hungern die Menschen auch", sagte Ferdi.

„Und in Brasilien auch. Da hat es in einer Gegend zwei Jahre lang nicht geregnet", wusste Karolin.

„Mein Onkel hat aus Anatolien geschrieben", berichtete Zeki. „Es hat dort ein Erdbeben gegeben und die Menschen haben kaum noch etwas zu essen."

Marie hatte bislang gar nichts gesagt. Jetzt meldete sie sich. „Wir haben doch gestern Abend bei der Adventsfeier für die Eltern gesungen und gespielt", sagte sie. „Wir haben Geld gesammelt. Davon könnten wir doch ein Paket packen." Marie stockte und setzte sich wieder.

„Ein Weihnachtspaket!", rief Ferdi.

„Übermorgen fährt ein Lastwagen von der Kirche aus in das Erdbebengebiet", sagte Karolin. „Der nimmt unser Paket sicher mit."

Die Kinder waren begeistert. Sie schrieben an die Tafel, was sie alles in das Paket packen wollten: Schokolade und Marzipan, Mehl, Zucker, Gebäck, Konserven und und und ...

Als es zur Pause läutete, wusste jedes Kind in der Klasse, was es am Nachmittag für das Paket einkaufen sollte. Das war die einzige Hausaufgabe an diesem Tag. Zum Schluss hielt Frau Tiltfuchs den Lebkuchenstern hoch. „Irre ich mich, Kinder, oder leuchtet er jetzt ein bisschen?" Die Kinder meinten auch, dass er ein wenig heller aussehe.

Die Lehrerin ging ziemlich müde, aber zufrieden nach Hause. Am Abend schrillte das Telefon. Herr Semmelweid, der Vater von Ferdi, beschwerte sich:

Das Geld sei für die Klasse gesammelt worden.

Das Geld sei für Papier gedacht und für Farbstifte.

Das Geld solle den Kindern der Klasse 3b zugute kommen.

Das Geld solle nicht zum Fenster hinausgeworfen werden.

Frau Tiltfuchs wandte ein, dass die Kinder selbst auf die Idee gekommen waren, mit dem Geld in der Adventszeit etwas Gutes zu tun.

Herr Semmelweid sagte, dass die Schule dazu nicht da sei. „Aber der Stern, Herr Semmelweid, hat Ferdi denn nichts von dem Stern erzählt?"

„Stern?", fragte Herr Semmelweid. „Was für ein Stern?"

„Na", sagte Frau Tiltfuchs ein wenig hilflos, „der Lebkuchenstern. Der fing auf einmal an zu leuchten, als die Kinder auf den Gedanken mit dem Paket kamen. Ich meine …"

„Sie wollen mich wohl auf den Arm nehmen, wie?", schimpfte Herr Semmelweid. „Ich werde andere Schritte unternehmen. Den Minister werde ich …"

„Fragen Sie doch Ihren Ferdi mal nach dem Stern. Der hat es auch gesehen!", konnte Frau Tiltfuchs noch einwenden, da hatte Ferdis Vater den Hörer schon aufgelegt.

Am nächsten Morgen ging die Lehrerin bedrückt zur Schule. Ihr Mann hatte sie zwar getröstet und vorgeschlagen, notfalls die Lebensmittel für das Paket selbst zu bezahlen, aber Frau Tiltfuchs fand, es sei nicht dasselbe.

Auf dem Schulhof rannte Ferdi ihr gleich entgegen und reichte ihr einen Brief. Hastig riss sie den Umschlag auf. Fast wäre der 20-Euro-Schein, der darin steckte, auf den Boden geflattert. Ein paar Zeilen hatte Herr Semmelweid dazugeschrieben. „Sehr geehrte Frau Tiltfuchs", stand da. „Ich habe meinen Sohn Ferdi genau befragt. Ich weiß zwar immer noch nicht, ob es richtig ist, was Sie vorhaben, aber es kam mir so vor, als ob das Leuchten des Sternes noch in Ferdis Augen zu sehen war. Entschuldigen Sie bitte meinen Anruf von gestern. Meine Frau sagt häufig, ich sei ein hitziger Typ. Ihr Egon Semmelweid."

Am Tag darauf fuhr der Lastwagen mit vielen Paketen nach Anatolien. In dem Paket der Klasse 3b lag ein Brief.

„Frohe Weihnachten!", stand darin. Alle 26 Kinder hatten ihren Namen darunter geschrieben. „Irgendwo in Anatolien wird ein Stern aufgehen", sagte Frau Tiltfuchs zu ihren Kindern.

Willi Fährmann

30. Zwei Briefe an das Christkind

Hinführung: Wie lang ist euer Wunschzettel zu Weihnachten (gewesen)?
Vorlesedauer: ca. 4 Minuten.

Eifrig schrieb Klaus seine Weihnachtswünsche auf einen großen Bogen Papier. „Darf ich lesen?", fragte die Großmutter. Klaus reichte ihr den Bogen und die Großmutter las:

„Liebes Christkind! Ich wünsche mir als Erstes zu der elektrischen Eisenbahn, die du mir voriges Jahr gebracht hast, eine zweite Lok, zwei neue Anhänger, ein Signal, eine Schranke und ein Bahnhofsgebäude. Dann wünsche ich mir Schi mitsamt Schuhen, Hose und Anorak und was alles zur Schi-Ausrüstung gehört. Dann wünsch ich mir eine Armbanduhr, aber eine schöne, wie mein Freund Erich eine hat. Und weil ich nicht immer nur Eisenbahn spielen will, möchte ich noch ein Tischtennis und ein paar Gleinigkeiten, vielleicht ein Foto ..."

Weiter war Klaus noch nicht gekommen. „Meinst du, es ist recht so?", fragte Klaus seine Oma.

„Du hast einige Fehler drin", sagte diese, „Kleinigkeiten schreibt man zum Beispiel mit K."

„Das macht doch nichts", meinte Klaus, „aber meinst du, dass mir das Christkind das alles bringen wird?"

„Ich weiß nicht recht, Klaus", sagte die Großmutter, „aber ich will dir jetzt etwas erzählen:

Als dein Vater sieben Jahre alt war, schrieb auch er einen Brief an das Christkind. Und das Christkind konnte ihm nur seinen Hauptwunsch erfüllen. Aber darüber waren alle so froh und dem Christkind dankbar, dass wir gar nicht *mehr* wollten."

„Was hat er sich denn gewünscht, Oma?", fragte Klaus mit großen Augen.

„Warte einmal", antwortete die Großmutter, „ich habe den Brief aufgehoben und werde ihn dir bringen." Nach einer Weile kam die Großmutter mit einem vergilbten Briefbogen zurück. „Du musst wissen", sagte sie, „damals, als dein Vater diesen Brief schrieb, war Krieg und dein Großvater war als Soldat in Russland. Aber jetzt lies nur."

Und Klaus las:

„Liebes Christkind! Als Allererstes wünsche ich mir, dass mein Vater Weihnachten Urlaub bekommt und bei uns ist. Dann wünsche ich mir für uns alle einen kleinen Christbaum. Für mein Schwesterchen, das noch nicht schreiben kann, wünsche ich einige Lebkuchen und Zuckerstückchen, weil sie die so gerne mag. Der Mutti bringe bitte Stoff für einen neuen Mantel, weil sie aus ihrem alten einen für mich und Everl gemacht hat, und einen Bezugsschein kriegt sie nicht. Der Oma bringe bitte eine Flasche Wein, weil sie krank ist, und warme Hausschuhe. Wenn es geht, bringe auch mir ein Paar neue Schuhe. Meine alten sind zu klein; ich ziehe sie in der Schule unter der Bank nämlich aus, weil sie mir wehtun. Mutti soll das aber nicht wissen, sonst hat sie noch mehr Sorgen. Aber, liebes Christkind, die Schuhe und alles andere ist nicht so wichtig. Die Hauptsache ist, dass Vati auf Urlaub kommt. Es grüßt dich dein Michael!"

Klaus war beim Lesen ganz still geworden. „Ist denn Großvater dann wirklich auf Urlaub gekommen?", fragte er.

„Ja", nickte die Großmutter, „und das war eine große Gnade. Dein Vater hat so fest darum gebetet, und ich danke heute noch dem lieben Gott, dass er das Gebet erhört hat. Denn denke dir, ohne diesen Urlaub wäre dein Großvater tot gewesen. Als er nämlich nach dem Urlaub wieder an die Front musste, konnte er seine Einheit nicht mehr finden. Gerade um Weihnachten hatten die Russen einen großen Angriff gemacht und die ganze Einheit deines Großvaters aufgerieben. Von allen seinen Kameraden war keiner mehr da und man hat auch nie wieder von ihnen etwas gehört."

Klaus sah seine Großmutter erschrocken an. „Wirf doch bitte meinen Brief weg", sagte er nach einer Weile des Schweigens, „ich schreibe einen neuen."

„Und was wirst du dir jetzt wünschen?", fragte die Großmutter. Und Klaus antwortete: „Dass kein Krieg mehr kommt und wir alle immer beisammen bleiben dürfen, und sonst soll mir das Christkind noch bringen, was es selber meint."

Rosa Maria Slévi

31. Warum die Tanne zum Christbaum wurde

Hinführung: Vor dem Christkind kann nur der bestehen, der einfach und bescheiden bleibt.
Vorlesedauer: ca. 5 Minuten.

Die Bäume im Walde haben sich immer viel zu erzählen. Wenn der Wind durch ihre Kronen streicht, dann rauscht es in ihren Zweigen, dann flüstern ihre Blätter und reden miteinander von allem, was sie erlebt haben. So war es auch an einem Abend im Spätsommer. Viele fremde Leute waren im Walde gewesen, aber nun waren sie wieder nach der Stadt gezogen und im Walde war es still geworden.

„Ach", sagte da eine lange, schlanke Birke zu ihrer Nachbarin, einer struppigen Kiefer, „in der Stadt muss es doch schön sein! Da tragen die Leute so schöne Kleider und schmücken sich mit goldenen Ketten und bunten Perlen."

„Ja", mischte sich die stolze Buche ins Gespräch, „in die Stadt möchte ich wohl auch einmal; da kann man sogar mit der Elektrischen fahren."

„Woher wisst ihr denn das alles?", fragte neugierig der Ahorn.

„Nun", sagte die Eiche, „hast du denn geschlafen den ganzen Sommer über? Hast du nie gehört, was sich die Leute aus der Stadt da erzählten, wenn sie unter unserem Blätterdach saßen?"

Kurz und gut, die Bäume erzählten sich noch allerhand von der Stadt, und alle wären zu gerne einmal in die Stadt gekommen, am liebsten nach Berlin. Aber wie sollte das möglich sein?

Da geschah es eines Nachts, dass eine lichte Gestalt durch den Wald flog, um eine gute Frau im Wald zu besuchen. Das war das Christkindlein. „Gute Frau", sagte es, „mich dauern die armen Menschen in der Stadt, die gar keine schönen Bäume haben. Ich möchte ihnen zum Christfest einen bringen; er muss aber der schönste Baum im ganzen Walde sein. Kannst du mir wohl einen geben?"

„Gern", sagte die Frau, „aber ich weiß nicht recht, welchen. Jeder Baum ist schön und mir gleich lieb; ich möchte keinen dem anderen vorziehen."

„So lass uns die Bäume selber fragen", sagte das Christkindlein. „Wir wollen ihnen sagen, dass der schönste von ihnen in die Stadt soll; dann werden wir ja sehen, wen sie dafür halten."

So gingen sie zu den Bäumen und sagten es ihnen. Aber da wollte keiner es dem anderen gönnen. Da wurde das Christkindlein traurig und sagte: „So muss ich wiederkommen und mir selbst den schönsten Baum aussuchen. In wenigen Wochen reise ich zur Stadt, dann nehme ich ihn mir mit." Und damit flog es von dannen.

Kaum war es fort, so fing unter den Bäumen ein großer Wettstreit an, sich so schön wie möglich zu schmücken. Der Ahorn zog ein leuchtend gelbes Kleid an, die Buche ein braunes, die Eiche ein rotes; andere flickten sich aus lauter bunten Stoffen ein Kleid zusammen, dass sie aussahen wie ein richtiger Tuschkasten, und das alles so fix und flink, dass, als das Christkindchen wiederkam, der ganze Wald in bunten Farben glänzte. Nur ein Baum hatte sein einfaches grünes Kleid behalten, die Tanne.

Wieder flog Christkindchen durch den Wald und sah sich alle Bäume an. „Ja", sagte es, „eure Kleider sind schön, aber ihr müsst eine weite Reise machen und sie müssen lange vorhalten. Ob sie das auch können?"

„Natürlich!", schrien alle Bäume. Aber da kam ein großer Wirbelwind und zupfte die Bäume alle an ihren bunten Kleiderchen brrr, wie da der ganze bunte Flitterkram in tausend Fetzen ging, und all die gelben und roten und braunen Läppchen durcheinandertanzten, wie sie müde und matt zur Erde fielen! Da standen die Bäume im Walde da mit zerfetzten und zerrissenen Kleiderchen, und ihre ganze Schönheit war dahin.

Nur die Tanne, die nicht eitel genug gewesen war, ihr grünes Alltagskleid, das der liebe Gott ihr gemacht hatte, gegen bunten Flitterstaat zu vertauschen, stand noch im Schmuck ihrer grünen Nadeln unversehrt. Da sagte das Christkindlein: „Tanne, du bist der schönste Baum im Walde, dich will ich den Menschen bringen. Du sollst der Christbaum sein!"

R. Wiedemann aus „Waldmärchen"

32. Der hässliche Tannenbaum

Hinführung: Auch Krummes lässt sich mit Fantasie gerade machen. Das ist auch das Einmaleins des Kindes in der Krippe.
Vorlesedauer: ca. 6 Minuten.

Im Wald stand ein kleiner Tannenbaum, der war ziemlich krumm und schief gewachsen. Seine Zweige waren staksig und ungleichmäßig. Auf der einen Seite bildeten sie sogar ein hässliches Loch, eine richtige Höhle. Im Frühling hatte ein Amselpärchen sein Nest darin gebaut. Das war eine schöne Zeit gewesen. Aber im Sommer waren die Eltern mit ihren Jungen davongeflogen. Im Herbst war das Nest verlassen und leer. Im Winter hing es in nassen Fetzen herunter. Es machte den kleinen Tannenbaum noch hässlicher.

„Aus dir wird nie ein schöner Christbaum werden!", sagten die großen Bäume und schüttelten mitleidig ihre Wipfel.

Tatsächlich bedeutet es für jeden Tannenbaum eine besondere Ehre, ein Christbaum zu werden. Sein Leben ist dann zwar nur kurz, aber es hat doch ein strahlendes Ende. Das ist ihm wichtiger als alles andere.

Drei Winter lang gingen die Holzfäller an dem hässlichen kleinen Tannenbaum vorüber und ließen ihn stehen. Aber im vierten Winter kam endlich einer, der nahm ihn mit. Es war ein alter Mann, und er konnte nicht mehr so gut sehen. So landete der Tannenbaum mit vielen anderen auf dem Weihnachtsmarkt. Alle warteten auf einen Käufer. Die Leute kamen und griffen nach ihnen. Auch den kleinen Tannenbaum betrachteten sie von oben und unten und von allen Seiten. Doch dann sagten sie: „Nein, den nehmen wir nicht. Der hat ja ein Loch."

Am Tag vor dem Heiligen Abend war nur noch der hässliche kleine Tannenbaum übrig. Der Verkäufer stellte ihn aufrecht hin und drehte ihn einmal herum. Er schüttelte den Kopf und dachte: „Aus dem werde ich wohl Brennholz machen müssen. Etwas anderes bleibt mir nicht übrig."

In diesem Augenblick kam eine junge Frau vorüber. Die blieb stehen und fragte: „Kann ich das Bäumchen haben? Es ist ja ziemlich schief gewachsen. Aber seine Nadeln sind frisch und grün. Und es riecht, wie ein Weihnachtsbaum riechen soll."

Der Verkäufer überließ ihr den Tannenbaum für ein paar Euro. Sie trug ihn nach Hause. Eigentlich hatte sie in diesem Jahr keinen Weihnachtsbaum haben wollen. Sie war nämlich berufstätig und sorgte allein für ihre kleine Tochter Marie. „Ein Christbaum macht viel zu viel Arbeit!", hatte sie bis gestern gesagt. Aber im letzten Augenblick hatte sie nun doch nicht widerstehen können. Marie freute sich sehr über den Tannenbaum und rief: „Ich will ihn schmücken helfen!" Und ihre Mutter nickte.

Am Heiligen Abend zur Mittagszeit stellten sie den Baum im Wohnzimmer auf. Die Seite mit dem Loch drehten sie zur Wand. Dann schmückten sie die Zweige mit bunten Kugeln und silbernen Ketten. Sie steckten viele Kerzen darauf und hängten winzige Päckchen mit Süßigkeiten daran.

„Er ist wunderschön geworden!", rief die kleine Marie und klatschte in die Hände. Sie konnte den Abend kaum erwarten. Zuerst gingen sie in die Kirche. Als sie nach Hause kamen, dämmerte es schon.

„Geh in dein Zimmer, Marie!", sagte die Mutter. „Ins Wohnzimmer darfst du erst, wenn du das Glöckchen hörst."

Marie gehorchte. Sie ging und holte schnell das Geschenk für die Mutter unten aus ihrem Kleiderschrank. Es waren zwei Topflappen, selbst gehäkelt und schön verpackt. Die Zeit wurde Marie lang. Sie stellte sich ans Fenster und blickte auf die dunkle Straße hinaus. Kein Mensch war zu sehen. Endlich ertönte das Glöckchen.

Vorsichtig öffnete Marie die Tür. Da war der Baum, leuchtend und bunt. Im Kerzenschein zeigte er stolz seinen Schmuck. Die Mutter saß am Klavier und spielte „O du fröhliche". Sie sangen das schöne Lied zweistimmig. Sie sangen noch andere Lieder. Endlich fiel ihnen keins mehr ein.

Marie freute sich sehr über die Sachen, die unter dem Baum lagen. Es waren ein Körbchen mit Wolle, eine Schachtel Buntstifte, ein Buch und ein bunter Teller voll leckerer Sachen. Aber die Puppe mit den Schlafaugen, die sie sich am meisten gewünscht hatte, war nicht dabei. Marie war recht enttäuscht. Doch das sollte die Mutter nicht merken.

„Soll ich den Tisch decken?", fragte Marie. „Was gibt es zum Abendbrot?"

„Aber, Marie!", sagte die Mutter. „Wo hast du denn deine Augen? Da ist doch noch ein Geschenk!"

Marie blickte sich suchend um. Doch sie konnte nichts entdecken. „Der Tannenbaum will es dir geben", sagte die Mutter. „Schau ihn nur richtig an!"

Da trat Marie an den Baum und reckte den Hals. Und richtig! Durch die Zweige blitzte etwas Buntes, das mehr war als ein Christbaumschmuck. In dem Loch auf der Rückseite saß eine Puppe – die ersehnte Puppe mit Schlafaugen und richtigen Haaren. Sie lächelte und breitete die Arme aus. „Mutti!", rief Marie mit strahlenden Augen. „Das war ein wunderbarer Platz für ein Weihnachtsgeschenk! Ich finde, das ist überhaupt der allerschönste Tannenbaum, den wir je hatten!"

Ingrid Uebe

33. Der Straßenkehrer und das Engelshaar

Hinführung: Wunder geschehen immer da, wo Liebe im Spiel ist.
Vorlesedauer: ca. 2 ½ Minuten.

In der Nacht war Schnee gefallen und dann hatte es gefroren. Der Straßenkehrer zog sich wärmer an als sonst: mit der roten Pudelmütze, dem langen, blauen Wollschal und den dicken, roten Handschuhen. Leider hatten die Motten große Löcher hineingefressen; so schauten an beiden Händen der Daumen und der Zeigefinger heraus und an der linken Hand auch noch der Zeigefinger. Traurig betrachtete der Straßenkehrer die nackten Finger, während er zur Winterstraße ging. Heute brauchte er noch keine Schneeschaufel; aber wenn es weiter schneite, würde er mit dem Besen allein nicht mehr auskommen. Während er so die Straße kehrte, sah er auf einmal etwas im Schnee glitzern, etwas Silbernes. Zwar leuchtete der Schnee in den ersten Sonnenstrahlen selber wie Silber, aber das Etwas glitzerte noch viel heller.

Es war ein langer, silberner Faden, den der Straßenkehrer aufhob. „Engelshaar", sagte er andächtig, „das Haar von einem Engel!" Und er wickelte das schimmernde Haar um seinen linken Zeigefinger, der am meisten fror. Das Engelshaar sah wunderhübsch aus – und es wärmte! Nicht nur der Zeigefinger wurde warm, sondern die ganze linke Hand.

„Guten Morgen, Straßenkehrer", rief Fräulein Wunderlich, vor deren Garten er das Engelshaar gefunden hatte. Sie war zu ihrem Vogelhäuschen unterwegs, um den Meisen und Spatzen Futter zu bringen. „Was hast du da Hübsches am Finger?"

„Engelshaar", sagte der Straßenkehrer stolz. „Jetzt macht es mir überhaupt nichts mehr aus, dass meine Handschuhe Löcher haben." Fräulein Wunderlich lächelte ihm freundlich zu. Dann ging sie ins Haus zurück, holte rote Wolle und fünf Stricknadeln aus der Schublade und fing an, dem Straßenkehrer neue Handschuhe zu stricken. Sicher hat das der Engel so gemeint, dachte sie, als er sein Haar gerade vor meinen Garten legte.

Inzwischen kehrte der Straßenkehrer weiter die Winterstraße. Ab und zu blieb er stehen und betrachtete glücklich seinen linken Zeigefinger. Da kam die alte Zeitungsfrau vorbei. Sie trug ihre Hände in die Schürze gewickelt, weil sie ihre Handschuhe verloren hatte.

„Frierst du?", fragte sie der Straßenkehrer. Die alte Zeitungsfrau nickte. Der Straßenkehrer zögerte einen Augenblick, dann löste er das Engelshaar von seinem linken Zeigefinger und gab es der Zeitungsfrau. „Du musst es um deine Hand wickeln", sagte er, „dann frierst du nicht mehr." Und merkwürdig! Nicht nur die Hände der alten Zeitungsfrau wurden warm – auch die des Straßenkehrers blieben es, ja, sie wurden sogar noch wärmer, als sie gewesen waren.

Eva Marder

34. Kara erzählt

Hinführung: Manchmal schneit es bei uns zur Weihnachtszeit. Aber an anderen Orten der Erde kann es am Weihnachtsfest richtig heiß sein. Und hier muss die Geschichte vom Jesuskind auch anders erzählt werden.
Vorlesedauer ca. 3 Minuten.

Pater Jakob schwitzte. Er tropfte geradezu. Dafür gab es zwei Gründe: Erstens war es in Papua-Neuguinea heiß am Weihnachtsfest und zweitens sollte er heute seine erste Predigt in Pidgin-Englisch halten. Seit vielen Wochen hatte er dafür geübt. Komische Wörter gab es in dieser Sprache: Liklik hieß klein, toktok hieß sprechen und singsing war das Fest.

Die Predigt war zu Ende und Pater Jakob wischte sich erleichtert die Stirne trocken. Jetzt kam die Übersetzung. Die war nötig, denn nicht einmal die Hälfte des Dorfes verstand Pidgin. Die meisten kannten nur Enga, die Stammessprache. Um die zu lernen, würde der Pater noch mehr als ein Jahr brauchen.

Der alte Kara kam nach vorne. Er war ein weiser Mann, geehrt als Jäger und Geschichtenerzähler. Während Pater Jakob erleichtert vor sich hin döste, wurde die Gemeinde jetzt sehr aufmerksam. Kara erzählte die Weihnachtsgeschichte:

„In einem kleinen Dorf im Sepik-Tal lebte einmal ein schönes Papua-Mädchen. Es hieß Maria. Marias Haut war schwarz und glatt, ihre Augen leuchteten klar und auf ihrer rechten Wange war eine kleine Blume eingeritzt. Sie hatte noch keinen Mann genommen, sondern lebte in der Frauenhütte ihrer Mutter, zusammen mit ihren Schwestern und Tanten.

Wenn Maria an den Festtagen den Männern beim Tanzen zusah, gefiel ihr Josef, der Holzschnitzer, am besten von allen. Josef war berühmt für seine Masken, die schönsten davon hingen im Männerhaus des Dorfes.

Als der Große Ahnengeist im Himmel Maria sah, gefiel sie ihm sehr. Er beschloss, sie zur Mutter seines Sohnes zu machen. Und als Maria begann, die Monate zu zählen und ihr Bauch groß und rund wurde, da baute Josef für sie am Ufer des Flusses eine eigene Hütte. Er stellte sie auf hohe Pfähle zum Schutz gegen das Hochwasser, behängte die Bambuswände mit schön geflochtenen Matten, deckte das Dach mit Kunaigras und legte eine Feuerstelle an.

Es war eine prächtige Hütte, würdig für einen Häuptlingssohn. Als der Mond neunmal rund geworden war, brachte Maria ihren Sohn zur Welt. Sie nannte ihn Jesus. Es war ein schönes, dickes, gesundes Kind. Maria bettete ihn in ihr Tragnetz, legte sich den Kopfriemen um und trennte sich bei Tag und Nacht nicht von ihrem Kind.

Als die Menschen im Tal und auf den Bergen hörten, dass der Sohn des Großen Ahnengeistes zur Welt gekommen war, kamen sie, um ihn zu sehen und zu beschenken. Die Männer brachten Kokosnüsse und ein Hausschwein mit zwei kleinen Ferkeln; die Frauen schenkten aus ihren Gärten Süßkartoffeln, Mais und Bohnen. Die Kinder brachten Brennholz und ihre schönsten Papageienfedern. Daraus sollte Maria einen Häuptlings-Kopfputz für ihren Sohn machen. Maria freute sich sehr. Sie legte die Gemüse in die Aschenglut ihrer Feuerstelle und kochte ein gutes Essen."

Kara holte tief Luft. Er war mit seiner Erzählung zu Ende. „Und was ist mit den drei mächtigen Häuptlingen, die mit dem Boot über den Fluss kamen und Gold und duftende Kräuter mitbrachten?", fragte die kecke Alina.

Kara schüttelte den Kopf: „Diese Geschichte erzählen der Pater und ich erst am Dreikönigsfest."

Renate Günzel-Horatz

35. Vom Geheimnis des Christkindes

Hinweis: Achtung, das „Christkind" wird erklärt!
Hinführung: Bringt das Christkind die Geschenke? – Und doch hilft es dabei!
Vorlesedauer: ca. 3 Minuten.

Es war in der schlechten Zeit. Zu kaufen gab es kaum etwas. So war es nur selbstverständlich, dass viele vor Weihnachten selber etwas bastelten.

Mein Vater hatte eine kleine Werkstatt unten im Keller. Die letzte Zeit war sie immer abgeschlossen. „Was mag darin vorgehen?", dachte ich. Ich fragte meinen Vater. „Ich hab die Werkstatt dem Christkind zur Verfügung gestellt", sagte er. „Das braucht ja einen Raum, um seine Geschenke herzustellen."

Ich dachte, ob die Bomben des Krieges sogar einen Teil des Himmels zerstört haben, dass auch das Christkind evakuiert werden musste? Eines Abends schlich ich voller Neugier in den Keller und sah unter der verschlossenen Tür der väterlichen Werkstatt Licht. Leise, ganz leise ging ich zur Tür, bückte mich und schaute durchs Schlüsselloch. Ich sah lange farbige Holzlatten in Rot, Grün, Blau und Gelb. Und dann sah ich meinen Vater mit einer Säge in der Hand. Er sägte kleine Stücke von Latten ab. Dann strich er auch die abgesägten Enden mit der jeweiligen Farbe an. Ich wusste: Das sind die Bauklötze, die wir Kinder jedes Jahr zu Weihnachten bekommen und über die wir uns so oft freuten, weil sie ja vom Christkind waren.

Doch jetzt hatte ich mich um das schöne und bezaubernde Geheimnis gebracht. „Das Christkind", dachte ich, „das gibt es nicht. Das ist ja nur mein Vater."

Enttäuscht und wie gelähmt blieb ich im Keller stehen. Und dann ging die Tür auf. Mein Vater kam heraus. „Was machst du denn hier?", fragte er. „Ich?!", antwortete ich, „ich hab durchs Schlüsselloch geschaut und gesehen, dass du es bist, der die Bauklötze macht. Das Christkind habe ich nicht gesehen."

Ich muss meinen Vater ziemlich entgeistert angesehen haben. Tröstend legte er seinen Arm um mich und sagte: „Das ist ja ganz klar. Das Christkind kannst du auch nicht sehen. Es ist nämlich unsichtbar. Aber verlass dich drauf: Vor Weihnachten ist es immer das Christkind, das meine Hand beim Sägen und beim Malen führt. Glaubst du, die Bauklötze würden sonst so schön?"

„Ach so", meinte ich erleichtert, „ja, ja, ich verstehe. Das Christkind gibt es also doch."

Ich weiß noch, dass dieses Weihnachtsfest eines der schönsten war. Ich freute mich, dass das Christkind die Menschen mit einbezog in sein Wirken und Werken.

Als die wunderschönen neuen Bauklötze unter dem Weihnachtsbaum lagen, habe ich sie als ein Werk des Himmels staunend betrachtet. Heute noch geht es mir so, dass ich die unsichtbare göttliche Hand sehe, wenn ich Werke von Menschen betrachte.

Heinrich Bücker

36. Der Stern von Bethlehem erzählt

Hinführung: Ein Stern aus der letzten Reihe wird zum leuchtenden Stern über Bethlehem. Bei Gott sind manchmal die Letzten die Ersten.
Vorlesedauer: ca. 5 Minuten.

Lange, lange stehe ich schon am Himmel. Allerdings nicht vorne wie die Sterne, die die Menschen bewundern, sondern ganz hinten in der letzten Reihe. Mich hat keiner beachtet. Darüber war ich sehr traurig. Eines Tages kam Gott und flüsterte mir ins Ohr: „Warte noch, kleiner Stern. Du bist mein wichtigster Stern. Deine Zeit ist noch nicht gekommen. Ich habe eine große Aufgabe für dich."

Eine große Aufgabe, und das hier hinten, in der letzten Reihe? Ob ich auf die Erde fallen sollte, wie manche meiner Mitsterne? Ob ich Teil eines großen schönen Sternbildes werden sollte, dem die Menschen einen schönen Namen geben? Oder ob ich gar eine wunderbare Sternschnuppe sein würde, die helfen wollte, dass die Wünsche der Kinder in Erfüllung gingen? .... Ich hatte keine Ahnung. Aber ich war sehr gespannt und konnte es kaum mehr erwarten.

Die Zeit verging und nichts geschah. Nur einmal holte mich Gott nach vorne und zeigte mich den Menschen. „Schaut, ein Stern wird aufgehen über Jakob." Und Gott gab mir einen Namen: „Du heißt jetzt Stern von Bethlehem." Rätselhafte Worte! Ich hatte Bethlehem noch nie gesehen. Das musste eine kleine Stadt sein. Und wieder musste ich mich in die letzte Reihe stellen und warten.

Eines Tages war es so weit. Gott rief mich zu sich und gab mir meine Aufgabe: „Deine Zeit ist gekommen. Du wirst allen Menschen auf der Erde ankündigen, dass mein Sohn geboren wird. Du wirst ihnen den Weg zu meinem Kind zeigen."

Ich sollte Gottes Sohn ankündigen? Ich sollte am Himmel leuchten, dass die Menschen auf der Erde von dieser frohen Nachricht erfuhren? Was für eine schöne Aufgabe! Froh und glücklich machte ich mich an die Arbeit. Ich gab mein Bestes. Ich strahlte und ging am Sternenhimmel auf. Von Osten nach Westen zog ich meinen Weg. Ich leuchtete mit ganzer Kraft: „Schaut doch, ich zeige euch den Weg zum Gotteskind. Folgt mir nach!"

Lange musste ich strahlen, bis ich überhaupt gesehen wurde. Die Ersten waren die Sterndeuter im Osten, die mich mit ihren Ferngläsern beobachteten und dann ihre Sachen packten und meiner Spur folgten. Und dann waren es noch die armen Hirten, die mich voll Freude und Erstaunen sahen und loszogen, weil sie sich an den Messias erinnerten, den Gott ihnen versprochen hatte.

Ich freute mich schon, dass ich sie zum Gotteskind führen würde. Es konnte nicht mehr weit sein. Da hinten war schon Bethlehem. Jetzt musste ich nur noch das richtige Haus finden. Ob es das schönste ist? Oder das größte? Oder das am hellsten beleuchtete? Nein – es war das ärmste und kleinste, das hinten am Ortsrand ganz im Dunkeln lag. Ich stellte mich direkt über den Stall und leuchtete mit ganzer Kraft hinein.

Taghell wurde es in dem dunklen Stall, und da sah ich es in der Krippe liegen: Gottes Kind, Gottes Sohn. Ich wusste nicht, ob ich es anstrahlte oder das Kind mich anstrahlte, so wunderbar hell und voller Licht war es im Stall.

„Danke, lieber Stern", sagte es. „Danke, dass du die Menschen zu mir geführt hast. Deine Aufgabe ist noch nicht zu Ende. Behalte dein schönes Strahlen und leuchte weiter in die Herzen der Menschen, dass es dort warm und hell wird und sie sich auf den Weg machen zu mir, bis Liebe und Licht ihre Herzen ganz erfüllt."

Und so mache ich es bis heute. In der Weihnachtszeit strahle ich ganz besonders, um die Herzen der Menschen zu erreichen, dass es lichter und heller auf dieser Erde wird und Gottes Sohn seine Liebe in die Herzen legen kann.

Susanne Herzog

37. Ursels Streichelbild

Hinführung: Was kannst du einem blinden Kind zu Weihnachten schenken?
Vorlesedauer: ca. 5 Minuten.

Timos große Schwester Ursel arbeitet mit blinden Kindern. Timo fragt sie oft nach allem Möglichen. Er kann es sich nur sehr schwer vorstellen, wie das ist, nicht sehen zu können.

Vor Weihnachten erzählt ihm Ursel davon, dass sie jeden Morgen die Kerzen am Adventskranz anzünden, zusammen singen und Weihnachtsplätzchen knabbern. Ja, das kann man mit vielen Sinnen erleben, denkt Timo. Man ist nicht nur auf die Augen angewiesen. Man spürt die Wärme der Kerzen und riecht den Duft des Kerzenwachses, der Tannenzweige und der Plätzchen. Und Plätzchen kann jeder genießen, mag er nun sehen können oder nicht.

Aber die vielen farbigen Dinge, die es in der Adventszeit gibt, die können blinde Kinder doch nicht sehen: die bunten Schaufenster, die helle Beleuchtung über den Straßen der Innenstadt, das Geschenkpapier, das mit vielen Bildern geschmückt ist, die das Warten auf Weihnachten immer länger machen. „Schade!", meint Timo. „Ich mag die Weihnachtskarten und Weihnachtsbilder so gern. All das ist nichts für deine Kinder."

„Ich habe ihnen Adventskarten gebastelt", sagt Ursel und sucht in ihrer Handtasche. „Schau nur!", lacht sie und zieht eine Postkarte heraus. Sie hat sie sorgfältig in Seidenpapier eingewickelt. *„Eine* Karte ist übrig, die schenke ich dir!" Neugierig greift Timo nach der Karte und betrachtet sie. Ursel erklärt ihm, wie sie das Bild gebastelt hat.

Zuerst hat sie Strohhalme aufgeschnitten und gebügelt. Dann hat sie die Strohhalme so auf die Karte geklebt, dass ein richtiges Bild entstanden ist: drei Kerzen mit kleinen Flammen an ihrer Spitze. Einen winzigen Zweig vom Lebensbaum hat sie dann gepresst und noch auf die untere Hälfte des Bildes geklebt. Nun sieht es so aus, als wachsen die brennenden Kerzen auf einem grünen Zweig. Einen kleinen Strohstern hat Ursel noch darüber geklebt.

„Sie tasten die Karte mit ihren Fingern ab", erklärt Ursel. „Sie fühlen jede kleine Erhebung. Und mit ihren Fingern entdecken sie die Adventskerzen, den Zweig und den Stern!"

„Ja, wenn man nichts sieht, muss man sich eben so behelfen ...", meint Timo nachdenklich und blickt zu den Weihnachtskarten neben dem Fernseher, die Mutter heute gekauft hat. Sie sollen in den nächsten Tagen noch alle geschrieben werden.

„Wir nennen so ein Bild Streichelbild", sagt Ursel leise und fährt ganz zart mit einer Fingerkuppe über die Kerze. „Ich mag es mehr als die bunten kitschigen Weihnachtskarten!"

„Das ist klar!", lacht Timo. „Du hast die Streichelbilder ja auch selbst gebastelt."

Spät am Abend, als Timo im Bett liegt und das Licht längst ausgeschaltet ist, hält er immer noch die Karte mit dem Streichelbild in seinen Händen. Wirklich, er hat entdeckt, dass er dieses kleine Bild auch im Dunkeln noch sehen kann. Ganz zart streicht er immer wieder über die aufgeklebten Kerzen, den Zweig und den Stern. Und es braucht gar kein Licht zu brennen. Mit seinen Fingern allein entdeckt Timo im Dunkeln das helle Licht und den Stern, der einst über dem Stall vom Bethlehem gestanden hat. Jetzt versteht Timo seine große Schwester viel, viel besser. Ja, eigentlich ist das kleine Streichelbild viel schöner als die bunten Weihnachtskarten aus dem Supermarkt.

Als er schließlich müde wird, legt er das Bild neben sich auf das Kopfkissen. Sollte er mitten in der Nacht wach werden, dann möchte er es gleich wiederfinden. Dann wird er es streicheln und sich wieder ein bisschen auf Weihnachten freuen.

Rolf Krenzer

38. Die Apfelsine des Waisenknaben

Hinführung: Früher herrschte in einem Waisenhaus strenge Zucht. Ein Junge erfährt an Weihnachten aber echte Kameradschaft.
Vorlesedauer: ca. 3 Minuten.

Schon als kleiner Junge hatte ich meine Eltern verloren und kam mit neun Jahren in ein Waisenhaus in der Nähe von London. Es war mehr als ein Gefängnis. Wir mussten 14 Stunden am Tage arbeiten – im Garten, in der Küche, im Stall, auf dem Felde. Kein Tag brachte eine Abwechslung, und im ganzen Jahr gab es für uns nur einen einzigen Ruhetag: Das war der Weihnachtstag. Dann bekam jeder Junge eine Apfelsine zum Christfest. Das war alles. Keine Süßigkeiten. Kein Spielzeug. Aber auch diese eine Apfelsine bekam nur derjenige, der sich im Laufe des Jahres nichts hatte zuschulden kommen lassen und immer folgsam war. Diese Apfelsine an Weihnachten verkörperte die Sehnsucht eines ganzen Jahres.

So war wieder einmal das Christfest herangekommen. Aber es bedeutete für mein Knabenherz fast das Ende der Welt. Während die anderen Jungen am Waisenhausvater vorbeischritten und jeder seine Apfelsine in Empfang nahm, musste ich in einer Zimmerecke stehen und zusehen. Das war meine Strafe dafür, dass ich eines Tages im Sommer hatte aus dem Waisenhaus weglaufen wollen. Als die Geschenkverteilung vorüber war, durften die anderen Knaben im Hofe spielen. Ich aber musste in den Schlafraum gehen und dort den ganzen Tag über im Bett liegen bleiben. Ich war tieftraurig und beschämt. Ich weinte und wollte nicht länger leben.

Nach einer Weile hörte ich Schritte im Zimmer. Eine Hand zog die Bettdecke weg, unter die ich mich verkrochen hatte. Ich blickte auf. Ein kleiner Junge namens William stand vor meinem Bett, hatte eine Apfelsine in der rechten Hand und hielt sie mir entgegen. Ich wusste nicht, wie mir geschah. Wo sollte eine überzählige Apfelsine hergekommen sein? Ich sah abwechselnd auf William und auf die Frucht und fühlte dumpf in mir, dass es mit der Apfelsine eine besondere Bewandtnis haben müsse. Auf einmal kam mir zu Bewusstsein, dass die Apfelsine bereits geschält war, und als ich näher hinblickte, wurde mir alles klar, und Tränen kamen in meine Augen. Und als ich die

Hand ausstreckte, um die Frucht entgegenzunehmen, da wusste ich, dass ich fest zupacken musste, damit sie nicht auseinanderfiel.

Was war geschehen? Zehn Knaben hatten sich im Hof zusammengetan und beschlossen, dass auch ich zu Weihnachten meine Apfelsine haben müsse. So hatte jeder die seine geschält und eine Scheibe abgetrennt, und die zehn abgetrennten Scheiben hatten sie sorgfältig zu einer neuen, schönen und runden Apfelsine zusammengesetzt.

Diese Apfelsine war das schönste Weihnachtsgeschenk in meinem Leben. Sie lehrte mich, wie trostvoll echte Kameradschaft sein kann.

Nach Charles Dickens

39. Der unerwartete Mitspieler

Hinführung: Stell dir vor, mitten in ein Krippenspiel kommt ein Riesenhund hereinspaziert.
Vorlesedauer: ca. 2 Minuten

Als sich am Heiligabend die Spieler gerade um die Krippe aufgestellt hatten, um die Geburt des Gotteskindes bildhaft darzustellen, lief ein großer Bernhardinerhund mitten durch den Gang nach vorne und legte sich der Länge nach direkt vor der Krippe nieder. Die Spieler waren zu Tode erschrocken und wichen ängstlich etwas zurück. In den vorderen Bänken entstand Unruhe. Den Hund störte das überhaupt nicht; er schaute die Erschrockenen aus treuherzigen Hundeaugen an, schnaubte gemütlich, ließ seine Zunge weit heraushängen und sich nicht vertreiben.

Der Pfarrer, der das Spiel leitete, reagierte sofort und bezog den Hund gleich in das Spiel mit ein. Er sagte: „Bleibt bitte ganz ruhig! So wie Ochs und Esel zur Weihnachtsgeschichte gehören, hat sich dieser Riesenhund als Vertreter der ganzen Tierwelt eingefunden, um die Schöpfung anschaulich zu machen, die auch auf die Erlösung wartet. Übrigens – gehört jemand von euch dieser Hund?" Niemand meldete sich, keiner kannte ihn. So fuhr der Pfarrer fort: „Freuen wir uns auf die Zeit, die später das Kind in der Krippe verheißen hat, wo der Kampf aller gegen alle vorbei ist, auch der Kampf der Tiere gegen den Menschen und die Ausbeutung der Tiere durch den Menschen."

Beim nächsten Lied war alle Ängstlichkeit weggesungen, jeder sah seinen Nachbarn freundlich lächelnd an und spürte: So einträchtig mag es im Paradies sein: Friede und Freude; und kein Engel muss mehr singen: „Fürchtet euch nicht!"

Während des Schlussliedes erhob sich der Riese von Hund, streckte sich gemächlich aus, schaute die Spieler noch einmal der Reihe nach an, als müsse er sich von altbekannten Freunden verabschieden, und trabte dann den Gang zurück, um durch die Eingangstür, die einer eilfertig aufhielt, das Gotteshaus zu verlassen.

Niemand konnte sagen, wem der Hund gehörte. Auch die Nachfragen in den kommenden Tagen blieben ohne Erfolg. Bleibt die schöne Erinnerung an das Sinnbild des Paradieses, in dem einmal Gerechtigkeit und Friede unter der ganzen Schöpfung herrschen.

Um die Hälfte verkürzt nach Erich Roth

40. Ich bin ja nur ein Esel

Hinführung: Ein Esel erzählt, wie das damals war mit dem Kind in der Krippe.
Vorlesedauer: ca. 7 Minuten.

I-a, ich bin der Esel Kasimir. Ich kann mich noch gut erinnern, wie das alles war damals in Nazareth, als die Geschichte begann. Es ist schon lange her, und es war eine schwere Zeit. Es gab noch keine Autos und keine Eisenbahnen, und Flugzeuge gab es schon gar nicht. Alles, was befördert werden sollte, mussten wir Esel tragen. Kisten und Kasten legte man uns auf den Rücken und Säcke und Körbe. Und oft setzte sich obendrauf noch ein Mann oder eine Frau. Ja, es war damals nicht leicht, ein Esel zu sein. Aber ich glaube, ein Esel hat es nie leicht, damals nicht und heute auch nicht.

Kurz, eines Tages erschien ein Soldat in Nazareth. Er sah prächtig aus in seiner Uniform, und er ritt auf einem prächtigen Pferd. Ich musste denken: Ein Pferd müsste man sein ... Aber dann wäre ich wohl nie nach Bethlehem gekommen. Der Soldat hatte eine Trompete, und in die blies er hinein, dass es laut schallte. Alle Leute liefen zusammen. Als alle da waren, erklärte der Soldat, dass alle Menschen gezählt werden müssten. Der Kaiser in Rom hätte das so angeordnet. Und jeder müsste in seine Vaterstadt gehen, damit festgelegt werden könnte, wie viel Steuern jeder zu zahlen hätte. Der Kaiser brauchte die Steuern für seine Soldaten.

Ja, und dann kam Josef zu mir in den Stall. Ein ganz sorgenvolles Gesicht hatte er.

„Kasimir", sagte er, „wir müssen wohl nach Bethlehem gehen. Da hilft alles nichts. Auch wenn Maria bald ihr Kind bekommt. Was der Kaiser sagt, das muss man befolgen. Da kann man nichts machen."

So wurde ich bepackt. Am Ende setzte sich auch noch Maria auf meinen Rücken, und ab ging der Marsch. Aber so einfach war das alles nicht. Es gab ja – wie gesagt – noch keine Autos damals. Also gab es auch noch keine richtigen Straßen. Über Stock und Stein ging der Weg. Und die Last drückte.

Maria ging es immer schlechter. Immer wieder mussten wir anhalten, damit Maria sich ausruhen konnte. Sie trug ja das Kind unter ihrem Herzen. Es war ein schwerer Weg! Aber in meiner Sorge um Maria vergaß ich oft, wie schwer die Last mich drückte.

Irgendwann sahen wir Bethlehem vor uns. Maria wurde es leichter ums Herz und Josef sagte: „Jetzt haben wir es bald geschafft, Kasimir!" Aber da täuschte er sich. (Wie man sich oft täuscht, wenn man meint, man hätte etwas geschafft.) Als wir in die Stadt kamen, da wollte uns keiner aufnehmen. Alle Herbergen waren belegt. Es fand sich kein Raum für Josef und Maria. Wisst ihr, es war schon damals so wie heute: An diesem ersten Weihnachtsfest dachten alle nur an das Geld und an das Geschäft und an Geschenke. Aber niemand dachte an den, um dessentwillen alles stattfand. Alle hetzten hin und her, hatten zu tun, hatten Sorgen und Probleme – wie alle sagten –, aber keiner wollte den Retter und Heiland bei sich aufnehmen.

Na ja, so sind wir schlussendlich in einem Stall gelandet.

Der war natürlich nicht herrlich. Ihr wisst ja, wie es in so einem Stall voller Heu und Stroh und Spinnweben aussieht. Aber ich fühlte mich in dem Stall gleich wohl. Mir war so etwas ja vertraut – aber Josef und Maria?! Für Maria war es höchste Zeit, dass wir ein Obdach gefunden hatten, daher blieben wir hier.

Maria bekam dort im Stall ihr Kind. Es war ein ganz kleines Kind mit winzig kleinen Fingern und Füßen. Ich wusste gar nicht, was ich dazu sagen sollte. Einerseits war ich stolz, dass ich Maria und das Kind bis hierhin getragen hatte. Andererseits konnte ich mir nicht vorstellen, dass dieses kleine Wesen der Heiland der Welt sein sollte, wie der Engel es Maria angekündigt hatte. Musste ein Heiland nicht groß und stark und mächtig sein, wenn er der ganzen Welt das Heil bringen sollte? Wenn er alle Menschen retten und erlösen sollte aus Angst und Sünde? Aber daran sieht man, dass ich nur ein Esel bin.

Maria hat nur gelächelt und zu mir gesagt: „Kasimir, alles fängt klein und bescheiden an. Und weißt du, die kleinen Dinge sind oft wichtiger als die großen und gewaltigen. Auch wenn wir das nicht immer einsehen wollen. Der Finger eines Kindes ist wichtiger als eine gewonnene Schlacht. Und ein kleines bisschen Liebe wiegt mehr als ein ganzer Berg Hass. Ein Gramm Verständnis vermag mehr als ein Kilo Schimpfen. Aber das wirst du noch merken."

Ja, und dann kamen die Hirten. Kalt und verfroren, in ihren abgewetzten Kleidern, mit den zerrissenen Stiefeln kamen sie in den Stall. Ihre Gesichter waren verhärmt und ängstlich, als sie eintraten. Aber als sie das Kind sahen, begannen ihre Augen zu leuchten. Erst sagte keiner von ihnen ein Wort. Aber dann, mit einem Mal, redeten sie alle durcheinander. Und es dauerte eine Weile, ehe ich verstand, was sie berichteten.

Sie hatten in der dunklen, kalten Nacht die Schafe gehütet. Und sie waren – wie schon oft – unzufrieden und verzagt über ihr Schicksal. Wer wollte schon Schafe hüten?! Wer zu nichts anderem mehr taugte, der wurde eben Hirte. So hatten sie in der kalten Nacht gestanden. Nicht mal Schnaps hatten sie dabei, und das Feuer wärmte auch nur wenig. Mit einem Mal sei es taghell geworden, berichteten die Hirten. Ein Engel sei erschienen und habe zu ihnen gesagt: „Fürchtet euch nicht! Ich verkündige euch große Freude, die zu allen Menschen kommen soll. Euch ist heute der Heiland geboren." Und der Engel hatte sie zum Stall nach Bethlehem geschickt, zum Kind in der Krippe, zum Heiland der Welt.

Ja, und dann sind all die raubeinigen Gesellen niedergekniet an der Krippe und haben das Kind angebetet. Ich habe das alles nicht verstanden. Diese groben Kerle vor dem kleinen Kind! Und dann sind sie wieder gegangen. Aber anders als sie gekommen waren – richtig fröhlich. Mir ließ das alles keine Ruhe, ich musste immer wieder daran denken. Und in der Nacht, als Maria und Josef schliefen – das Kind aber war noch wach –, da habe ich das Kind gefragt: „Warum bist du als Kind gekommen, die Welt zu retten? Warum nicht gewaltig und mächtig und groß?"

Da hat das Kind gelächelt wie Maria und hat gesagt: „Weißt du, Kasimir, es scheint nur so, als müsste man groß und mächtig sein, um diese Welt zu verändern. Aber das stimmt nicht. Groß und mächtig sind die Menschen eigentlich nur aus Angst. Aus Angst um sich selbst, aus Angst, im Leben zu kurz zu kommen. In ihren Herzen aber sind alle Menschen Kinder, hilfsbedürftig, auf andre angewiesen und voller Sehnsucht nach Liebe und Verständnis. In ihren Herzen sind alle Menschen klein und liebebedürftig. Und weil alle Angst haben, jemand könnte das merken und es ausnutzen, darum tun alle Menschen groß und gewaltig. Darum kommt es auch immer wieder zu Streit und Krieg unter den Menschen – aus Angst. Damit niemand sieht, wie es in ihren Herzen aussieht, versuchen alle Menschen, groß und überlegen zu erscheinen. Sie wollen die anderen davon überzeugen, dass sie sicher wären und unabhängig und nicht auf andere und ihre Liebe angewiesen. Und damit werden die Menschen immer einsamer und verlorener. Siehst du, darum bin ich als kleines, schwaches Kind zu den Menschen gekommen, eben als ein richtiger Mensch. Damit die Menschen erkennen, wie es um sie steht. Damit sie das großartige und gewaltige Getue ablegen und frei werden und Mut bekommen zur Liebe und zum Vertrauen zu sich selbst. Und, Kasimir", setzte das Kind hinzu, „ich werde ebenso schwach und hilflos als Mensch am Kreuz sterben. Aber Gott wird bei mir sein und wird mich halten, damit die Kranken und Einsamen, die Schwachen und Alleingelassenen, die Ängstlichen und die Hilflosen begreifen, dass Gott auch sie lieb hat und festhält und trägt. Weißt du, Kasimir, das ist die Weihnachtsfreude."

So ganz habe ich das damals ja nicht verstanden, das muss ich schon sagen. Aber ich bin ja auch nur ein Esel.

Axel Schönberg-Rother

41. Der Weihnachtskaktus

Hinführung: Kannst du dir vorstellen, dass ein Mädchen vor Freude einen Kaktus streicheln will?
Vorlesedauer: ca. 9 Minuten.

Zwei Wochen vor Weihnachten wusste Lisa immer noch nicht, was sie ihrer Mutter schenken könnte. Letztes Jahr hatte sie ihr ein schönes Bild gemalt, mit einem fröhlichen Weihnachtsmann, der ein wenig wie Lisas Vater aussah. Die Mutter hatte das Bild sehr schön gefunden, aber nach den Feiertagen hatte sie es in eine Schublade gelegt. Und Lisa hatte keine Lust, Bilder zu malen, die in der Schublade verschwanden, wo sie niemand bewundern konnte.

Ich könnte ihr ein Buch schenken, dachte Lisa. Ein Buch ist ein schönes Geschenk! Sie ging in eine Buchhandlung und kam sich etwas verloren vor. Es gab ja so viele Bücher! Sie wusste gar nicht, wo sie suchen sollte.

„Kann ich dir behilflich sein?", fragte eine Verkäuferin.

„Ich möchte ein Buch kaufen", antwortete Lisa.

„Kinderbücher sind eine Etage tiefer", sagte die Verkäuferin freundlich.

„Ich weiß. Ich möchte aber meiner Mutter ein Buch schenken."

„An was für ein Buch hast du denn gedacht?"

Lisa zuckte die Schultern. Sie hatte an ein billiges Buch gedacht, denn sehr viel Taschengeld bekam sie nicht.

„Was liest sie denn gerne?", fragte die Verkäuferin.

„Ich habe sechs Euro fünfzig", antwortete Lisa. Darauf meinte die Verkäuferin, dass sie ihrer Mutter doch etwas anderes schenken sollte, denn so billige Bücher führten sie nicht.

Lisa ging in ein Kaufhaus. Sie sah sich in der Parfümabteilung um, sie guckte die Papierwaren an, sie suchte unter den Glas- und Porzellanfiguren nach einem schönen Geschenk. Aber sie fand keinen Gegenstand, bei dem sie sicher war, dass er ihrer Mutter gefallen würde. Oder wenn sie etwas Schönes fand, war es ihr zu teuer. Enttäuscht kehrte sie nach Hause zurück.

Am Abend hörte sie, wie ihre Mutter am Telefon zu einer Freundin sagte: „Kakteen liebe ich über alles." Lisa lächelte. Nun wusste sie, worüber sich die Mutter freuen würde. Am nächsten Tag ging sie in einen Blumenladen und sagte: „Ich möchte einen Kaktus kaufen."

„Was für ein Kaktus soll es denn sein?"

„Ein Weihnachtskaktus", antwortete Lisa. „Ich will den Kaktus meiner Mutter zu Weihnachten schenken."

„Wir haben eine große Auswahl an Weihnachtskakteen", sagte die Verkäuferin. Sie zeigte ihr Weihnachtskakteen mit wunderschönen roten Blüten. Sie zeigte ihr Weihnachtskakteen, die erst Knospen hatten, und solche, die Knospen und Blüten trugen. Sie waren alle wunderbar, aber für Lisa zu teuer.

„Wie viel Geld hast du denn?", fragte die Blumenverkäuferin.

„Sechs Euro fünfzig", sagte Lisa leise.

„Wir finden bestimmt einen Kaktus für sechs Euro fünfzig", meinte die Verkäuferin. Sie ging in den hinteren Ladenraum und kam mit einem Kaktus zurück, der kleiner war als die anderen im Laden. Aber er hatte vier Knospen. „Und er wächst ja", tröstete die Verkäuferin Lisa. „Im nächsten Jahr ist er so groß wie die anderen Kakteen hier." Sie zeigte auf die großen und üppigen Pflanzen, die in einer Reihe auf der Fensterbank standen.

Lisa war glücklich. Über etwas, das wächst, würde sich ihre Mutter bestimmt freuen. Den Kaktus versteckte Lisa auf dem Dachboden hinter einer alten Matratze. Dort würde niemand mehr vor Weihnachten sauber machen und ihn entdecken. Wenn Lisa allein zu Hause war, nahm sie die Gießkanne, stieg auf den Dachboden und goss den Kaktus. Die erste Blüte öffnete sich und Lisa fand sie wunderschön. Auch eine zweite Knospe blühte auf.

Am Morgen des Heiligen Abends wickelte Lisa den Kaktus in rotes Seidenpapier und stellte ihn zu den anderen Geschenken, die unter dem Tannenbaum aufgebaut waren.

Als die Zeit der Bescherung kam, war Lisa sehr gespannt. Sie bat ihre Mutter, erst das rote Päckchen aufzumachen. Ihre Mutter wickelte das Geschenk vorsichtig aus und rief erfreut: „Lisa! Was für eine schöne Überraschung! Woher wusstest du, dass ich Kakteen über alles liebe?"

„Weil du es gesagt hast", antwortete Lisa und strahlte übers ganze Gesicht.

„Es ist ein schönes Geschenk. Es bekommt einen Ehrenplatz auf der Fensterbank im Wohnzimmer", sagte die Mutter. Nun konnte Lisa auch die Geschenke auspacken, die sie bekommen hatte. Es waren viele. Das, worüber Lisa sich am meisten gefreut hätte, war natürlich nicht dabei. Aber das hatte sie auch nicht erwartet. Sie hätte sich am meisten über einen Vater gefreut.

Aber Väter kann man nicht kaufen, in Papier einwickeln und unter den Tannenbaum legen. Sie bedankte sich bei ihrer Mutter für die Bücher, für den Pullover, für das Sagalandspiel und für die Süßigkeiten. Sie sang ein paar Weihnachtslieder, und die Mutter begleitete sie auf der Flöte. Dann bliesen sie die Lichter der Kerzen aus, und der Weihnachtsabend war vorbei.

Während der Feiertage öffneten sich auch die zwei letzten Knospen und dann fielen sie alle ab. Jetzt fängt er an zu wachsen, dachte Lisa. Aber der Kaktus wuchs nicht. Es sah eher danach aus, als würde er immer kleiner und zerknitterter.

„Die Pflanze scheint sehr kraftlos zu sein", sagte Lisas Mutter.

„Vielleicht muss sie sich vom Blühen erholen", meinte Lisa. Sie sah den Kaktus jeden Morgen besorgt an. Er wuchs nicht. Die Blätter wurden schlapp und hingen traurig herab.

„Vielleicht braucht er mehr Wasser", sagte Lisa zu ihrer Mutter.

„Kakteen brauchen nicht viel Wasser", antwortete sie. „Nur wenn sie blühen, soll man sie gießen."

Lisa merkte, dass die Mutter den Kaktus nicht mehr beachtete. Sie stellte ihn sogar in eine Ecke hinter der Gardine, wo ihn niemand sehen konnte. Er war auch kein erfreulicher Anblick. Das musste Lisa zugeben. Aber es tat ihr trotzdem weh, dass ihr Geschenk in der Ecke versteckt wurde.

Eines Morgens war der Kaktus verschwunden. Lisa suchte nach ihm. Sie sah auf allen Fensterbänken nach, in ihrem eigenen Zimmer, im Schlafzimmer ihrer Mutter und in der Küche. Aber sie fand ihn nicht.

Als sie abends den Mülleimer in die Mülltonne vor dem Haus leeren wollte, sah sie ihn. Der Kaktus lag auf den Küchenabfällen, auf Zwiebel- und Kartoffelschalen, zwischen Kaffeefiltern und einer verfaulten Orange. Lisas Finger reichte gerade bis zu den Blättern des Kaktus. Vorsichtig zog sie ihn heraus. Dann kippte sie den Müll in die Tonne. Sie brachte den Kaktus in ihr Zimmer.

Als ihre Mutter weg war, nahm sie einen Blumentopf aus dem Schrank, füllte ihn mit Blumenerde und pflanzte den Kaktus wieder ein. Den Topf stellte sie in ihrem Zimmer hinter die Gardine auf die

Fensterbank. Am nächsten Tag ging Lisa in eine Gärtnerei. Dort standen viele Reihen schöner, blühender Kakteen.

„Was möchtest du denn?", fragte der Gärtner Lisa.

„Ich möchte wissen, was einem Kaktus fehlt, wenn er nicht mehr wächst", antwortete sie.

Der Gärtner sah seine blühenden Kakteen an. Hmm, schwer zu sagen. Eigentlich machen sich Kakteen immer ganz gut. Was mich sehr wundert, denn sie sind ja in warmen Ländern zu Hause. Dort werden sie jeden Tag von der Sonne verwöhnt, und trotzdem blühen sie auch bei uns, egal, wie grau es draußen aussieht. Was hast du denn für einen Kaktus?"

„Einen Weihnachtskaktus!"

„Er müsste wachsen", sagte der Gärtner und kratzte sich am Kopf. „Vielleicht gibst du ihm ein wenig Kakteendünger. In dem Dünger sind Mineralien und andere Sachen drin, die den Kakteen bei uns fehlen. Natürlich keine Sonnenstrahlen! Die kann man nicht ersetzen. Und denke daran, mit deinem Kaktus zu reden. Alle Blumen blühen auf, wenn man mit ihnen redet!"

Lisa kaufte ein kleines Fläschchen Kakteendünger und gab jede Woche ein paar Tropfen davon ins Gießwasser. Sie sprach auch mit dem Kaktus. Nichts Besonderes, was ihr eben so einfiel und was man so mit Kakteen redet. „Ich weiß, dass du aus einem fernen Land kommst, wo immer die Sonne scheint. Mein Vater ist auch aus der Türkei gekommen. Und er ist auch wieder in die Türkei gefahren, weil er Heimweh hatte. Aber du kannst nicht fliegen. Du musst hier bleiben. Wenn du etwas größer und kräftiger bist, gefällt es dir bestimmt ganz gut bei uns. Und meine Mutter wird sich freuen, wenn sie sieht, dass du zu einer wunderschönen Pflanze herangewachsen bist. Ob sie dich wieder erkennt? Ob ich wohl eines Tages einen neuen Vater bekomme? Was meinst du?"

Der Kaktus antwortete nicht auf diese und auch nicht auf die anderen Fragen von Lisa. Er wuchs auch nicht. Aber er schrumpfte nicht mehr. Lisa sprach mit ihm und wartete. Nach vielen Wochen entdeckte sie endlich ein frisches zartgrünes Blatt an der Pflanze. Vor lauter Freude schlug ihr Herz etwas schneller, und am liebsten hätte sie den Kaktus gestreichelt. Aber Kakteen streichelt man nicht. Man kann sie nicht einmal richtig anfassen, das wusste sie ja. So gab sie ihm nur Wasser, immer nur gerade so viel, wie eine winzige Blume trinken kann.

Der Kaktus begann zu wachsen. Und er bekam Knospen. Und es wurde wieder Weihnachten. Lisa wickelte ihn in rotes Seidenpapier und stellte ihn unter den Tannenbaum zu den anderen Geschenken.

Als die Zeit der Bescherung kam, setzten sie sich auf den Fußboden vor dem Tannenbaum. Lisas Mutter nahm das rote Seidenpapierpäckchen in die Hand. Als sie aufgewickelt hatte, schwieg sie lange. Dann sah sie Lisa an und sagte: „Danke, Lisa, er ist wunderschön! Hoffentlich ist dieser Kaktus kräftiger als der vom letzten Jahr."

„Das ist der vom letzten Jahr", sagte Lisa und strahlte über das ganze Gesicht. „Es ist ein ganz besonders kräftiger Weihnachtskaktus."

Marjaleena Lembcke

42. Maria und das schwarze Schaf

Hinführung: Die Gottesmutter webt für das Kind, das sie erwartet, eine schnee*weiße* Decke. Sie hat sich auch vom *schwarzen* Schaf Wolle schenken lassen.
Vorlesedauer: ca. 5 Minuten.

Als der Engel fortgegangen war, saß Maria noch lange da und dachte nach. Der Engel hatte sie gefragt, ob sie die Mutter des Jesuskindes werden wolle, und sie hatte JA gesagt. Sie freute sich auf das Jesuskind. In der langen Zeit bis zur Geburt konnte sie manches lernen und vorbereiten. Sie wollte bei anderen Müttern zusehen, wie man Babys wickelt und welche Kitzelkrabbelspiele den Kleinen gefallen. Sie wollte sich an die Lieder erinnern, die ihre Großmutter gesungen hatte. Sie musste Windeln nähen und eine Decke weben. Was brauchte das himmlische Kind noch?

Einen Menschenvater, der es lieb hatte.

Maria ging zu Josef, dem Zimmermann. „Josef, ich erwarte ein Kind. Es ist ein Sohn und wird Jesus heißen."

Josef wusste schon alles. Denn auch zu ihm hatte ein Engel gesprochen. „Meine Maria", sagte er liebevoll, „ich werde immer da sein für dich und das Kind."

„Bau mir einen Webstuhl", bat Maria. „Ich will unserem Kind eine Decke weben." Josef fing an, einen Webstuhl zu bauen.

Maria ging hinaus auf das Feld zu den Schafen. Sie fragte den Hirten: „Werden mir deine Schafe ein wenig Wolle schenken?"

„Frag sie selbst, junge Frau!", sagte der Hirt.

Maria ging von Schaf zu Schaf und bat jedes um eine Flocke weicher Wolle, und jedes Schaf schenkte ihr eine. „Zu-u-upf nur, zu-u-upf", blökten sie. „Du brauchst sie doch für dein Jesuskind, den Retter und Erlöser der Welt. Zur Welt gehören auch wir Schafe. Jesus wird auch unser Freund sein. Zu-u-upf nur, zu-u-upf!"

Maria sammelte unzählige weiße Wollflocken in ihr Tuch. Nun hatte sie genug für eine Kinderdecke. Da sah sie am Rand der Weide ein schwarzes Schaf stehen. Es stand ganz allein, kein weißes Schaf wollte daneben auch nur den kleinsten Grashalm rupfen. Maria ging zum schwarzen Schaf. „Schenkst du mir ein wenig von deiner Wolle?"

„Zu-u-upf nur, zu-u-upf", blökte das schwarze Schaf. „Nimm eine gute Handvoll. Ni-i-imm, so vi-i-iel du brauchst."

Die weißen Schafe drängten sich aneinander. Sie steckten die Köpfe zusammen. Dann blökten sie laut wie mit einer Stimme: „Bäh! Bäh! Bäh! Nimm nichts von diesem schwarzen Schaf! Es gehört nicht zu uns! Seine Wolle passt nicht zu unserer. Eine einzige schwarze Flocke zwischen unsere gemischt, macht unsere feine weiße Wolle grau!"

Maria sagte: „Das schwarze Schaf gehört nicht zu euch? Aber zur Welt gehört es doch! Darum will ich auch seine Wolle in die Decke weben."

Sie ging nach Hause, schleppte Wasser vom Brunnen und wusch die Wolle; erst die weiße, dann die schwarze. Sie drehte die Wolle mit dem Spinnwirtel zu weißem Faden und schwarzem Faden und grauem Faden.

Der Webstuhl war schon fertig. Maria webte die Decke für das Jesuskind. Die Decke war schneeweiß, hatte einen grauen Stern in der Mitte und an den vier Seiten einen schwarz gemusterten Rand. Es war eine wunderschöne Decke.

Maria ging hinaus aufs Feld und zeigte die Decke den Schafen. „Oooh", blökten die weißen Schafe. „Se-e-ehr, se-e-ehr schö-ö-ön!"

Das schwarze Schaf stand stumm vor Freude. Ein altes Mutterschaf rief: „Wenn dein Kind auf der Welt ist, schick Josef her mit einem großen Krug. Dann schenken wir dir von unserer Milch, die ist süß und weiß von uns allen, ob wir nun weiß sind oder schwarz."

„Danke", sagte Maria und ging in die Stadt zurück. Auf der Hügelkuppe drehte sie sich noch einmal um und winkte den Schafen. Die weideten über die ganze Wiese verstreut, das schwarze mitten unter den weißen.

Lene Mayer-Skumanz

43. Das Kindlein und der Kieselstein

Hinführung: Aus Steinen, die einem in den Weg gelegt werden, kann man auch etwas Schönes bauen. – Doch so einfach ist das nicht!
Vorlesedauer: ca. 7 Minuten.

Die Hirten konnten nicht verschweigen, was sie in jener wundersamen Nacht in Bethlehem gesehen und gehört hatten: die geheimnisvolle Botschaft; ihren Zug zum Stall; das unaussprechliche Wunder, das sie geschaut hatten ... Wenn sie jedoch über die junge Frau Maria und das neugeborene Kindlein erzählen wollten, dann fanden sie einfach keine Worte mehr. Ihre Blicke glitten traumverloren über die Ebene – dorthin, wo sie den Stall wussten.

Die Menschen drängten sich in kleine Grüppchen zusammen und sprachen über nichts anderes mehr, und die Kinder hingen an den Lippen der Großen und träumten nachts von dem kleinen Kindchen und der schönen Frau Maria.

Das ging auch Samuel so. Ruhelos lief er umher und bat seine Eltern so schön, doch einmal das Kindchen sehen zu dürfen, bis er endlich die Erlaubnis erhielt. Aber die meisten Menschen aus Bethlehem waren nun schon dort gewesen, und Samuels Mutter wusste, dass sie alle eine Kleinigkeit für Frau Maria oder ihr Kindlein mitgenommen hatten. Deshalb war sie daheim geblieben; denn sie besaß wirklich nichts, was sie hätte hergeben können, so arm waren sie. Und als Samuel fragte, ob er kein Geschenk mitnehmen müsse, hatte sie sich umgewendet, und ihre Stimme hatte ein wenig gebebt, als sie sagte: „Kleine Jungen brauchen das nicht. Die zählen noch nicht mit. Die müssen nur ganz freundlich und höflich gegen die Menschen im Stall sein – und ruhig, damit das Kindchen nicht wach wird."

Da war Samuel fortgelaufen, so rasch und leichtfüßig wie ein Reh, und seine schwarzen Locken tanzten im Winde. Er dachte darüber nach, was er sagen sollte zu der Frau Maria und zu dem Mann, der Josef hieß, wie man erzählte. Als er keine passenden Worte fand, begann er, sich ein bisschen unbehaglich zu fühlen. Ja, wenn er nur ein Mitbringsel hätte, dann brauchte er nicht viel zu reden. Dann würde er ganz leise hingehen und sagen: „Bitte sehr!" ... Und alles andere würde sich wohl von selbst ergeben. Aber so ...

„Au!" Mit einem Ruck blieb er stehen und rieb sich peinlich berührt seinen Hinterkopf, gegen den ein wohlgezielter Stein geprallt war. Hinter einer Mauer erklang ein gemeines, höhnisches Gelächter; und für einen Augenblick sah ein fuchsroter Bubenschopf über den Steinen hervor. Da wusste Samuel, wem er die hässliche Beule zu verdanken hatte. Das war Esra gewesen, der reichste, aber auch der böseste Junge von ganz Bethlehem. Der kannte kein anderes Vergnügen, als Menschen zu ärgern und Tiere zu quälen. Und in der ganzen Umgebung hatte er keinen einzigen Freund.

Machtlos und weiß vor Wut stand Samuel an dem gemauerten Schutzwall, hinter dem der rothaarige Esra aufreizend und schadenfroh lachte. Es hatte keinen Zweck, hinüberzuklettern, denn da waren Hunde, die nichts lieber taten, als jemandem ein Stück aus dem Bein zu reißen, das wusste Samuel. So hob er die Faust empor und rief drohend: „Du abscheulicher Esra! Mit dem ersten Stein, den ich finde, schlage ich dir ein Loch in den Kopf, das nie mehr zuheilt!"

Und weiter über den dicken Knubbel an seinem Hinterkopf reibend, setzte Samuel seinen Gang fort. Ach, die Hälfte seiner Freude war auf einmal dahin! Der dreckige, rote Esra! ... Ha! Hier lag ja ein prächtiger Kieselstein! Den würde er so lange aufbewahren, bis sich ihm eine günstige Gelegenheit böte – wäre es auch sieben Jahre lang! Aber bekommen sollte Esra den Stein – und gut dazu!

Sieh, da war ja der Stall! Ob er nun hineingehen durfte? Schrittchen um Schrittchen schob er sich näher. Es war, als ob eine fremde Macht ihn anzöge, und bevor er es recht wusste, war er auch schon drinnen. Er stand da und sagte kein Wort. Er schaute nur, schaute sich fast seine großen Augen aus. Dass es schön sein würde, hatte er erwartet, aber dass es *so* sein würde … Die Frau hatte das Kindchen auf dem Schoß und lächelte. „Hast du Angst, Samuel? Komm nur näher, komm!" Da durchfuhr ihn ein Schreck. Die Frau kannte seinen Namen! Auf den Zehen schlich er näher, und mit seiner ganzen Seele trank er den wunderbaren Glanz der weit offenen Kinderaugen! Dann blickte er hilflos zu Maria und sagte beschämt: „Wir haben nichts, was wir ihm hätten geben können, Frau Maria. Wir sind sehr arm!"

„Ich dachte gerade, dass du doch etwas zu geben hättest, Samuel. Was hältst du da so fest in deiner Hand?"

Sein Kieselstein! Der Stein, mit dem er Esra … Er wurde auf einmal glühend rot und flüsterte: „Es ist nur ein Stein, Frau Maria."

„Hängst du so sehr an dem Stein, dass du ihn derart krampfhaft festhältst, Samuel?"

„Ich … er … Esra … O, ich werde es nicht tun, Frau Maria. Hier ist mein Stein!" Dann fühlte er wie im Traum die sanfte Hand der Frau über seine Beule streichen, und mit einem Male war aller Schmerz vergangen.

„Das ist ein sehr schönes Geschenk, Samuel. Das Kind ist froh darüber", sagte die Frau.

Leicht wie ein Federchen und singend wie eine Drossel ist danach Samuel nach Hause zurückgekehrt, und in der folgenden Nacht hatte er einen wunderlichen Traum:

Er war ein sehr alter Mann geworden, und der Tod kam ihn holen. Sie gingen ganz, ganz weit in ein Land, in dem er noch nie gewesen war. Und auf einmal standen sie vor einem großen Portal. Da trat ein Engel heraus, der eine Schalenwaage in der Hand hielt. „Dies sind deine Sünden", sagte der Engel, und er legte Stein auf Stein in die eine der goldenen Schalen. O, was fuhr die in die Tiefe!

„Und das sind deine guten Taten!" Und aus einem silbernen Becher schüttete er eine Anzahl Perlen in die andere Schale. Die Steine gingen halbwegs in die Höhe, aber dabei blieb es auch. Samuel verstummte todunglücklich und voller Scham. „Du siehst", sagte der Engel, „hier musst du vorübergehen. Dein Weg führt dorthin, wo die Strafen verbüßt werden."

Da erschien auf einmal hinter dem Rücken des Engels ein kleines Kind. Das Kind aus dem Stall! Tatsächlich! Unter Tausenden würde er es wiedererkannt haben. Es lächelte Samuel zu und ... was tat es? In die goldene Waagschale mit den Perlen warf es den dicken Kieselstein, den Stein, der bestimmt gewesen war, Esra ein Loch in den Kopf zu schlagen, und den er dann als Geschenk gegeben hatte damals ... in dem Stall.

Die Waagschale schlug aus, und der Engel wich ehrerbietig zur Seite. Da breitete das Kindlein seine Arme aus und sagte: „Komm, Samuel!"

Aus dem Flämischen

44. Josef gehört in die erste Reihe

Hinführung: Bei einem Krippenspiel läuft der hl. Josef, der sonst ja eine sehr untergeordnete Rolle spielt, zur großen Form auf: Er bringt die ganze Kirche zum Lachen.
Vorlesedauer: ca. 6 Minuten.

Wir bauten gerade gemeinsam die Krippe auf, als Vater sagte: „Vielleicht glaubt ihr es nicht, aber früher war ich ein großes Schauspieltalent."

Mutter grinste: „Das bist du heute noch."

Unbeirrt fuhr Vater fort: „Damals am Heiligen Abend sollten wir in der Kirche ein Krippenspiel aufführen. Ich platzte fast vor Stolz, dass ich den Josef spielen durfte. Ich war sehr aufgeregt. Bereits eine Stunde vor Beginn schlich ich in die Sakristei, stülpte meinen alten Umhang über und nahm den Stab, auf den ich mich stützen sollte. Dann begann ich noch einmal meinen Text in Erinnerung zu rufen.

Die Krippe stand schon vor dem Altar, wohl gefüllt mit Stroh und einer lebensgroßen Puppe. Ich stellte mich daneben und begann laut zu sprechen, meine Augen auf die Krippe geheftet. Doch was ich sah, konnte ich nicht glauben. In der Krippe lag keine Puppe, sondern ein winziges Kind – ein richtiges Baby. Es war warm eingepackt in eine karierte Decke und schlief friedlich.

Selbst ich mit meiner tollen Fantasie war sprachlos. Was sollte ich mit meinem Wissen anfangen? Wer war das Kind? Wo die Mutter? Lauter Fragen und nicht der blasseste Schimmer einer Antwort. Mir wurde ganz komisch. Mein Instinkt sagte mir, dass ich es niemand erzählen durfte, sonst war das Krippenspiel vermasselt.

Aufgeregt stürzte ich nach Hause. Ich rannte ins Kinderzimmer und durchstöberte alle Schubladen. Meine kleine Schwester war fast drei Jahre alt, aber irgendwo gab es bestimmt noch eine Flasche und einen Sauger. Ha – gefunden. Ich spülte beides fachmännisch mit heißem Wasser aus. Dann füllte ich angewärmte Milch hinein, versteckte die Flasche unter meinem Poncho und rannte zurück zur Kirche.

Inzwischen war es allerhöchste Zeit. Der Pfarrer bugsierte mich auf meinen vorgesehenen Platz – ziemlich weit hinten. Die Lichter am Weihnachtsbaum brannten und hüllten Kirche und Krippe in ein sanftes Dämmerlicht. Ein Blick genügte mir, um zu sehen, dass das Baby noch immer schlief, trotz der hereinströmenden Besucher. Niemand schien etwas bemerkt zu haben.

Alles verlief wie geplant. Erst als die Hirten neben der Krippe niederknieten und vehement mit ihrem Flötenspiel einsetzten, wachte das Kind auf und fing kräftig an zu schreien.
Verwirrung – Gemurmel! Schauspieler und Gemeinde drehten sich Hilfe suchend zum Pfarrer um. Doch auch der blickte recht irritiert drein.

Da sprang ich souverän aus meinem Schattendasein heraus, trat ganz nach vorn neben Maria und sagte mit fester, lauter Stimme: ‚Maria, du musst das Kind stillen. Es hat Hunger.' Herta, die die Maria spielte, wurde abwechselnd blass, dann wieder rot und stotterte etwas Unverständliches. Geistesgegenwärtig hob ich das Kind aus der Krippe und legte es ihr auf den Arm. ‚Komm, zier dich nicht', sagte ich noch lauter, was allgemeine Heiterkeit hervorrief. Herta rührte sich nicht. Irgendwie erinnerte sie mich in diesem Augenblick an meine steif dagesessene Oma. Das Kind brüllte immer lauter. Mit eindringlich beschwörendem Blick nahm ich den Säugling hoch und sagte: ‚Wenn du es nicht tust, Maria, dann mache ich es.' Die Gemeinde lachte ungeniert.

Ohne mich um die anderen zu kümmern, schlug ich meinen Umhang zurück, legte den Schreihals auf meinen linken Arm und gab ihm die mitgebrachte Flasche. Ich wiegte dabei das Kind ganz leicht, wie ich es früher bei meiner Mutter gesehen hatte. Das Baby trank und schaute mich aus herrlichen großen blauen Augen an. Ich wiegte es weiter, summte leise vor mich hin und merkte nichts von der Faszination dieses Bildes. Durch die Kirche ging ein Raunen. Allmählich begriff auch der Letzte, dass dies kein Spiel mehr war.

Für mich schien die Zeit aus dem Takt gefallen zu sein. Während das Kind hungrig an der Flasche nuckelte, kam der Pfarrer herüber, und einige Leute aus den vorderen Reihen trauten sich aufzustehen, um langsam näherzukommen. In diesem Augenblick fühlte ich mich ganz als Josef, ganz treu sorgender Vater, ganz Beschützer dieses Neugeborenen. Laut sagte ich: ‚Siehst du, Maria, alle diese Leute kommen und wollen das Kind sehen und anbeten.' Ich trat einen Schritt nach vorn, während ich weiterfütterte und ließ die Neugierigen einen Blick auf das Kind werfen, ohne dass sie sich getrauten, es anzufassen. Irgendjemand stimmte das Lied an:

Kommet, ihr Hirten, ihr Männer und Frau'n!
Kommet, das liebliche Kindlein zu schau'n ...

Immer mehr Kirchenbesucher traten aus den Bänken und kamen nach vorn. Es war wie eine Prozession am Kind vorbei, und alle sangen mit. Normalerweise wird dem Josef bei der Weihnachtsgeschichte kein großartiger Platz eingeräumt. Aber an diesem Heiligen Abend war ich als Josef, neben dem Kind, die wichtigste Person.

Nach dem Gottesdienst befragten mich die Erwachsenen, der Pfarrer, ja sogar die Polizisten. Ich fühlte meine Wichtigkeit und hätte stolz sein können. Aber das Einzige, was ich fühlte, war eine große innere Freude.

Die Mutter des Säuglings konnte nie ausfindig gemacht werden, und der Kleine wurde später von einem kinderlosen Ehepaar adoptiert."

Als mein Vater diese Geschichte zu Ende erzählt hatte, waren wir bereits beim Aufstellen der Krippenfiguren. Alles sah wunderschön aus. Marias Kleid war ausgebessert, das Stroh in der Krippe erneuert, die Hirten liebevoll in Stellung gebracht und Ochs und Esel blank gerieben. Dann ergriff Vater den Josef, stellte ihn ganz vorn neben die Krippe und sagte lächelnd: „Hier ist sein Platz. Schließlich spielt er eine wichtige Rolle in der Weihnachtsgeschichte."

Ursula Berg

45. Die Flucht nach Ägypten

Hinführung: Einer Palme im Morgenland war geweissagt worden, sie werde nicht sterben, bevor sie einen König gesehen hätte, der größer wäre als der berühmte König Salomo. Und sie steht schon tausend Jahre da!
Vorlesedauer: ca. 8 Minuten.

Fern in einer der Wüsten des Morgenlandes wuchs vor vielen, vielen Jahren eine Palme, die ungeheuer alt und ungeheuer hoch war. Alle, die durch die Wüste zogen, mussten stehen bleiben und sie betrachten; denn sie war viel größer als andere Palmen, und man pflegte von ihr zu sagen, dass sie sicherlich höher werden würde als Obeliske und Pyramiden.

Wie nun diese große Palme in ihrer Einsamkeit dastand und hinaus über die Wüste schaute, sah sie eines Tages etwas, was sie dazu brachte, ihre gewaltige Blätterkrone vor Staunen auf dem schmalen Stamme hin und her zu wiegen. Dort am Wüstenrande kamen zwei einsame Menschen herangewandert. Sie waren noch in der Entfernung, in der Kamele so klein wie Ameisen erscheinen; aber es waren sicherlich zwei Menschen. Zwei, die Fremdlinge in der Wüste waren; denn die Palme kannte das Wüstenvolk; ein Mann und eine Frau, die weder Wegweiser noch Lasttiere hatten, weder Zelte noch Wassersäcke.

„Wahrlich", sagte die Palme zu sich selbst, „diese beiden sind hergekommen, um zu sterben." Die Palme warf rasche Blicke um sich. Aber im ganzen Umkreis der Wüste, die unter der Palme ausgebreitet lag, fand sie nichts, was sie nicht schon seit Tausenden von Jahren gekannt und betrachtet hätte. Nichts konnte ihre Aufmerksamkeit fesseln. Sie musste wieder an die beiden Wanderer denken.

„Was ist das, was diese Frau wohl auf dem Arme trägt? Ich glaube gar, diese Leute führen ein kleines Kind mit sich." Die Palme, die weitsichtig war, sah wirklich richtig. Die Frau trug auf dem Arme ein Kind, das den Kopf an ihre Schulter gelehnt hatte und schlief. „Das Kind ist nicht einmal hinlänglich bekleidet", fuhr die Palme fort. „Ich sehe, dass die Mutter ihren Rock aufgeschoben und es damit eingehüllt hat. Sie hat es wohl in großer Hast aus seinem Bette gerissen und ist mit ihm fortgeeilt. Jetzt verstehe ich wohl: diese Menschen sind Flüchtlinge."

„Ich höre plötzlich ein wunderbar melodisches Rauschen durch meine Äste eilen", sagte die Palme. „Die Spitzen aller meiner Blätter müssen in Schwingungen beben. Ich weiß nicht, was mich beim Anblick dieser armen Fremdlinge durchfährt. Aber diese betrübte Frau ist schön. Sie bringt mir das Wunderbarste, das ich erlebt, wieder in Erinnerung."
Und während die Blätter fortfuhren, sich in einer rauschenden Melodie zu regen, dachte die Palme daran, wie einmal, vor sehr langer Zeit, zwei strahlende Menschen Gäste der Oase gewesen waren. Es war die Königin von Saba, die hierher gekommen war, mit ihr der weise Salomo. Die schöne Königin wollte wieder heimkehren in ihr Land, der König hatte sie ein Stück Weges geleitet, und nun wollten sie sich trennen.

„Zur Erinnerung an diese Stunde", sagte die Königin, „pflanze ich einen Dattelkern in die Erde, und ich will, dass daraus eine Palme werde, die wachsen und leben soll, bis im Land Juda ein König ersteht, der größer ist als Salomo." Und als sie dieses gesagt hatte, senkte sie den Kern in die Erde, und ihre Tränen netzten ihn.

„Woher mag es kommen, dass ich just heute daran denke?", fragte die Palme. „Sollte diese Frau so schön sein, dass sie mich an die herrlichste der Königinnen erinnert, an sie, auf deren Wort ich erwachsen bin und gelebt habe bis zum heutigen Tage?"

„Ich höre meine Blätter immer stärker rauschen", sagte die Palme, „und es klingt wehmütig wie ein Totengesang. Es ist, als weissagten sie, dass jemand bald aus dem Leben scheiden müsse. Es ist gut zu wissen, dass es nicht mir gilt, da ich nicht sterben kann."

Die Palme nahm an, dass das Todesrauschen in ihren Blättern den beiden einsamen Wanderern gelten müsse. Sicherlich glaubten auch diese selbst, dass ihre letzte Stunde nahe. Es konnte ja nicht anders sein. Sie waren verloren.

Sie hatten die Palme und die Oase erblickt und eilten nun darauf zu, um Wasser zu finden. Aber als sie endlich ankamen, sanken sie in Verzweiflung zusammen, denn die Quelle war ausgetrocknet. Die ermattete Frau legte das Kind nieder und setzte sich weinend an den Rand der Quelle. Der Mann warf sich neben ihr hin; er hämmerte mit beiden Fäusten auf die Erde. Die Palme hörte, wie sie miteinander davon sprachen, dass sie sterben müssten. Sie hörte auch aus ihren Reden, dass König Herodes alle Kindlein bis zum Alter von zwei Jahren hatte töten lassen, aus Furcht, dass der große, erwartete König der Juden geboren sein könnte.

„Es rauscht immer mächtiger in meinen Blättern", dachte die Palme. „Diesen armen Flüchtlingen schlägt ihr letztes Stündlein." Sie vernahm auch, dass die beiden die Wüste fürchteten. Der Mann sagte, es wäre besser gewesen, zu bleiben und mit den Kriegsknechten zu kämpfen, statt zu fliehen. Sie hätten so einen leichteren Tod gefunden.

„Gott wird uns beistehen", sagte die Frau.

„Wir sind einsam unter Raubtieren und Schlangen", sagte der Mann. „Wir haben nicht Speise und Trank. Wie sollte Gott uns beistehen können?" Er zerriss seine Kleider vor Verzweiflung und drückte sein Gesicht auf den Boden. Er war hoffnungslos wie ein Mann mit einer Todeswunde im Herzen. Die Frau saß aufrecht, die Hände über den Knien gefaltet. Doch die Blicke, die sie über die Wüste warf, sprachen von einer Trostlosigkeit ohne Grenzen.

Die Palme hörte, wie das wehmütige Rauschen in ihren Blättern immer stärker wurde. Die Frau musste es auch gehört haben; denn sie hob die Augen zur Baumkrone auf. Zugleich erhob sie unwillkürlich ihre Arme und Hände. „Oh, Datteln, Datteln!", rief sie. Es lag so große Sehnsucht in der Stimme, dass die alte Palme wünschte, sie wäre nicht höher als der Ginsterbusch und ihre Datteln so leicht erreichbar wie die Hagebutten des Dornenstrauchs. Sie wusste wohl, dass ihre Krone voll von Dattelbüschen hing; aber wie sollten wohl Menschen zu so schwindelnder Höhe hinaufreichen? Der Mann hatte schon gesehen, wie unerreichbar hoch die Datteln hingen. Er hob nicht einmal den Kopf. Er bat nur die Frau, sich nicht nach dem Unmöglichen zu sehnen. Aber das Kind, das für sich selbst mit Hälmchen und Gräsern gespielt hatte, hatte den Ausruf der Mutter gehört. Der Kleine konnte sich wohl nicht denken, dass seine Mutter nicht alles bekommen könnte, was sie sich wünschte. Sowie man von Datteln sprach, begann er den Baum anzugucken. Er sann und grübelte, wie er die Datteln herunterbekommen sollte. Seine Stirn legte sich beinah in Falten unter dem hellen Gelock. Endlich huschte ein Lächeln über sein Antlitz. Er hatte das Mittel herausgefunden. Er ging auf die Palme zu und streichelte sie mit seiner kleinen Hand und sagte mit einer süßen Kinderstimme: „Palme, beuge dich! Palme, beuge dich!"

Aber, was war das nur? Was war das? Die Palmenblätter rauschten, als wäre ein Orkan durch sie gefahren, und den langen Palmenstamm hinauf lief Schauer um Schauer. Und die Palme fühlte, dass der Kleine Macht über sie hatte. Sie konnte ihm nicht widerstehen. Und sie beugte sich mit ihrem hohen Stamme vor dem Kinde wie Menschen sich vor Fürsten beugen. In einem gewaltigen Bogen senkte sie sich zur Erde und kam endlich so tief hinunter, dass die Krone mit den bebenden Blättern den Wüstensand fegte. Das Kind schien weder erschrocken noch erstaunt zu sein, sondern mit einem Freudenrufe kam es und pflückte Traube um Traube aus der Krone der alten Palme.

Als das Kind genug genommen hatte und der Baum noch immer auf der Erde lag, ging es wieder heran und liebkoste ihn und sagte mit der holdesten Stimme: „Palme, erhebe dich! Palme, erhebe dich!" Und der große Baum erhob sich still und ehrfürchtig auf seinem biegsamen Stamm, indes die Blätter gleich Harfen spielten. „Jetzt weiß ich, für wen sie die Todesmelodie spielen", sagte die alte Palme zu sich selbst, als sie wieder aufrecht stand. „Nicht für einen von diesen Menschen." Aber der Mann und die Frau lagen auf den Knien und lobten Gott: „Du hast unsere Angst gesehen und sie von uns genommen. Du bist der Starke, der den Stamm der Palme beugt wie schwankendes Rohr. Vor welchem Feinde sollten wir erbeben, wenn deine Stärke uns schützt?"

Als die nächste Karawane durch die Wüste zog, sahen die Reisenden, dass die Blätterkrone der großen Palme verwelkt war. „Wie kann das zugehen?", sagte ein Wanderer. „Diese Palme sollte ja nicht sterben, bevor sie einen König gesehen hätte, der größer wäre als Salomo."

„Vielleicht hat sie ihn gesehen", antwortete ein anderer der Wüstenfahrer.

H. R. Pruppacher

46. Vom vierten König

Hinführung: In Russland glauben die Menschen an vier heilige Könige, die sich zum Kind unter dem leuchtenden Stern auf den Weg machten. Der vierte König kommt aber erst 33 Jahre später an.
Vorlesedauer: ca. 6 Minuten.

Als Jesus in Bethlehem geboren werden sollte, erschien der Stern, der seine Geburt anzeigte, nicht nur den Weisen im Morgenlande, sondern auch einem König in Russland. Er war kein großer, mächtiger Herr; er war nicht besonders reich oder klug. Er war ein kleiner König mit einem guten Herzen, menschenfreundlich, gutmütig, gesellig und einem Spaß nicht abgeneigt. Dieser kleine König wollte dabei sein, wenn der höchste Herr selber auf die Welt kommen sollte. Er packte die schönsten Sachen ein, die in Russland zu finden waren, um sie dem mächtigsten König zu schenken: zartes Linnen, warme Pelze, Gold und Edelsteine und von seiner Mutter einen Krug mit Honig. Auf der langen Reise nach Süden bedachte er, wie brennend nötig die Welt doch einen neuen König brauchte, der es vermochte, die Verfolgten zu schützen, die Unterdrückten wieder aufzurichten, die Gefangenen zu erlösen, die Kranken zu heilen und die Gerechten zu belohnen.

Als er wohl ein paar Monate unterwegs war, begegnete er drei Herren, die wie er aufgebrochen waren, den neuen König zu suchen. Aber gegen so viel Pracht und Würde, wie da auf den Kamelrücken schaukelte, nahm er sich nur wie ein Strolch aus, und den gebildeten Gesprächen konnte er nicht folgen. So zog er allein weiter. In einer Scheune legte er sich zum Schlaf nieder.

Mitten in der Nacht wurde er von einem schmerzlichen Stöhnen geweckt. Es war eine junge Mutter, die gerade ein Kind geboren hatte. Der kleine König zögerte nicht, holte der jungen Mutter etwas zu essen und zu trinken und schenkte ihr Gold und feines Linnen für das Kind. „Eigentlich sind die Geschenke ja für den neuen König, doch die Bettlerin hat meine Hilfe jetzt nötig."

Die junge Mutter sagte: „In meinem Land solltest du König sein. Aber ich gelte ja nichts, und deshalb kann ich dich nur zum König über mein Herz machen."

„Sieh an", sagte sich der kleine König glücklich, „vom Gold und Linnen für den großen König habe ich einiges weggegeben. Aber dafür habe ich jetzt in der Fremde ein Herz gefunden."

Je weiter der kleine König nach Süden zog, desto schlimmer wurden die Armut und das Elend der Leute. Überall gab es Krankheit und Not. Und immer wieder nahm der kleine König Gold aus seinen Taschen, um den Leuten zu helfen. Schließlich besaß er nicht mehr als sein Pferdchen, und auch das starb ihm. So musste der kleine König zu Fuß weiterreisen.

„Was hat das alles genutzt?", dachte er traurig. „Nun komme ich doch zu spät zur Geburt des großen Herrschers." Wie ein Landstreicher zog er weiter dem Stern nach und kam eines Tages in eine Hafenstadt. Am Ufer herrschten Tumult und Geschrei. Ein Galeerensträfling war auf der Fahrt gestorben; nun sollte sein Sohn an seiner Stelle die Schuld abbüßen. Die Mutter weinte und bat um Gnade. Doch der Schiffsherr kannte kein Erbarmen. „Dann gehe ich statt des Knaben", sagte der kleine König leise.

Als der kleine König nach dreißig langen und schlimmen Jahren als Galeerensträfling endlich entlassen wurde, war er alt geworden und hatte sogar sein Lächeln verloren. Matt und lebensmüde legte er sich in den Sand am Ufer des Meeres. Am liebsten wäre er für immer eingeschlafen.

Da kam ein reicher Mann auf ihn zu. Der erzählte ihm, dass er seiner Mutter habe versprechen müssen, bis an sein Lebensende jeden entlassenen Sträfling zu versorgen. Von da an erholte sich der kleine König in einer Kammer im Haus des reichen Kaufmanns. Als er wieder gehen konnte, verabschiedete er sich und zog wieder in die Richtung, in der der Stern vor dreißig Jahren aufgeleuchtet war. Die Straßen waren voll von Leuten, die alle, wie es schien, zu einem Fest in einer großen Stadt unterwegs waren. Der kleine König bemerkte unter ihnen eine alte Bettlerin, die immer mit ihm Schritt hielt. Als er am Abend eine Felsennische zum Schlafen aufsuchen wollte, war auch die Alte dort. Beide begannen in der Dunkelheit, miteinander zu sprechen.

„Auch ein Bettler kann anderen etwas geben", sagte die Alte, und der kleine König wurde auf einmal ganz wach. „Was kann ich denn schon geben?", fragte er verwundert.

„Nun, etwas, das der andere vielleicht nötiger braucht als Geld: ein gutes Wort vielleicht oder etwas, das dem anderen hilft. Ich habe einmal alles gegeben, was ich besaß, damals vor dreißig Jahren. Da habe ich einem Menschen mein Herz geschenkt. Noch jetzt bin ich froh darüber", sagte sie leise. „Nichts geht verloren."

Der kleine König hatte Tränen in den Augen. Er dachte zurück an jenen Abend in der Scheune. War er nun nicht doch reich, auch ohne Krone und Land?

Als der Tag anbrach, zog er weiter. Das Gedränge auf den Wegen nahm zu; Lärm erfüllte die Straßen; es glich einem großen Aufruhr. Doch worum es ging, das wusste der kleine König nicht. Die Alte erklärte es ihm: „Die Leute wollen einen König sehen. Er ist etwa dreißig Jahre alt. Man will ihn ans Kreuz schlagen. Man will den töten, der sich für die Armen und Schwachen und Unterdrückten eingesetzt hat."

Dem kleinen König wurde es schwarz vor Augen. Nun wusste er, wohin er eilen musste. Mitten unter Verbrechern hatte man den großen König ans Kreuz genagelt. Der kleine König keuchte mühsam den Abhang hinauf zum Kreuz. Er wusste mit einem Mal, dass dies der richtige König, der einzige König war.

Als er den Schmerz im Gesicht des Gekreuzigten sah, da war er ganz sicher. Er war also doch nicht zu spät gekommen. „Mein Herz, Herr, mein Herz …", murmelte er. Dann sank er auf dem Boden zusammen.

Nach einer russischen Legende

47. Der verlorene König

Hinführung: Auch die Sternsinger dürfen nicht auf eine Kinderstation des Krankenhauses, weil sie ansteckende Krankheiten hineintragen könnten. Aber *einem* König gelingt es.
Vorlesedauer: ca. 5 Minuten.

Es können ruhig fünf Könige sein!", sagte ich zu den Kindern. Und sie waren begeistert. Denn das war die Idee: Am vierten Advent singen wir im Städtischen Krankenhaus.

Singen wollen ist eine Sache, singen können eine andere. Wir hatten uns für den „Quempas" entschieden, jenes alte Weihnachtslied, das man so gut mit verteilten Rollen singen kann. Ich erklärte den Kindern, dass der Gesang aus dem 14. Jahrhundert stammt, was ihnen großen Eindruck machte. Arno übernahm den Teil, wo es heißt: „Zu dem die Könige kamen geritten, Gold, Weihrauch, Myrrhen brachten sie mitten."

Arno war damals elf Jahre alt. Er steigerte sich derartig in das Lied hinein, dass ich ihn bei den Proben stets bremsen musste. Maike, Erika, Stephan und Holger waren zurückhaltender. Sie galt es zu motivieren. Nach drei Wochen war ich der Ansicht, dass wir es wagen könnten. Arno sang zwar immer noch „Weinrauch" statt „Weihrauch", und alle miteinander wurden mit den vielen alten Worten nicht fertig: „ein Wohlgefallen han" oder „das Vieh lasst stahn". Was die „himmlische Hiererchia" sein sollte, blieb ihnen vollends fremd. Ich war schon froh, dass die Betonung klappte. Außerdem ist die Adventszeit immer viel zu hektisch, und so beschloss ich, den Auftritt zu wagen.

Die Verkleidung wurde kein Problem. Die Gewänder waren bald zusammengestellt, und die glitzernden Kronen saßen prächtig mit Hilfe von Sicherheitsnadeln, Klebeband und Klemmen. Nur Erikas Diadem rutschte fortwährend über die Ohren. Es gab Tränen. Doch immerhin: Die fünf Könige waren gerüstet, und ich hoffte, die Patienten würden ihr „Wohlgefallen han", wenn sie unsere „himmlische Hiererchia" erblickten.

Die Stadt hatte inzwischen ihr festliches Gewand angelegt. Bunte Lichterketten durchglühten die schneematschigen Straßen, vereinzelt grüßten Tannenbäume in die Menschenmenge, die sich kaufsüchtig durch den Halbnebel schob. O du deutsches Weihnachten! Von Krippe keine Spur, dachte ich, und Arno sang im Fußgängertunnel „Gold, Weinrauch, Myrrhen brachten sie mitten". König Holger fiel der Länge nach hin. Ausgerechnet er trug die Tasche mit den Kronen, die plötzlich sehr alt aussahen. Erika begann hemmungslos zu weinen. Ich fühlte mich elend. So viel Kinderkummer auf einmal. Doch es gelang, die fünf Könige wieder in Gang zu bringen, und wenig später standen wir an der Pforte unseres Stalles, denn so hatte ich es den Kindern erklärt: Das Städtische Krankenhaus würde nun unser Stall von Bethlehem sein.

Als wir uns in der großen Eingangshalle befanden, sah ich, dass König Erikas Gesicht seltsam gestreift wirkte; denn sie war der Mohr, dessen schwarzes Gesicht durch die Tränen im Tunnel arg Schaden genommen hatte. Das machte nun nichts mehr. Schnell schlüpften die Kinder in Krone und Gewand und schon waren wir unterwegs zur Chirurgischen. Das Singen gelang wunderbar, wenn man von Arnos Solo absah und auch davon, dass König Erika den Text vergessen hatte und die drei anderen gar nicht erst mitsangen, weil sie wie gebannt auf geschiente Beine sahen. So hielt ich allein durch, gestützt von meiner Gitarre, die ich mit klammen Fingern bediente. Bei den „Inneren Frauen" allerdings waren wir wirklich ein kleiner Chor, und bei den „Inneren Männern" schwamm ein Hauch von Weihnachtsstimmung durch die Räume. Auf dem Weg zur „Hals-, Nasen- und Ohrenabteilung" sahen wir das Schild „Kindern ist der Zutritt untersagt". Ich erklärte meinen Königen, dies sei die Kinderstation, und den kleinen Patienten dürften keine ansteckenden Krankheiten hineingetragen werden. Mir fiel einfach keine bessere Erklärung ein.

Bei den Hals-, Nasen- und Ohrenpatienten gelang uns der „Quempas" besonders gut. Ich atmete auf. Das war also geschafft. Der freundliche nigerianische Assistenzarzt bedankte sich bei den Kindern und sang zu deren großer Freude ein Weihnachtslied in englischer Sprache: „The Virgin Mary had a baby boy …"

König Erika belohnte ihn dafür mit ihrer Krone. In diesem Augenblick bemerkte ich, dass König Arno fehlte. Mit Rücksicht auf die Patienten riefen wir nur leise nach ihm. Dr. Tuburu, der Arzt aus Nigeria, schloss sich der Suche an. Arno war nirgends zu sehen, zu hören oder gar zu finden. Ich wurde unruhig. Wir telefonierten mit der Pforte. Nichts. Wir fragten Schwestern, die uns auf den Fluren entgegenkamen. Nichts. Wir suchten natürlich auch die Toiletten ab. Nichts. König Arno war verschwunden. Ich machte mir Vorwürfe. Wildfremde Menschen sprachen wir an, nervöse Krankenhausbesucher. Nichts! So etwas wie Panik kam auf. Wir fuhren mit dem Aufzug hinunter und wieder herauf. Kein König Arno. Inzwischen waren wir eine richtige „Posse", wie man wohl im Wilden Westen eine Suchmannschaft bezeichnet. König Maike hielt krampfhaft meine Hand fest.

Da – wir blieben wie angewurzelt sehen, da hörten wir eine Stimme: „Zu dem die Könige kamen geritten, Gold, Weinrauch, Myrrhen brachten sie mitten!" Das konnte nur König Arno sein. Wir gingen dem Klang nach und gerieten auf diese Weise trotz des Verbotsschildes auf die Kinderstation. Der verlorene König stand mitten in einem Vierbettzimmer, sang aus Leibeskräften, verteilte dabei die Süßigkeiten, die eigentlich für die Sänger gedacht waren, und strahlte. Ich musste schlucken.

Da war das Krankenhaus doch tatsächlich zum Stall von Bethlehem geworden.

Peter Spangenberg

48. Plötzlich nahm die fremde Dame die Dose

Hinführung: Sternsinger wollten Geld für die armen Kinder in der Welt sammeln, und plötzlich war alles Geld weg.
Vorlesedauer: ca. 4 Minuten.

Sie war kurzfristig eingesprungen, weil Michael Fieber bekommen hatte. Doch Inge war ein Gewinn. Sie sang besser als ihr Bruder. In jedem Haus sagten sie ihren Spruch, sangen das Lied, malten C+M+B über die Tür und baten um eine Spende für die Mission. Die mit Goldfolie beklebte Zigarrendose wurde immer schwerer. Außerdem schleppten sie noch eine Tüte mit Weihnachtsgebäck, Obst und Nüssen. Das hatten sie für sich selbst geschenkt bekommen.

„Ich glaube, jetzt haben wir alle durch", meinte Volker.

„Ne du, wir waren doch nicht in der alten Schule."

„Du spinnst wohl, Inge. Da wohnt doch bloß asoziales Volk. Da gehen wir nicht hin; was meinst du, Thomas?"

„Finde ich auch. Das sind doch Chinesen oder so. Die wissen gar nicht, was Sternsinger sind."

Jetzt wurde Inge aber munter: „Das sind keine Chinesen oder so, das sind Vietnamesen. Und das ist kein asoziales Volk, sondern das sind Asylanten, sagt mein Vater."

„Was sind das?" Thomas sah ziemlich unintelligent aus.

„Das sind Leute, die hier bleiben möchten, weil sie in ihrer Heimat wegen der Politik verfolgt werden."

„Also dann los", sagte Thomas, „gehen wir hin. Die gibt doch sonst keine Ruhe."

Die alte Schule war wirklich alt. Eine Klingel gab es nicht, also klopften sie. Die Tür öffnete sich einen Spalt; ein paar fremde Kinderaugen schauten sie erschrocken an. Mit einem Knall wurde die Tür wieder ins Schloss geworfen. „Na, was hab ich gesagt?"

Aber noch bevor Volker richtig Oberwasser bekam, wurde die Tür wieder geöffnet. Ein junger Mann, zierlich, mit brauner Haut und mangelförmigen Augen schaute sie höflich verwundert an.

„Wir sind Sternsinger. Wir stellen die Heiligen Drei Könige dar …", versuchte Inge zu erklären. Keine Reaktion. „Lasst uns das Lied singen und verschwinden", flüsterte Thomas. Sie sangen. Hinter dem Mann erschienen jetzt zwei kleine Kinder. Sie klammerten sich an seine Hosenbeine. Als das Lied zu Ende war, verbeugte sich der Vater, öffnete die Tür weit und lud sie ein, hereinzukommen.

Der große Klassenraum war erschreckend kalt und kahl. Von der Tafel zum Kartenständer war eine Leine gespannt, darauf hing Kinderwäsche zum Trocknen. Am Fenster stand ein Tisch mit Stühlen, auf einem kleinen Schulschrank eine Kochplatte. Auf einem der Feldbetten saß eine junge Frau, zart, dunkel, mit einem Säugling auf dem Arm. „Singen", bat der Mann. Die drei stimmten noch einmal das Sternsingerlied an, und verlegen hielt Inge der Frau die geöffnete Zigarrendose für eine Spende hin. Ein fassungsloser Blick, dann ein strahlendes glückliches Lächeln. Die Frau nahm die Dose, stand auf und verneigte sich dankend vor den Kindern. Die standen wie vom Donner gerührt. Inge fasste sich als Erste. Sie nahm Thomas die Tüte mit den Süßigkeiten aus der Hand, gab sie den beiden Kindern, verneigte sich vor den Eheleuten und zog die verdutzten Jungen mit nach draußen.

„Und was machen wir jetzt?", fragte Volker. „Nichts", meinte Inge, „wir haben doch gemacht, was nötig war." *R. H.*

Weitere geeignete Geschichten in diesem Buch:
Die Nummern 49–51, 53, 54, 63, 64, 80, 82.

III. Geschichten für Schüler/-innen weiterführender Schulen

49. Unerwünscht

Hinführung: „Ausländer raus!" schreien manche in unserem Land. Ein Nikolaus nimmt das wörtlich und geht.
Vorlesedauer: ca. 2 Minuten.

Ein Nikolaus war aufgetaucht, der nicht zu den vielen Weihnachtsmännern zählte, die zu Werbungszwecken im Advent die Stände bevölkern. Er war längs der Grenzen des Dreiländerecks Deutschland/Polen/Tschechien gesichtet worden. Interessant erschien, dass man hörte, er sei an einem Haus stehen geblieben, auf dem er die aufgesprühte Inschrift las „Ausländer raus!" Und er hatte daraufhin ein Mädchen gefragt: „Was für Ausländer sind denn da gemeint?"

„Nun: Türken", hatte es geantwortet, „Vietnamesen, Rumänen, russische Juden und so."

„Türken?", habe er geantwortet und dabei sehr betroffen ausgesehen. Ja, das Mädchen wollte gesehen haben, wie er sich eine Träne aus dem Gesicht wischte.

Schließlich war er in einem Jugendclub gelandet und mit großem Hallo begrüßt worden. Sie luden ihn ein, sich mit ihnen an den Tisch zu setzen und stellten ihm eine Flasche Bier hin. Dann kamen sie wieder zu ihrem Thema zurück: Die Runde sprach über die nach ihrer Meinung zu große Ausländerfreundlichkeit. „Ausländer müssten raus!", sagte einer, „sie nehmen uns die Arbeitsplätze weg; sie kosten den Staat viel zu viel; sie haben auch bei der Abwrackprämie am meisten verdient. Das geht alles von unserem Geld ab!"

Da stand der Nikolaus auf und wandte sich der Tür zu. Die Runde reagierte erstaunt und sagte: „Warum gehst du? Jetzt wird es doch erst gemütlich!" Er drehte sich noch einmal um und meinte: „Ich bin Ausländer! Ich stamme aus Myra. Das liegt in der heutigen Türkei!"

Das waren seine letzten Worte, die verbürgt sind.

Auf ein Drittel verkürzt nach Dietrich Mendt,
Originaltitel: Fahndung nach St. Nikolaus

50. Vielleicht kommt er morgen zu dir

Hinführung: Wir werden einmal von dem Kind in der Krippe gefragt, ob wir mit den Ärmsten in der Welt geteilt haben. Ein Haus mit vielen Bewohnern verpasst die Chance.
Vorlesedauer: ca. 5 Minuten.

Ein Bettler trat ins Haus. Wer ihm genau ins Gesicht schaute, musste nachdenklich werden. Er schellte an der ersten Wohnungstür. Eine Stimme mit gütigem Klang öffnete. Sie hörte den seltsamen Bettler schweigend an, der um ein Stück Brot bat. Dann erwiderte sie ruhig: für Brot müsse sie auch schwer arbeiten bei ihren drei Kindern, zumal ihr Mann nicht mehr lebe. Und sie schloss wieder die Tür.

Der Bettler war nicht enttäuscht. Er nickte, als habe er das erwartet und drückte den Klingelknopf an der gegenüberliegenden Tür. Die Frau von eben drückte ganz leise das Schloss wieder auf, um zu hören, wie es dem Bettler beim Nachbarn ergehen werde. Sie war überrascht, dass er diesmal nicht um Brot, sondern um eine Unterkunft für diese eine Nacht anhielt. Der Nachbar musterte den Fremden von oben bis unten und sagte dann: Wir haben schon einen Gast im Haus. Außerdem gibt es dafür Heime. Richtige Nachtasyle. Er könne die Straße bei der Telefonauskunft erfragen. Aber der Bettler dankte und ging eine Treppe höher. – Der Nachbar war in den Flur getreten, auch die Frau. Sie nickten sich zu, als wollten sie sagen: Es ging wirklich nicht. Und jetzt horchten sie.

Sie hörten den Mann fragen, ob nicht ein abgelegter Mantel übrig sei. Gerne, aber da habe er Pech, entschuldigte sich die gute Trine vom ersten Stock. Vor ein paar Wochen noch habe sie einen in die Rote-Kreuz-Sammlung gegeben. Er solle es mal nebenan versuchen, ja gleich hier, sie läute schon für ihn an. – Sie schlurfte in die Wohnung zurück, ließ die Tür aber einen Spalt offen. Drei Menschen lauschten.

Der Bettler begann, seine einleitenden Sätze zu sagen. Er sei so durchgefroren, ob er sich nicht zehn Minuten in die warme Wohnung setzen könne, um sich aufzuwärmen? Da könne ja jeder kommen, war die Antwort. Ob er keine Zeitung lese? Ob er nicht wisse, wie unter solch billigen Vorwänden Leute überfallen würden. Er müsse sich schon was Besseres einfallen lassen. Seine Mühe sei bei ihm umsonst. –

Der Bettler sagte kein Wort dazu. Er stieg langsam höher. Der Mann sah ihm nach.

Oben im Dachgeschoss wohnte nur noch eine Familie, in der der Mann arbeitslos war. „Ich möchte nicht viel", hörte man den Bettler sagen. „Das Geringste ist schon zu viel", entgegnete eine harte Männerstimme. Aber der seltsame Unbekannte fuhr fort: „Wenn ihr mir nur ein freundliches und gutes Wort sagen wolltet, damit ich wieder an die Menschen glauben kann!" Da schrie der Mann los: „Schenkt *uns* vielleicht jemand eins?" Auch die Frau rief schrill aus der Wohnung dazwischen: „Hat für uns jemand Verständnis?"

Der Arme stand für ein paar Augenblicke still da, dann ging er schweigend langsam die Treppe hinunter. Aufrecht. Stufe um Stufe. Ohne noch auf die Leute im Treppenhaus zu achten. Sie sahen ihm nach, mit wenig Mitleid im Blick. So ist es eben heute, nickten sie, was soll man da machen? Mit jedem Schritt, den der Bettler tat, wurde der Treppenraum düsterer, bis sie plötzlich alle merkten, dass das Licht im Flur die ganze Zeit über gar nicht mehr gebrannt hatte. Sie merkten: der Bettler nahm alles Licht mit.

Jetzt kam Bewegung in sie; sie tasteten sich die Treppe hinunter zur Tür, die sich schon hinter ihm geschlossen hatte. Sie sahen ihn draußen noch fortgehen; der dünne Kittel leuchtete und glühte sie an und – da erkannten sie Ihn!

Sie riefen ihn an. Sie eilten ihm nach und wagten doch kaum zu hoffen, dass er noch auf sie höre. Aber er blieb stehen und wandte sich um. Sein Gesicht war schön, aber unendlich traurig.

Jetzt riefen sie alle durcheinander: „Herr, bleib bei uns, wir nehmen das Kleine zu uns ins Bett; der Größere schläft auf der Couch, das lässt sich doch machen!"

„Und zu essen bekommst du auch etwas", rief die Frau von gegenüber, „ein paar Schnitten Brot haben wir immer über!"

„Was den Mantel betrifft", rief die Trine, „es wird mir schon nicht das Herz brechen, wenn ich das alte Erbstück meines Onkels verschenke." Und sie ließ die Perlen des Rosenkranzes ein wenig in der Schürzentasche klimpern.

„Aber vorher musst du dich bei mir aufwärmen", rief der Mann vom ersten Stock, „ich sah gleich, dass du nichts Schlechtes im Schilde führst."

Endlich begann auch der Mann von ganz oben zu reden: „Ich glaube, wer selber in Not ist, weiß besser zu trösten. Bevor du etwas in dich hineinfrisst, komm lieber herein und schütte dein Herz aus. Ein gutes Wort haben wir immer noch für dich!"

Aber das Licht um ihn wurde schwächer und schwächer. Dann war es Nacht.

E. J. Lutz, stark gekürzt und geändert von Willi Hoffsümmer

51. Der Weihnachtsbrief

Hinführung: Eine Lawine rast ins Tal. Sie flüchten in eine kleine Kapelle. Ob sie gegen die weiße Walze bestehen kann?
Vorlesedauer: ca. 3 Minuten.

Er lag ein wenig unbeachtet auf den üppigen Geschenken: der Weihnachtsbrief. Er stammte von einer Tante, von der man wusste, dass sie nichts hatte außer ihrem Dach über dem Kopf und ein paar gute Sachen aus ihrer Jugend. Was hätte sie ihm, dem jungen Neffen, auch schenken sollen, der so verwöhnt war und alles von seinen Eltern bekam, was er sich wünschte?

Und trotzdem: Irgendwie faszinierte ihn der Brief, der in einem hellblauen Kuvert mit einer bunt bedruckten Briefmarke auf dem Tischchen lag über all den schönen, wunderbar eingepackten Geschenken. Er würde sie alle auspacken und sich freuen. Die Eltern hatten nicht kommen können, um ihn zu besuchen, aber morgen würde er in die Berge fahren, zum Skifahren und in einer Hütte wohnen mit all seinen lustigen Freunden.

Am anderen Morgen, als er zeitig aufstehen musste, packte er gleich einige der Geschenke ein. Den neuen Skianzug zum Beispiel und die neuen Skischuhe, die teuren Skier und so weiter. Da sah er den Brief liegen und überflog ihn ein weiteres Mal. „… und vergiss nicht, in die Kirche zu gehen", schrieb die fromme Tante. Ein wenig verächtlich zog der Neffe die Brauen hoch und steckte den Brief ein.

Es wurde ein wunderbarer Tag. Den ganzen Tag waren sie mit den Skiern den Berg heruntergefahren und mit dem Lift wieder hoch. Sie hatten müde vom Sport die Skier geschultert und wollten hinuntergehen zu der Hütte, um sich beim wärmenden Feuer etwas zu essen zu machen, denn hungrig waren sie auch.

Auf einmal hörten sie ein dumpfes Grollen, ein drohendes Geräusch, das immer näher kam. „Eine Lawine, schnell fort! Werft die Skier weg!", rief einer. Sie rannten talwärts und wussten doch nicht, in welche Richtung sie laufen sollten. Denn die weiße Walze kam bergab immer näher. Kein Haus weit und breit. Nur eine kleine Kapelle. Aber die Lawine würde sie niederdrücken wie eine Zündholzschachtel, dachte der junge Mann ..., oder vielleicht nicht?

Plötzlich knisterte etwas in seiner Joppentasche. Ein Wunder, dass er es wahrnahm. Er vermeinte, die Stimme seiner Tante zu hören, die ihm zurief: „Und vergiss nicht, in die Kirche zu gehen!" Und in seiner Not rief er den Kameraden zu: „In die Kapelle, da sind wir sicher!" Sie schafften es gerade noch, dicht aneinander gedrängt, im Innern der Kapelle die Lawine abzuwarten. Würde der weiße Tod sie mitsamt dem Gebäude mitnehmen – oder würde dieser Kelch an ihnen vorübergehen?

Ein Donnern, ein Brausen, ein gewaltiges Getöse ..., die kleinen Mauern zitterten und bebten – und auf einmal war Ruhe. Einer ging zur Türe und rief: „Die Lawine ist knapp neben der Kapelle niedergegangen. Wir sind gerettet!" Er zündete mit seinem Feuerzeug eine Kerze an. Sie fielen auf die Knie nieder und beteten vor dem kleinen Madonnenbild, das im Lichtschein lieblich glänzte.

„Wisst ihr, was meine Tante mir gestern in einem Weihnachtsbrief geschrieben hat?", fragte der Neffe. Alle schüttelten den Kopf. „'Und vergiss nicht, in die Kirche zu gehen!' An diesen Satz habe ich denken müssen, als die Lawine herunterkam. Sicher, sie hat es anders gemeint, aber dieser Satz hat uns gerettet", sagte er unter Tränen.

Staunen machte sich in den Gesichtern breit. Und er nahm sich vor, der Tante zu schreiben, welch wunderbare Rettung ihr Weihnachtsbrief bewirkt hatte.

Edeltraud Dürr

52. Die Gruppe würde ihn Feigling nennen

Hinführung: Es gibt brutale Attentäter, die rücksichtslos ihre Ziele verfolgen. Fanatismus macht blind. Würde sich etwas ändern, wenn sie ihren Opfern vorher genau ins Gesicht schauen würden?
Vorlesedauer: ca. 5 Minuten.

Johny O'Sheer war von der Gruppe ausersehen worden, die Bombe zu legen. Sie wollten ein deutliches Zeichen setzen. Alle sollten auf die Gruppe und die ungelösten Probleme aufmerksam werden. Das war nur durch ein neues Attentat möglich, sagten die Männer der Gruppe. Und dass die Bombe im Hauptbahnhof und ausgerechnet zu Weihnachten gezündet werden würde, erhöhte den demonstrativen Charakter des Attentats. Zuerst wollten sie losen. Aber dann sagte einer, es müsste ein mutiger Mann sein, der nicht zuletzt noch kneifen würde, nur weil ihn das Los traf. Da hatten sie sich auf Johny O'Sheer geeinigt, und er hatte es hingenommen wie ein unabwendbares Schicksal, war innerlich auch so etwas wie stolz darauf, dass sie so viel von ihm hielten.

Es war Weihnachten und Johny O'Sheer packte die Bombe sorgfältig in die Tasche. Er wollte es tun. Sie würden ihn einen Feigling nennen, wenn er abgelehnt hätte. Er fuhr mit der Bombe in der Tasche zum Bahnhof. Hauptbahnhof war Endstation. Und dann gab es kein Zurück mehr. Er würde in der großen Halle einen Platz finden. Vorher musste der Zeitzünder eingestellt werden.

In der großen Halle war um diese Zeit viel Betrieb. Menschen kamen und gingen an diesem Weihnachtsabend. Züge fuhren ein, verließen den Bahnhof und tauchten ins Dunkel der Nacht. Ein Mann in all diesem Betrieb ging in der Halle umher und suchte mit flackerndem Blick, mit dem ganzen Fanatismus für die Sache der Gruppe, die Halle des Hauptbahnhofs nach dem richtigen Platz ab. Die Bombe sollte zentral genug stehen, um großen Schaden anzurichten und zugleich vor verfrühter Entdeckung sicher sein.

Johny hatte nach kurzer Zeit den richtigen Platz gefunden, stieg mit der Tasche die breite Treppe zu den Toiletten hinunter, warf die nötige Münze ein und schloss die Kabine hinter sich. Dann stellte er den Zeitzünder. Vorsichtig und exakt. Er kannte sich aus, hatte bei der Partisanenausbildung genau aufgepasst.

Johny O'Sheer ging in die große Halle zurück und setzte sich umständlich nieder. Der Betrieb all der vielen Menschen, die es heute eiliger als sonst zu haben schienen, war noch emsiger geworden. Ein Ameisenhaufen, dachte Johny O'Sheer. Morgen würde die Verwüstung, die er in diesem Ameisenhaufen angerichtet hatte, über Fernsehen, Rundfunk und Polizeifunk verbreitet werden. Vielleicht heute Nacht schon.

Da entdeckte Johny O'Sheer den alten Mann in all dem Kommen und Gehen. Ein Bettler oder ein alter Gammler? Einer jedenfalls, der auf der anderen Seite des Lebens stand, kein Etablierter. Er trug eine Geige in der Hand, strebte der Mitte der Halle zu, ganz dicht bis an die Stelle, an der Johny O'Sheer in günstigem Augenblick die Bombe legen würde.

Der Alte nahm die Geige hoch und begann zu spielen und zu singen. Er hatte eine tiefe und klare Stimme. In wenigen Augenblicken stand ein Kreis von Menschen um den Alten herum. Und auch Johny O'Sheer stand in diesem Kreis, um das Schauspiel beobachten zu können. Der Alte sang eins der schönen altirischen Weihnachtslieder zu seiner Geige und kein Ton ging daneben. Ein seltsamer Kontrast: Dieser heruntergekommene Mann und diese schöne, feierliche Stimme zum Klang der Geige.

Johny O'Sheer empfand plötzlich ein ganz ungewohntes und merkwürdiges Gefühl. Das Lied erinnerte ihn an die Weihnachtsfeste seiner Kindheit, daheim in der Familie, wo sieben Kinder gewesen waren. Und als Johny O'Sheer noch versuchte, die unangebrachte Rührung von sich abzuschütteln, sah er, wie die Augen des alten Mannes ins Weite gerichtet waren und zwei Tränen über die ledergleiche Haut des alten Gesichts kullerten. Und dann musste sich Johny O'Sheer plötzlich vorstellen, wie seine Bombe hochgehen würde. Wie der alte Mann und die vielen gerührt und andächtig lauschenden Menschen …

Als er im Bus saß, der ihn zum Fluss bringen sollte, wusste er, dass er die Bombe in den Fluss werfen würde. Die Gruppe würde ihn einen Feigling nennen und ausstoßen …. Ihn, Johny O'Sheer!

Aber das Lied war stärker. Das Lied – und Weihnachten.

Dietrich Steinwede

53. Der Engel im Glatteis

Hinführung: Zweifel können unseren Glauben stärken. Vor allem bei dem, der folgende Begegnung erlebt.
Vorlesedauer: ca. 6 Minuten.

Ich war in dem Alter angekommen, in dem ich mit dem Christfest rein gar nichts anzufangen wusste. Mein Zuhause war ein größerer landwirtschaftlicher Betrieb am Fuße eines Berges mit all seinen tausend Handgriffen. Der Heiligabend war gekommen, und weil bei meiner Mutter der Faden der Geduld heute nicht unzerreißbar war, schickte sie mich mit meinem Brüderchen in das vier Kilometer entfernte Bergstädtchen, um noch ein paar Sachen auszutragen. So lud ich ihn und alles auf den Schlitten und fuhr los. Unterwegs hatte ich genug Zeit zum Träumen und Nachdenken; vielleicht gelang es mir doch noch, mich in die richtige Weihnachtsstimmung hineinzuarbeiten. Der Höhenwind roch nach Tau.

„Warum darf man das Christkind nie sehen?", forschte das Brüderchen.

Am liebsten hätte ich ihm gesagt: „Weil es keins gibt!" Aber das sollte es selbst entdecken, wenn es aus seiner herrlichen Märchenwelt fallen würde. Wut und Verzweiflung packten mich, wenn ich dran dachte, dass ich heute Abend bei der Bescherung das Weihnachtsevangelium vortragen sollte: » ... und siehe, der Engel des Herrn trat zu den Hirten, und die Klarheit des Herrn umleuchtete sie. Und sie fürchteten sich sehr ..." Warum zeigten sich die Engel nur *damals* den Hirten? Ich war schon so alt, aber noch nie hatte ich auch nur den Schimmer eines Engels erblickt! Ich kam mir in meinem Zweifel vor wie ein Ertrinkender. Wenn es dieses liebende Du Gottes wirklich gibt, dann müsste es sich doch gerade heutzutage der Menschheit erbarmen. Dann müsste er ein Wunder geschehen lassen. Ich verlangte ja gar kein großes. Ich zählte leise und heimlich bis hundert – dann müsste sich irgendetwas verändern – es brauchte ja nicht gleich ein Engel zu erscheinen; es genügte ja ein plötzlicher Windstoß oder dass der Schlitten knackte ... achtundneunzig, neunundneunzig – hundert. Nichts geschah! Ach, wie sinnlos war doch alles, was ich dachte und tat.

Wir gingen weiter. Der steile Weg war mit Glatteis überzogen. Die steilste Strecke, kurz vor dem Städtchen, war Gott sei Dank gestreut.

Wir wickelten unsere Besorgungen rasch ab, wurden von allerlei Leuten mit Backwerk ausgiebig versorgt und machten uns gestärkt auf den Heimweg. Damals war Autoverkehr noch selten, so freuten wir uns auf die Talfahrt, die Serpentinen entlang. Aber dann stellten wir fest, dass die Fahrbahn für die Feiertage sorgfältig gestreut worden war. Doch nun den Schlitten heimwärts ziehen, das ging gegen jede Rodlerehre. Es zweigte ein Fußweg ab. Der war bei Glatteis gefährlich und verboten. Doch genau das lockte. Nur erwischen lassen durfte man sich nicht. Im Bergstädtchen war uns ein Junge mit dick verbundenem Kopf begegnet, der so einen verbotenen Weg probiert hatte. Mit Blick auf mein Brüderchen zögerte ich noch einen Augenblick. Aber dann sauste der Schlitten los, es war herrlich. Und wer am Fuße eines Berges aufgewachsen ist, versteht sich aufs Rodeln.

Dann begann das Glatteis. Ich bremste, als müssten mir die Absätze von den Schuhen fliegen. Der Schlitten fing an, über die Baumwurzeln zu hopsen und sich zu drehen, sie brachten ihn aus der Richtung. Mir wurde heiß. Jetzt – die gefährliche Kurve – nur gut hineinkommen! Doch o weh, der Schlitten legte sich nicht in die Biegung, er flog geradewegs zwischen den Bäumen hindurch in die Tiefe.

Es kann dies alles nur ein bis zwei Sekunden gedauert haben. Aber in solch bedrohten Augenblicken scheint man aus den Gesetzen von Raum und Zeit herausgeschleudert zu werden. In blendender Klarheit weiß ich noch jede Einzelheit dieser Sekunden: Dort unten – ein Baum! Wir werden auffahren! Das unschuldige Brüderchen – mit Schädelbruch! Und die Eltern, o die Eltern! Gott, Gott vergib – und hilf, hilf!

Was ist das? Plötzlich steht da ein Waldarbeiter. Blitzschnell wirft er sich auf die Knie und fängt den Schlitten noch vor dem Baum auf. Alle miteinander rutschen wir ein Stück abwärts, ehe wir Halt bekommen. Er nimmt das Brüderchen in seine Arme, ich selbst kann mich am Gestrüpp halten. Der leicht gewordene Schlitten gleitet auf dem klebrigen Schnee noch ein wenig weiter und bleibt an einem Baumstumpf hängen.

Was sagte der Mann? Ich weiß es nicht mehr. Sagte er überhaupt etwas? Wie Feuer- und Donnerschlag umbrauste es mich.

Mit dem Brüderchen ging der Mann besonders liebevoll um, holte uns den Schlitten und half uns wieder auf den Weg. Ich war dankbar, dass er uns nichts fragte. Vielleicht wollte er uns das Fest nicht verderben, denn es kam weder Zorn noch Tadel über seine Lippen.

Ich stotterte einen Dank. Dann eilten wir rasch weiter.

Ich verging fast vor Reue und Scham, vor Schrecken und Freude. War ich nicht vermessen gewesen und hatte ein Zeichen gefordert, hatte bis hundert gezählt? Erkannte ich jetzt nicht, dass Gottes allgegenwärtige Liebe einen Engel senden konnte, wann und in welcher Gestalt es ihm beliebte? Jetzt wusste ich, was das bedeutete ... „und die Klarheit des Herrn umleuchtete sie".

Es war ein Engel für mein Brüderchen gewesen! Das hatte die Gefahr gar nicht begriffen und plapperte voll fröhlicher Ungeduld über seine weihnachtlichen Wünsche und Erwartungen. Aber auch für mich war es ein Engel gewesen, damit ich, mitten in all meinen Zweifeln, etwas ahnen konnte von der Größe und Nähe der göttlichen Liebe.

Heute sehe ich ein: Es gibt kein Vertrauen auf Gott, ohne über Abgründe zu gehen, ohne heiß und leidenschaftlich um IHN zu ringen. Zweifel sind das Atemholen zum Glauben. Und die Erfahrung, die ich gemacht hatte, war ein Schritt näher – trotz aller Bedenken –, dem Geheimnis zu begegnen, dass es Engeln geboten ist, uns zu verkündigen: Fürchtet euch nicht!

Charlotte Hofmann-Hege

54. Weihnachten in Chicago

Hinführung: Was zum Ärgern gedacht war, lässt Weihnachtsstimmung aufkommen. Gott kann auf krummen Zeilen gerade schreiben.
Vorlesedauer: ca. 3 Minuten.

Ein Weihnachten in meinem Leben ist bei mir wirklich in bester Erinnerung. Das war der Weihnachtsabend 1908 in Chicago.

Es war unter uns ein Mann, der musste einen schwachen Punkt haben. Er saß jeden Abend da, und Leute, die sich auf dergleichen verstanden, glaubten mit Sicherheit behaupten zu können, dass er, so gleichgültig er sich auch geben mochte, eine gewisse, unüberwindliche Scheu vor allem, was mit der Polizei zusammenhing, haben musste. Aber jeder Mensch konnte sehen, dass er in keiner guten Haut steckte.

Für diesen Mann dachten wir uns etwas ganz Besonderes aus. Aus einem alten Adressbuch rissen wir mit Erlaubnis des Wirtes drei Seiten raus, auf denen lauter Polizeiwachen standen, schlugen sie sorgfältig in eine Zeitung und überreichten das Paket unserem Mann.

Es trat eine große Stille ein, als wir es überreichten. Der Mann nahm das Paket zögernd in die Hand und sah uns mit einem etwas kalkigen Lächeln von unten herauf an. Ich merkte, wie er mit den Fingern das Paket anfühlte, um schon vor dem Öffnen festzustellen, was darin sein könnte. Aber dann machte er es rasch auf.

Und nun geschah etwas sehr Merkwürdiges. Der Mann nestelte eben an der Schnur, mit der das „Geschenk" verschnürt war, als sein Blick scheinbar abwesend, auf das Zeitungsblatt fiel, in das die interessanten Adressbuchblätter geschlagen waren. Aber da war sein Blick schon nicht mehr abwesend. Sein ganz dünner Körper (er war sehr lang) krümmte sich sozusagen um das Zeitungsblatt zusammen, er bückte sein Gesicht tief darauf herunter und las. Niemals, weder vor- noch nachher, habe ich je einen Menschen so lesen sehen. Er verschlang das, was er las, einfach. Und dann schaute er auf. Und wieder habe ich niemals, weder vor- noch nachher, einen Mann so strahlend schauen sehen wie diesen Mann.

„Da lese ich eben in der Zeitung", sagte er mit einer verrosteten, mühsam ruhigen Stimme, die in lächerlichem Gegensatz zu seinem strahlenden Gesicht stand, „dass die ganze Sache einfach schon lange aufgeklärt ist. Jedermann in Ohio weiß, dass ich mit der ganzen Sache nicht das Geringste zu tun hatte." Und dann lachte er.

Und wir alle, die erstaunt dabeistanden und etwas ganz anderes erwartet hatten und fast nur begriffen, dass der Mann unter irgendeiner Beschuldigung gestanden und inzwischen, wie er eben aus diesem Zeitungsblatt erfahren hatte, rehabilitiert worden war, fingen plötzlich an, aus vollem Hals und fast aus dem Herzen mitzulachen, und dadurch kam ein großer Schwung in unsere Veranstaltung, die gewisse Bitterkeit war überhaupt vergessen, und es wurde ein ausgezeichnetes Weihnachten, das bis zum Morgen dauerte und alle befriedigte.

Und bei dieser allgemeinen Befriedigung spielte es natürlich gar keine Rolle mehr, dass dieses Zeitungsblatt nicht wir ausgesucht hatten, sondern – Gott.

Bertolt Brecht

55. Papa, Charly hat gesagt

Hinführung: Jugendliche finden ihre Eltern oft nervend. Das gilt auch umgekehrt. Doch oft haben Jugendliche dabei die Fähigkeit, den Finger auf wunde Stellen in der Erwachsenenwelt zu legen. Das dürfen und sollen sie auch. Verfolgen wir das Zwiegespräch zwischen Vater und Sohn beim Schmücken des Weihnachtsbaumes.
Hinweis: Die Sprechrolle des Sohnes könnte auch von einem Schüler/einer Schülerin übernommen werden.
Vorlesedauer: ca. 8 Minuten.

Sohn: Papa, Charly hat gesagt, sein Vater hat gesagt, Schmölders wären auch so beknackte Weihnachts-Kitscher ...

Vater: Ich sage dir zum allerletzten Mal, dass ich deinen Jargon und die falsche Grammatik unerträglich finde!

Sohn: Was ist denn jetzt schon wieder?

Vater: Es heißt nicht „Schmölders wären", sondern „Schmölders seien"!

Sohn: Also, Charlys Vater hat gesagt, die Schmölders seien beknackte ...

Vater: Bitte! Wer sind überhaupt Schmölders?

Sohn: Schmölders wohnen in der vierten Etage über Charly. Sie stellen am 1. Advent einen Weihnachtsbaum auf ihren Balkon und lassen jeden Abend die elektrischen Kerzen brennen. Bis Punkt halb zehn.

Vater: Und was ist daran nun so fürchterlich? Hilf mir mal bitte, den Baum zu halten!

Sohn: Na, Charly sagt, er findet das kitschig mit den elektrischen Kerzen schon ab 1. Advent! Stefanie Schmölders muss Heiligabend auch immer ein Gedicht aufsagen. Und Opa Schmölders weint dann. Und dann spielen sie „Stille Nacht" auf der Platte. Und „Leise rieselt der Schnee" und „Heidschibumbeidschibumbum" mit Peter Alexander. Und das Gedicht muss sie im weißen Kleid aufsagen mit offenen Haaren. Wie ein Weihnachtsengel!

Vater: Also schön. Mein Geschmack ist das auch nicht. Aber so tolerant muss man schon sein, jeden nach seiner Façon an Weihnachten feiern zu lassen. Auch die Familie Schmölders!

Sohn: Aber die Schmölders haben ja angefangen zu meckern. Charly hat nur gesagt, er findet Stefanies Barbie-Puppen doof. Und er findet blöd, dass sie für 240 Euro Barbie-Puppengarderobe geschenkt kriegt. Und Engelhaar am Baum findet er auch blöd. Und Charly hat gesagt, sie hätten bei sich keinen Baum, weil es genug ist, wenn zwei Millionen Tannen abgehackt werden pro Jahr. Und darum haben sie nur'n Tannenstrauß mit kleinen Sternen dran. Und da hat Stefanies Mutter gesagt, Charlys Familie feiert ja Proleten-Weihnachten. Die hätten ja nicht mal 'nen Baum und könnten sich Geschenke nicht leisten. Und das wär bloß Neid.
Vater: Sei!!!
Sohn: Sei bloß Neid …
Vater: Schön, schön, schön! Und wie feiern die progressiven Charlys nun Weihnachten? Singen die neben dem umweltfreundlichen Tannenstrauß die Internationale ab und überweisen das dreizehnte Monatsgehalt an hungernde Kinder in Indien?
Sohn: Nö, aber Charly hat gesagt, er findet das ganze Weihnachts-Brimborium und das fromme Getue scheinheilig. Und er hat gesagt, es stinkt ihm, dass die Leute immer sagen, das ist das Fest der Liebe und der Stern leuchtet über Bethlehem. Der leuchtet über Karstadt, sagt er, und das Beste an Weihnachten wär …
Vater: Sei!!!
Sohn: … sei, dass die Arbeitsämter ein paar Weihnachtsmänner vermitteln. Das bessert die Statistik im Dezember auf.
Vater: Das ist ja nun alles nicht so furchtbar neu! Die so genannte fortschrittliche Kritik am so genannten Konsum-Terror! Dass Charlys Vater seinen Arbeitsplatz der Tatsache verdankt, dass wir überhaupt Konsumgüter absetzen, vergisst er wohl dabei. Dieser vernünftige Charly mit seinem vernünftigen Vater! Was ist denn nun mit dem? Kriegt der vielleicht kein Weihnachtsgeschenk?
Sohn: Doch, Charly kriegt 'n Fahrrad.
Vater: Na, sieh mal an! Das kostet doch mindestens dreihundert Euro.
Sohn: Nee, dreihundertfünfzig Euro. Aber da hat Charly ewig drauf gespart. Zweihundert Euro hatte er. Und zu Weihnachten schenken ihm seine Oma und die Eltern zusammen den Rest. Die Oma ist klasse, fünfzig Euro hat die Charly geschenkt. Nur die Theaterkarte, die sie ihm geschenkt hat, die hat Charlys Vater heimlich eingetauscht.

Er hat gesagt, für das Geld kann Charly was Vernünftigeres machen. Weil: in den Weihnachtsgeschichten lassen die Dichter doch immer nur ein paar arme, kranke Kinder erfrieren, damit reiche Kinder daran erinnert werden, wie gut sie's haben. Und dann schenken die ein paar Spielsachen weg, die sie sowieso nicht mehr haben wollten. Das Gequatsche vom Fest der Liebe, sagt er, das steht immer nur in so Büchern und Theaterstücken.

Vater: Bist du jetzt fertig mit deiner Epistel?

Sohn: Eigentlich nicht, aber wenn du auch mal was sagen willst ...

Vater: Zu gütig! Also vielleicht darf ich wenigstens so viel anmerken, dass der Sinn von Weihnachten selbstverständlich nicht in den teuren Geschenken liegt, sondern in der Besinnung auf die Botschaft und Person des Religionsstifters Jesus, dessen Geburtstag man bekanntlich am 24. Dezember feiert. Und seit ein paar Jahrhunderten bemühen sich Christen aus aller Welt, das, was er gepredigt hat, auch zu beherzigen.

Sohn: Was hat er denn nu gepredigt?

Vater: Er hat die Liebe gepredigt.

Sohn: Was denn, einfach so?

Vater: Ja, stell dir vor! Einfach so.

Sohn: Wie hat er sich das denn vorgestellt? Sollen die guten Leute die ekligen lieben? Und die ekligen die guten? Und die ekligen die ekligen? Und die guten ...

Vater: Nun komm mal wieder zu dir mit deinem Geschwafel! Aber im Prinzip ist es schon so. Auch wenn du es für richtig hältst, deine faulen Anmerkungen zu machen. Dieses Fest soll in der Tat alle Menschen in Liebe miteinander verbinden.

Sohn: Aber wieso können alle Menschen auf einen Schlag gut werden, nur weil Weihnachten ist?

Vater: Natürlich nicht! Aber Weihnachten ist eine Chance, sich auf die christliche Botschaft zu besinnen. Und man tut sich gegenseitig was zuliebe.

Sohn: Und deswegen schenkst du Mama die goldenen Ohrclips?

Vater: Herrgottnochmal, ich könnte deiner Mutter die Clips auch zum Geburtstag schenken. Aber da es nun mal ein Überkommen in unserem Kulturkreis ist, sich Weihnachten zu beweisen, dass man aneinander gedacht hat, tu ich's eben am Heiligabend.

Sohn: Na ja, Charlys Oma sagt ja immer: Es muss feste Bräuche geben.

Vater: Offen gestanden, interessiert mich in diesem Zusammenhang die Meinung von Charlys Oma nicht so sehr. Und die von Charlys Vater noch weniger. Und ich denke gar nicht daran, nur weil es ein paar Prinzipienreitern und Stänkerern gefällt, andere Weihnachtskitscher zu nennen, mir den Heiligabend, den Punsch und den Gänsebraten mit deprimierenden Überlegungen vermiesen zu lassen. Davon werden die Hungernden in Bangladesch nämlich auch nicht satt!

Sohn: Da hast du recht, Papa!

Vater: Und ich gehe in die Christmette mit euch, und ich höre weihnachtliche Barockmusik, und ich verbringe ein paar besinnlich kultivierte Festtage im Kreise meiner Familie.

Sohn: Du, Papa, hat wirklich jeder Weihnachten so eine Chance mit der Liebesbotschaft?

Vater: Jeder, ja.

Sohn: Auch Weitsichtige, die lispeln?

Vater: Natürlich, Nächstenliebe sollte wohl kaum am Lispeln scheitern.

Sohn: Auch wenn sie schrullig sind und sehr viel reden?

Vater: Gerade die!

Sohn: Und warum hast du dann zu Mama gesagt, es kommt gar nicht in die Tüte, dass Oma Heiligabend bei uns feiert?

Ute Blaich

56. Liesel will im Gefängnis bleiben

Hinführung: Wie sieht Weihnachten in einer Gefängniszelle aus? Es gibt Menschen, die verzichten auf ihre häusliche Weihnachtsfeier und gehen an Heiligabend in die Bahnhofsmission, um mit Pennern etc. Weihnachten zu feiern – oder ins Gefängnis.
Vorlesedauer: ca. 6 Minuten.

Liesel ist ins Gefängnis gekommen. Ihre Kinder aber in ein Heim. Wenn die Liesel in ihrer Zelle sitzt, in Nummer 18, dann sieht sie auf vier fleckige, grünblaue, kahle Wände, einen Tisch, einen Stuhl, ein Bett, so schmal wie ein Handtuch. Dann fängt sie meist an zu heulen. Manchmal blinzelt abends gegen fünf die Sonne in Liesels Zelle. Dann steigt die Liesel auf den Tisch, was verboten ist. Aber wenn sie nicht auf den Tisch steigt, kann sie nicht aus dem vergitterten Fensterchen sehen. Denn das ist so hoch, dass zwei große Jungens aufeinander klettern müssten, wenn sie etwas sehen wollten. Aber was sieht die Liesel schon, wenn sie ihren Kopf gegen das Eisen presst?: Mauern. Etwas Hof. Die Außenmauern. Viel ist das nicht.

„Mensch, Liesel", sagte drei Tage vor Weihnachten Heidi, die aus Nummer 16, „ich werd' zu Weihnachten entlassen. Die große Weihnachtsamnestie."

Die große Weihnachtsamnestie. Das heißt: Jedes Jahr kurz vor Weihnachten kommen ein paar Gefangene in Freiheit, deren Strafe eigentlich erst nach Weihnachten abgelaufen wäre. Aber das sind nicht viele, die der Minister da frei lässt. Natürlich freuen sich die Gefangenen, die rauskommen, wenn sie nach Hause fahren können, zu ihrer Familie, ihren Kindern. Doch viele haben keine Familie, kein Haus, keine Wohnung. Die treiben sich dann auf den Straßen herum, übernachten bei der Bahnhofsmission. Oder in einem Rohbau, denn da ist es immerhin nicht so kalt wie ganz im Freien.

„Mensch, Liesel", sagt also die Heidi, „ich werd' zu Weihnachten entlassen." Und die Liesel antwortet: „Ich auch." Und fängt wieder mal an zu flennen.

„Was gibt's denn da zu flennen?", fragt Heidi.

Liesel putzt mit dem Taschentuch im Gesicht herum und guckt sie groß an.

„Das verstehst du nicht. Du gehst heim. Ich weiß nicht, wo ich hin soll."

Die Heidi sagt da lieber nichts, denn sie versteht das schon. Und in so einem Fall, denkt Heidi, sagt man besser nichts als was Falsches.

Gegen Abend lässt die Liesel eine Beamtin kommen. Die Beamtin macht die Tür auf. „Was gibt's?", fragt sie, kurz vor Weihnachten besonders gereizt, weil sie so viel zu tun hat.

„Ich möchte zur Direktorin."

„Da wollen jetzt viele hin. Das geht nicht."

„Wenn Sie mich nicht anmelden, schlag ich hier alles kurz und klein."

„Langsam, langsam", knurrt die Beamtin, „kann's ja versuchen."

„Ich hab gehört, Sie wollen Schwierigkeiten machen. Zelle kaputt schlagen und so", sagt die Direktorin, aber freundlich. „Das würde ich an Ihrer Stelle nicht machen. Sie kommen doch vor Weihnachten raus. Und das wollen Sie sich gewiss nicht verscherzen."

„Doch", sagt die Liesel.

„Doch?", fragt die Direktorin. Völlig verdattert guckt sie vom Aktenstapel hoch.

„Ja. Ich will nicht raus. Ich will hier bleiben. Hier bin ich gut untergebracht. Draußen kenn ich niemanden."

„Aber Liesel", tröstet die Direktorin. „Sie wissen doch, wie das ist, Weihnachten im Gefängnis. Da haben die meisten Beamtinnen frei. Da sind Sie den Tag in der Zelle eingeschlossen. Und am Heiligen Abend heulen alle. Ist ja auch zum Heulen, zugegeben, geht mir selber an die Nieren."

„Besser hier als draußen", sagt Liesel. „Ich geh nicht raus. Hier kenn ich jetzt alle. Draußen niemanden."

„Ich kann Sie hier nicht länger einsperren", sagt die Direktorin. „Wenn Ihre Zeit um ist, ist sie um. Ich darf Sie nicht hier behalten, auch wenn ich es wollte."

„Und wenn ich alles zusammenschlage? Muss ich dann auch raus?"

„Jetzt machen Sie keinen Quatsch", sagt die Direktorin. „Irgendjemanden werden Sie doch draußen kennen." Und als die Liesel den Kopf schüttelt: „Also, hier behalten kann ich Sie nicht. Vielleicht nimmt Sie die Bahnhofsmission. Soll ich mal anrufen?"

Die Liesel schüttelt wieder den Kopf. „Da muss ich auf einem Stuhl schlafen, weil alles schon überfüllt ist. Weil da alle hingehen, die nicht wissen, wo sie hingehen sollen. Da schlaf ich noch schlechter als im Gefängnis. Ich will hier bleiben."

„Nun seien Sie mal vernünftig."

„Und wenn ich die Zelle kaputt schlage?"

„Dann ist die Amnestie futsch. Dann darf ich Sie erst nach Neujahr rauslassen."

„Danke", sagt die Liesel. „Haben Sie vielen Dank. Sie sind so gut zu mir."

Abends will die Liesel die Zelle kurz und klein hauen. Zelle 18, in der sie wohnt. Da geht die Tür auf. Die Direktorin kommt rein. „Lassen Sie das", sagt sie, „Sie dürfen hier bleiben."

„Danke", antwortet die Liesel aus Zelle 18, „Sie sind sehr gut zu mir." Packt den Stuhl und schmeißt ihn gegen das Gitterfenster.

Ernst Klee

57. Geschenke von Herzen

Hinführung: Wer in einer Freundschaft glücklich werden will, sollte es lassen. Worauf kommt es denn an? (= den *anderen* glücklich machen wollen.)
Vorlesedauer: ca. 2 Minuten.

Sie war wieder mal pleite – und das wenige Tage vor dem Heiligen Abend. Wie sollte sie da ein Geschenk für ihren Freund kaufen? Sie legte sich aufs Sofa und weinte. Dann stand sie auf und wischte ihr Gesicht mit einem Taschentuch ab. Und da, vor dem Spiegel, kam ihr die Idee:

Es gab etwas, was sein ganzer Stolz war: seine Digi-Cam. Doch unglücklicherweise war ihm vor einigen Wochen die Speicherkarte kaputt gegangen. Darüber war er sehr traurig. Jetzt dachte sie: „Ich verkaufe mein Handy! Mein Vertrag läuft sowieso bald aus, und ich kann mir keinen neuen leisten! Ich trenne mich zwar sehr schwer von meinem Handy, aber dann kann ich meinem Schatz die Speicherkarte kaufen! Trotzdem wird es mir schwerfallen, weil ich dann nicht mehr erreichbar bin und so keine SMS mehr verschicken und von meinen Freundinnen empfangen kann."

Glücklicherweise fand sie jemanden, der ihr das Handy zu einem guten Preis abkaufte, obwohl es nicht mehr das neueste war.

Dann wird es Spätnachmittag. Er versucht verzweifelt, sie auf ihrem Handy zu erreichen und macht sich schon Sorgen, weil er sie nicht erreicht. „Was sie wohl zu dem neuen Vertrag sagen wird?"

Als er bei ihr klingelt, öffnet sie ihm sofort freudestrahlend die Tür. „Warum bist du nicht zu erreichen? Ich hatte schon Angst um dich!?"

„Na ja – äh – ich wollte dir ein besonderes Geschenk machen und habe deshalb mein Handy verkauft."

Weil sie ihm seinen Schreck am Gesicht ablesen kann, sagt sie: „Ab jetzt werde ich halt wieder Briefe schreiben!" Stolz überreicht sie ihm ihr Geschenk. Er öffnet es und muss nach einiger Zeit lächeln. Und dann erzählt er ihr, dass er für sie seine Cam verkauft hat und übergibt ihr grinsend eine Rolle mit Schleife drumherum, in der sich der Gutschein für den Handy-Vertrag befindet.

Nach einem langen Kuss sagt er ihr: „Das muss Liebe sein – wenn jeder das, was ihm wichtig ist, hergibt, um den anderen glücklich zu machen!"

Regina Weindl

58. Die kleine Spieldose

Hinführung: Selbst im Krieg kann ein Talisman als kleines Geschenk einen guten Kreislauf antreten.
Vorlesedauer: ca. 3 Minuten.

Ich war erst fünfzehn Jahre alt, als ich mit einigen anderen Schulkameraden in den Krieg ziehen musste. Man brauchte uns als Luftwaffenhelfer, und das war wohl wichtiger als jeder Schulabschluss.

Meine heimliche Schulfreundin steckte mir beim Abschied eine kleine, entzückende Spieldose zu, die sie einmal als Kind zu Weihnachten geschenkt bekommen hatte. Sie gab sie mir als Zeichen ihrer Zuneigung nach all dem flüchtigen Händedrücken beim Nachhausegehen, der zärtlichen Umarmung nach einer Geburtstagsfeier und zuletzt dem langen Abschiedskuss. Sie sagte noch: „Vergiss mich nicht, wenn du in der Fremde bist: So schnell wie die Spieldose das kleine Lied abspielt und verklungen ist, so schnell wird die Zeit vergehen, bis wir uns wiedersehen."

Ich freute mich über den kleinen Talisman, und im Advent spielte sie uns die zarten Klänge des schönsten aller Weihnachtslieder: „Stille Nacht, Heilige Nacht!" Wenn wir die Melodie hörten, vermissten wir alle die von Daheim, während wir hinter der Flak (= Flugabwehrkanone) sitzen mussten, um die Bomber abzuwehren, die auf Berlin zuflogen.

Am Heiligen Abend selbst war das anders. Wenn dann das Lied erklang, summten alle mit, ob sie nun den Himmel nach Flugzeugen ableuchteten oder Telefondienst hatten. Sogar von den Nachbarstellungen hörte man das Lied, wenn jemand anrief und wir den Hörer ganz dich an die Spieldose hielten.

Ich musste an die Soldaten in Stalingrad denken, die eine andere Musik hören mussten: das Heulen der Granaten, das Zischen der Geschosse, das Schreien der Verwundeten und die verzweifelten Gebete der Sterbenden auf beiden Seiten. Nachdem ich später im Kampf um Berlin von russischen Soldaten gefangen wurde, gelang mir zunächst die Flucht. Aber bald schon stand ich wieder russischen Soldaten gegenüber, die mich jedoch fair behandelten, vielleicht, weil ich noch so jung war. Ob sie an ihre eigenen Söhne dachten? Denn sie ließen mich am nächsten Morgen laufen. Beim Abschied sagte einer zu mir: „Wojna kaputt, Hitler kaputt, characho, jetzt du zu Matka gehen."

Das rührte mich so an, dass ich ihm als Dank spontan die kleine Spieldose schenkte. Ich dachte: Der Russe, der dir die Freiheit gegeben hat, wird sicher auch Kinder oder einmal Enkel haben, denn er, wenn er endlich auch aus dem Krieg heimkehren wird, etwas aus Deutschland mitbringen möchte. Jetzt hatte ich meine Spieldose weitergereicht. Ich tröstete mich damit, dass sie irgendwo im fernen Russland auch wieder jemanden Freude bereiten würde …

Lothar Schmitz

59. Lebenslange Trauer um einen Feind

Hinführung: Folgende wahre Begebenheit aus dem Weltkrieg zeigt den wahren Irrsinn eines jeden Krieges auf.
Vorlesedauer: ca. 2 Minuten.

Im Jahr 1948. Als Heimkehrer aus französischer Gefangenschaft grub ich in einer Gärtnerei in Thüringen um. Beruf: Schüler. Heimat: Schlesien, Alter: 21. Mit mir arbeitete der alte Gartenarbeiter Hanske. Dabei wurde ein bißchen erzählt. Natürlich auch vom Krieg. Und da erzählte der Alte mir, dem Jungen, sein schweres Erlebnis.

„Es war Weihnachten 1917. Wir lagen im vordersten Graben an der Westfront. Man durfte nicht über den Grabenrand sehen, schon knallte es. So belauerten wir uns mit Grabenspiegeln. Uns quälte das Heimweh. Einer fängt an zu singen ‚Stille Nacht – heilige Nacht'. Bald singen alle. Wie man eben singt, wenn man fast erstickt. Plötzlich springt unser Hauptmann aus dem Graben und geht singend zum Franzosen hinüber. Wir denken: ‚Gleich knallen die ihn ab!' Aber es fällt kein Schuß. Einer nach dem anderen klettert aus dem Graben, und zwischen den Gräbern fallen wir uns in die Arme, lachen und weinen zugleich.

Dann feiern wir, Deutsche und Franzosen, hüben und drüben gemeinsam Weihnachten. Die Franzosen spendieren Rotwein. Mitleidig kosten sie unser armseliges Brot. Ich, der älteste in unserem Graben, hatte mich mit einem blutjungen Leutnant angefreundet. Er zeigt mir Bilder von seinem Schloss. Denn er gehörte zum französischen Hochadel. Und er zeigte mir das Bild seiner Mutter, die er sehr liebte und verehrte. Ich müsse ihn unbedingt nach dem Kriege besuchen. Seine Mama würde sich sehr freuen.

Damit man weiter hinten nichts merkte von dem Frieden, ballerten wir vergnügt in die Luft.

In der übernächsten Nacht bekamen wir den Befehl ‚Fertigmachen zum Stürmen des französischen Grabens'. Wo wir uns vor zwei Tagen in den Armen lagen, fallen wir im Nahkampf übereinander her. Vor mir taucht ein Franzose auf und hebt seine Pistole. Da ramme ich ihm mein Bajonett durch den Leib. Und merke, das ist mein Freund! Ich lasse die anderen stürmen und sich umbringen, es ist mir alles egal, ich bleibe bei meinem Freund. Und der bittet mich, dass ich seine Brieftasche nehmen und nach dem Krieg seiner Mutter zustellen möge. Es sei ein Brief drin für sie. Dann stirbt er. 19 Jahre alt!"

Der Alte hört auf zu erzählen, er ist erschöpft. Dann sagt er: „Warum hat der nur die Pistole auf mich gerichtet. Ich hätte ihm doch nichts getan. Wie konnte der nur so dumm sein!"

Wir graben schweigend weiter um. Schließlich fängt der Hanske erneut an: „Nach dem Kiege konnte ich die Brieftasche Madame zustellen. Dann kam ein Brief von ihr. Sie bedankte sich, dass ausgerechnet ein Deutscher sich um ihren toten Sohn gekümmert habe. Ich möge ihr die Freude machen und sie als ihr Gast besuchen. Aber ich habe mich nicht einmal für die Einladung bedankt. Ich konnte nicht hinfahren. Ich hätte der Mutter sagen müssen, dass ich ihren Sohn umgebracht habe. Versteh doch! Das konnte ich nicht." Ich sehe, wie der alte, starke Hanske auf seinen Spaten gestützt weint. Nach über 30 Jahren trauert er noch immer um seinen toten Feind, der für zwei Tage sein Freund war. Diese Trauer hat die Zeit nicht heilen können. Es ist nicht wahr, dass die Zeit alle Wunden heilt!

Heinz Girwert

60. Der Weihnachtstraum

Hinführung: Es gibt wunderschöne Legenden zur Weihnacht, die sich Menschen ausgedacht haben. Viele davon kreisen um ein Korn „Wahrheit".
Vorlesedauer: ca. 4 ½ Minuten.

Drei wunderschöne Zedern wuchsen im Libanon heran. Sie erlebten die Heimkehr von König Salomons Kundschaftern und später die Schlachten mit den Assyrern, die das Land mit Blut tränkten. Sie lernten die Königin Jezebel und den Propheten Elias kennen, die einander Todfeind waren. Und sie standen auch da, als das Alphabet erfunden wurde, und freuten sich über die Karawanen, die mit bunten Stoffen beladen an ihnen vorbeizogen.

Eines Tages unterhielten sie sich über die Zukunft. „Nach allem, was ich gesehen habe", sagte der erste Baum, „möchte ich zum Thron des mächtigsten Herrschers der Erde werden."

„Ich wäre gern Teil von etwas, das das Böse für immer in Gutes verwandelt", meinte die zweite Zeder. Und die dritte fügte hinzu: „Wenn ich wählen könnte, wollte ich, dass die Menschen, wenn sie mich ansehen, an Gott denken."

Wieder vergingen Jahre, bis eines Tages Holzfäller kamen. Die Zedern wurden geschlagen und mit einem Schiff weit weggebracht. Jeder der drei Bäume hatte seinen Wunsch getan, doch die Wirklichkeit fragt nicht nach den Träumen. Aus dem ersten Baum wurde ein Unterstand für Tiere gezimmert, aus dem, was übrig blieb, eine Krippe für das Heu. Aus dem zweiten Baum wurde ein einfacher Tisch, den später ein Möbelhändler kaufte. Da sich für das Holz des dritten Baumes kein Käufer fand, wurde er zersägt und in ein Lager in einer großen Stadt gebracht. Unglücklich klagten sie: „Unser Holz war gut; niemand hat etwas Schönes daraus gemacht."

Die Zeit verging, und in einer sternklaren Nacht verbrachte ein Ehepaar, das keine Herberge gefunden hatte, die Nacht im Stall, der aus dem Holz der ersten Zeder gebaut worden war. Die Frau gebar unter Schmerzen ein Kind und legte es in das Heu in der hölzernen Krippe. Da begriff der erste Baum, dass sein Traum in Erfüllung gegangen war. Dort lag der König der Könige.

Jahre darauf setzten sich mehrere Männer an den Tisch, der aus dem Holz des zweiten Baumes gemacht worden war. Bevor sie zu essen begannen, sprach einer von ihnen einige Worte über das Brot und den Wein, die vor ihm standen. Und da begriff der zweite Baum, dass er nicht nur als Unterlage für ein Glas Wein und ein Stück Brot diente, sondern für den Bund zwischen Gott und den Menschen.

Am nächsten Tag wurden zwei Stücke der dritten Zeder aus dem Lager geholt. Es wurde ein Kreuz aus ihnen gezimmert, das achtlos in eine Ecke geworfen wurde. Wenige Stunden darauf brachten sie einen schwer verletzten Mann und schlugen ihn an das Holzkreuz. Die Zeder klagte über das grausame Los, das ihr das Leben vorbehalten hatte.

Doch ehe noch drei Tage vergangen waren, begriff die dritte Zeder ihr Schicksal: Der Mann, der an ihr Holz geschlagen worden war, war jetzt das Licht, das alles erleuchtete. Das aus ihrem Holz gezimmerte Kreuz war nun nicht mehr das Symbol der Qual, sondern war ein Zeichen des Sieges geworden.

Wie es immer mit Träumen geschieht, hatten sie sich auch für die drei Zedern aus dem Libanon erfüllt – nur nicht so, wie diese es sich vorgestellt hatten.

Paulo Coelho

Weitere geeignete Geschichten in diesem Buch:
Die Nummern 18, 33, 69.

IV. Geschichten für jüngere Erwachsene

61. Vertrauen gegen Vertrauen

Hinführung: Möchten Sie ein wenig schmunzeln? Sie haben doch sicher auch schon darüber nachgedacht, sich zu einigen, zu Weihnachten auf Geschenke zu verzichten.
Vorlesedauer: ca. 7 Minuten.

Damit Klarheit herrscht: Geld spielt bei uns keine Rolle, solange wir noch Kredit haben. Die Frage ist, was wir einander zu den vielen Festtagen schenken sollen. Wir beginnen immer schon Monate vorher, an Schlaflosigkeit zu leiden. Der Plunderkasten „Zur weiteren Verwendung" kommt ja für uns selbst nicht in Betracht. Es ist ein fürchterliches Problem.

Vor drei Jahren, zum Beispiel, schenkte mir meine Frau eine komplette Fechtausrüstung und bekam von mir eine zauberhafte Stehlampe. Ich fechte nicht.

Vor zwei Jahren verfiel meine Frau auf eine Schreibtischgarnitur aus karrarischem Marmor – samt Briefbeschwerer, Briefhafter und Briefmappe, während ich sie mit einer zauberhaften Stehlampe überraschte. Ich schreibe keine Briefe.

Voriges Jahr erreichte die Krise ihren Höhepunkt, als ich meine Frau mit einer zauberhaften Stehlampe bedachte und sie mich mit einer persischen Wasserpfeife. Ich rauche nicht.

Dieses Jahr trieb uns die Suche nach passenden Geschenken beinahe in den Wahnsinn. Was sollten wir einander noch kaufen? Gute Freunde informierten mich, dass sie meine Frau in lebhaftem Gespräch mit einem Grundstücksmakler gesehen hätten. Wir haben ein gemeinsames Bankkonto, für das meine Frau auch allein zeichnungsberechtigt ist. Erbleichend nahm ich sie zur Seite: „Liebling, das muss aufhören. Geschenke sollen Freude machen, aber keine Qual. Deshalb werden wir uns nie mehr den Kopf darüber zerbrechen, was wir einander schenken sollen. Ich sehe keinen Zusammenhang zwischen einem Feiertag und einem schottischen Kilt, den ich außerdem niemals tragen würde.

Wir müssen vernünftig sein, wie es sich für Menschen unseres Intelligenzniveaus geziemt. Lass uns jetzt ein für allemal schwören, dass wir einander keine Geschenke mehr machen werden!"

Meine Frau fiel mir um den Hals und nässte ihn mit Tränen der Dankbarkeit. Auch sie hatte an eine solche Lösung gedacht, hatte nur nicht gewagt, sie vorzuschlagen. Jetzt war das Problem für alle Zeiten gelöst. Gott sei Dank.

Am nächsten Tag fiel mir ein, dass ich meiner Frau zum bevorstehenden Fest doch etwas kaufen müsste. Als Erstes dachte ich an eine zauberhafte Stehlampe, kam aber wieder davon ab, weil unsere Wohnung durch elf zauberhafte Stehlampen nun schon hinlänglich beleuchtet ist. Außer zauberhaften Stehlampen wüsste ich aber für meine Frau nichts Passendes, oder höchstens ein Brillantdiadem, das Einzige, was ihr noch fehlt. Einem Zeitungsinserat entnahm ich die derzeit gängigen Preise und ließ auch diesen Gedanken wieder fallen.

Zehn Tage vor dem festlichen Datum ertappte ich meine Frau, wie sie ein enorm hohes Paket in unsere Wohnung schleppte. Ich zwang sie, es auf der Stelle zu öffnen. Es enthielt pulverisierte Milch. Ich öffnete jede Dose und untersuchte den Inhalt mit Hilfe eines Siebs auf Manschettenknöpfe, Krawattennadeln und ähnliche Fremdkörper – ich fand nichts. Trotzdem eilte ich am nächsten Morgen, von unguten Ahnungen erfüllt, zur Bank. Tatsächlich: meine Frau hatte 260 Pfund von unserem Konto abgehoben, auf dem jetzt nur noch 80 Aguroth verblieben, die ich sofort abhob. Heißer Zorn überkam mich. Ganz wie du willst, fluchte ich in mich hinein. Dann kaufe ich dir also den Astrachanpelz, der uns ruinieren wird. Dann beginne ich jetzt, Schulden zu machen, zu trinken, Kokain zu schnupfen. Ganz wie du willst. Gerade als ich nach Hause kam, schlich meine Frau, abermals mit einem riesigen Paket, sich durch die Hintertüre ein. Ich stürzte auf sie zu, entwand ihr das Paket und riss es auf – natürlich: Herrenhemden. Eine Schere ergreifen und die Hemden zu Konfetti zu schneiden, war eins.

„Da – da!", stieß ich keuchend hervor. „Ich werde dich lehren, feierliche Schwüre zu brechen!" Meine Frau, die soeben meine Hemden aus der Wäscherei geholt hatte, versuchte einzulenken. „Wir sind erwachsene Menschen von hohem Intelligenzniveau", behauptete sie. „Wir müssen Vertrauen zueinander haben. Sonst ist es mit unserem Eheleben vorbei."

Ich brachte die Rede auf die abgehobenen 260 Pfund. Mit denen hätte sie ihre Schulden beim Friseur bezahlt, sagte sie. Einigermaßen betreten, brach ich das Gespräch ab. Wie schändlich von mir, meine kleine Frau, die beste Ehefrau von allen, so völlig grundlos zu verdächtigen.

Das Leben kehrte wieder in seine normalen Bahnen zurück.

Im Schuhgeschäft sagte man mir, dass man die gewünschten Schlangenlederschuhe für meine Frau ohne Kenntnis der Schuhmaße nicht anfertigen könne, und ich solle ein Paar alte Schuhe als Muster mitbringen.

Als ich mich mit dem Musterpaar unterm Arm aus dem Haustor drückte, sprang meine Frau, die dort auf der Lauer lag, mich hinterrücks an. Eine erregte Szene folgte. „Du charakterloses Monstrum!", sagte meine Frau. „Zuerst wirfst du mir vor, dass ich mich nicht an unsere Abmachung halte, und dann brichst du sie selber! Wahrscheinlich würdest du mir auch noch Vorwürfe machen, weil ich dir nichts geschenkt habe …"

So konnte es nicht weitergehen. Wir erneuerten unseren Eid. Im hellen Schein der zauberhaften Stehlampen schworen wir uns zu, bestimmt und endgültig keine Geschenke zu kaufen. Zum ersten Mal seit Monaten zog Ruhe in meine Seele ein.

Am nächsten Morgen folgte ich meiner Frau heimlich auf ihrem Weg nach Jaffa und war sehr erleichtert, als ich sie ein Spezialgeschäft für Damenstrümpfe betreten sah. Fröhlich pfeifend kehrte ich nach Hause zurück. Das Fest stand bevor, und es würde keine Überraschung geben. Endlich!

Auf dem Heimweg machte ich einen kurzen Besuch bei einem mir befreundeten Antiquitätenhändler und kaufte eine kleine chinesische Vase aus der Ming-Periode. Das Schicksal wollte es anders. Warum müssen die Autobusfahrer auch immer so unvermittelt stoppen. Ich versuchte die Scherben zusammenzuleimen, aber das klappte nicht recht. Umso besser. Wenigstens kann mich meine Frau keines Vertragsbruches zeihen.

Meine Frau empfing mich im Speisezimmer, festlich gekleidet und mit glückstrahlendem Gesicht. Auf dem großen Speisezimmertisch sah ich, geschmackvoll arrangiert, einen neuen elektrischen Rasierapparat, drei Kugelschreiber, ein Schreibmaschinenfutteral aus Ziegenleder, eine Schachtel Skiwachs, einen Kanarienvogel komplett mit Käfig, eine Brieftasche, eine zauberhafte Stehlampe, einen Radiergummi und ein Koffergrammophon (das sie bei dem alten Strumpfhändler in Jaffa unter der Hand gekauft hatte).

Ich stand wie gelähmt und brachte kein Wort heraus. Meine Frau starrte mich ungläubig an. Sie konnte es nicht fassen, dass ich mit leeren Händen gekommen war. Dann brach sie in konvulsivisches

Schluchzen aus: „Also so einer bist du. So behandelst du mich. Einmal in der Zeit könntest du mir eine kleine Freude machen – aber das fällt dir ja gar nicht ein. Pfui, pfui, pfui. Geh mir aus den Augen. Ich will dich nie wieder sehen ..." Erst als sie geendet hatte, griff ich in die Tasche und zog die goldene Armbanduhr mit den Saphiren hervor. Kleiner, dummer Liebling.

Ephraim Kishon

62. Der Engel in Uniform

Hinführung: Einen richtigen Engel habe ich auch noch nicht gesehen. Aber manchmal trifft man einen.
Vorlesedauer: ca. 2 Minuten.

Im Februar 1985 bekamen wir in Neuwied am Rhein einen Anruf von meinem Bruder aus Herrenhut in der Oberlausitz, dass unsere Mutter einen Schlaganfall erlitten habe und dass sie wohl nicht mehr lange leben würde. Ein Telegramm, das damals in solchen Fällen ein Visum ersetzte, sollte nach Westberlin zu meinem jüngeren Bruder geschickt werden. Ich bin dann gleich nach Berlin geflogen, und wir warteten dort sehnsüchtig auf das Telegramm.

Sofort nach Erhalt fuhren wir zum Bahnhof Friedrichstraße in der Hoffnung, einen bestimmten Anschlusszug zu erwischen, um noch rechtzeitig in Herrenhut zu sein. Aber nun gab es ein großes Hindernis: Westdeutsche mussten durch eine andere Sperre als Westberliner, und wir hatten doch nur *ein* Telegramm. Ich sehe uns noch in der großen Halle stehen, die heute so ganz anders aussieht. Da war eine große Verzweiflung, aber irgendwie auch ein Stück Vertrauen. Im Nachhinein habe ich oft an Mutters Leitspruch gedacht: „Werfet euer Vertrauen nicht weg, welches eine große Belohnung hat." Das war ihr Trauspruch, bevor sie mit einem ihr noch recht fremden Missionar aus dem geliebten Elternhaus in das ferne Suriname zog. Nun steht dieser Spruch auf ihrem Grabstein.

In der Bahnhofshalle Friedrichstraße gab es plötzlich eine junge Volkspolizistin: kurzes Uniformröckchen, ein Käppchen etwas schräg auf dem Kopf. Sie kam auf uns zu, und in dem Moment wusste ich: Das ist unser Engel! Es bedurfte keiner langen Erklärungen, dann waren wir durch die Sperre, bekamen alle nötigen Papiere und erreichten unseren Zug.

„Es müssen nicht Männer mit Flügeln sein, die Engel ...", so heißt ein Lied von R. O. Wiemer, und vielleicht sind wir selbst für andere auch schon einmal ein Engel geworden.

Hildegard Richter

63. Das Kind mit dem Schulranzen

Hinführung: Ein Kind hat die Macht, alles zu verändern.
Vorlesedauer: ca. 2 Minuten.

Es ist Heiligabend. Drei Männer sitzen im Warteraum einer kleinen Bahnstation. Es ist kalt im Warteraum, nicht geheizt. Der Zug, mit dem sie fahren wollten, hat schon neunzig Minuten Verspätung. Die drei kennen sich nicht. Die frostige Atmosphäre des Wartesaals legt sich den dreien aufs Gemüt. Sie verhalten sich zueinander ebenso frostig. Sie nehmen voneinander kaum Notiz. Der eine liest Zeitung, der andere, offenbar ein Waldarbeiter, friert vor sich hin; der Dritte tut seine Unzufriedenheit durch Schimpfen kund: über die Eisenbahn, über den Bahnhofsvorsteher, der wenigstens hätte heizen können, über den Waldarbeiter, der das Holz sonst wohin schafft, nur nicht dahin, wo es jetzt nötig wäre.

Plötzlich tritt ein Kind ein. Aus seinem Kapuzenumhang grüßt es freundlich lächelnd hervor. Aufgeschreckt fragen die Frostigen, wo es jetzt noch herkomme. Das Kind legt die Hände an den Ofen. Kalt! Der Unzufriedene macht dazu eine ironische Bemerkung und wickelt sein Brötchen aus dem Butterbrotpapier. Das Kind bittet ihn um das Papier, den Leser um die Zeitung, den Waldarbeiter um Feuer und schiebt das

Papier in den Ofen und zündet es an. Zum Erstaunen der drei wird der Ofen warm. Es muss wohl auch Holz drin gewesen sein. Die frostige Atmosphäre weicht aus dem Saal und von den dreien. Der Meckerer holt aus seiner Aktentasche eine Flasche hervor und bietet einen Umtrunk an. Endlich kommt auch der Zug. Sie steigen ein. Aber – das Kind mit der Kapuze ist verschwunden. „Wo ist der Kleine mit dem Schulranzen?", fragt der mit der Aktentasche. „Mit dem Schulranzen?", fragt der Leser. „Oder Rucksack, was weiß ich. Irgendetwas hat er an sich gehabt."

„Ja, irgendetwas", sinniert der Leser.

„Aber Sie wollen doch wohl nicht im Ernst behaupten …?", sagt der Unzufriedene erschrocken …

Nach einer Erzählung von Ernst Heimeran

64. Das Geheimnis der Wollmütze

Hinführung: Das Stehlen in Supermärkten ist Volkssport. Aber man muss unterscheiden können.
Vorlesedauer: ca. 4 Minuten.

Es begab ich zu der Zeit, als abends die künstlichen Lichter aus den Büros der Bankhochhäuser in die anbrechende Nacht der hessischen Finanzmetropole stachen. Es war der Tag vor Heiligabend. Elena schätzte müde, aber mit sicherem Blick das Ende der Warteschlange ab; sie war Kassiererin in einem Supermarkt in der Innenstadt. Da stieß energisch ein rundlicher Mann mit Haarkranz die Glastür auf und rief: „Da liegt eine Frau!" Elena reagierte sofort; sie klingelte den Filialleiter herbei.

Er verschwand mit dem Passanten nach draußen. Durch die Tür konnte Elena die Frau sehen. Mit ausgebreiteten Armen lag sie bewusstlos quer über dem Bürgersteig. Sie trug einen braunen Mantel; das Auffälligste aber war eine riesige, bunt gestrickte Wollmütze, die sich fast wie ein Turban auf ihrem Kopf türmte. Das ungeduldige

Räuspern der Kunden ließ Elenas Kopf zurückschnellen. Sie richtete den Scanner auf Fonduepackungen, Weinflaschen und Würstchengläser. Es war nicht zu überhören, als der Rettungswagen mit schwirrendem Blaulicht anrollte. Sofort beugten sich die Sanitäter über die Frau. Aus den Augenwinkeln sah Elena, dass die Männer innehielten.

Sie starrten ungläubig auf den Kopf der Frau. Zuvor hatten sie die riesige bunte Mütze abgezogen, aus der einer der Sanitäter etwas Unförmiges herausholte. Mit verschränkten Armen und ärgerlich gerunzelter Stirn stand der Filialleiter daneben. Es war ein drei Kilo schwerer, gefrorener Rinderbraten. Das eiskalte Fleisch musste den Kopf der Frau empfindlich heruntergekühlt haben. „Schon wieder eine. Der sechste Diebstahl in einer Woche!", schoss es Elena durch den Kopf.

„Frohe Weihnachten!" Sie gab dem letzten Kunden das Wechselgeld zurück, schloss die Kasse ab und lehnte sich an die Tür. Draußen öffnete die Frau benommen ihre Augen und stammelte: „Oh, es tut mir so leid. Ich habe noch nie zuvor gestohlen!" Elena verdrehte die Augen. Immer das gleiche Lied. Warum ließen sie sich nicht neue Ausreden einfallen?

Mühsam und unsicher richtete die Frau ihren Oberkörper auf; nun kamen braune Locken zum Vorschein, die auf ihre Schultern fielen. Sie sah in die Mienen, in denen sich Gereiztheit und Ärger spiegelten. Langsam quollen Tränen aus ihren Augen, die Schultern zuckten, und sie schlug die Hände vor ihr Gesicht.

Tief aus ihrem Inneren brachen die Schluchzer hervor. „Wissen Sie, wie das ist, wenn der letzte Cent für Miete und Strom draufgegangen ist? Für etwas Besonderes bleibt da nichts mehr übrig."

Verlegen starrte der Filialleiter auf seine Fußspitzen. Er wog den gefrorenen Braten in seinen Händen. Dann spannte sich sein Körper, er schien auf dem Sprung zu sein, um in den kleinen Büroraum zu laufen, zum Hörer zu greifen und die Polizei zu rufen.

„Ich hab's doch nur für die Kinder getan. Wenigstens sie sollen sich an Weihnachten freuen können", flüsterte die Frau. Sein Blick streifte erneut ihren verzweifelten Gesichtsausdruck. Undeutlich murmelte er: „Äh, eigentlich hatten wir das Fleisch dieser Marke eh schon aus dem Verkauf nehmen wollen. Behalten Sie's einfach."

Am 28. Dezember saß Elena wieder an der Kasse. Wieder schob das Förderband Milchtüten, Kekse und Konserven auf sie zu. Doch dann hielt sie inne. Langsam hob Elena die Augen. Und wieder klingelte sie den Filialleiter herbei. Auf dem Band lagen gemalte Bilder, auf die die winterliche Nachmittagssonne schien. Kinder hatten mit bunten Wachsmalstiften eine glückliche Familie beim Weihnachtsessen gezeichnet, in der Mitte dampfte ein riesiger Braten. Elena blickte nachdenklich die Frau an. Durch die Fenster sah sie, wie nach und nach wieder die künstlichen Bankhochhäuser die Silhouette der Stadt in die Dämmerung zeichneten.

Rita Deschner

65. Der Eisklumpen

Hinführung: Fast erwachsene Kinder helfen ihrem Vater, den die Mutter verlassen hat, nicht zu verzweifeln.
Vorlesedauer: ca. 2 ½ Minuten.

Es war dunkel geworden im Zimmer. Das war Peer nur recht so. Dunkel würde es für ihn nun immer sein. Gestern hatte ihn seine Frau verlassen. Beate, die „Glückliche". Wie oft hatten sie über die positive Bedeutung ihres Namens gescherzt! Doch nun hatte sie behauptet, mit ihm zusammen nicht mehr glücklich zu sein. Unglücklich hatte Peer sie angeblich gemacht. Ein anderer war an seine Stelle getreten, um ihrem Namen wieder Leben einzuhauchen. Beate, die Glückliche! Wie hieß der andere? Gleichgültig. Wichtig war nur, dass er, Peer, nun einsam und verlassen im Wohnzimmer saß. Und musste am Heiligen Abend die Gemeinde doch von der Frohen Botschaft überzeugen.

„Welt ging verloren ..."

Ja, Peer, von Beruf Pfarrer, war verloren, durch Beates Verrat. Da nützte auch keine Frohe Botschaft etwas. Und alles, was er an Weihnachten sagen würde, war hohles, angelerntes Geschwätz.

Er ballte die Faust, beschimpfte Beate und den anderen, fühlte, wie sein Inneres sich verhärtete, langsam zu einem Eisklumpen wurde. Ein harter, kalter Klumpen Eis, der nun hier im Sessel saß und nach der

Flasche auf dem Tisch griff. Ein Glas brauchte er nicht. Die Flasche an den Mund setzen und …

Die Tür ging auf. Peers Kinder kamen herein. Zwillinge. Siebzehn Jahre alt, Hanna und Hubert. Sie brachten den Adventskranz zurück ins Wohnzimmer, den der Vater gestern, zornig und traurig gleichzeitig, auf den Komposthaufen geworfen hatte. Hanna zündete die erste Kerze an, Hubert die zweite. Dann gingen sie beide zum Vater, umarmten ihn, hielten ihn fest, hielten sich an ihm fest.

Langsam, ganz langsam fand die Wärme der Kinder den Weg in Peers Körper, erreichte den Eisklumpen in seinem Inneren, stahl ihm die Kälte und die Härte. Der Eisklumpen wehrte sich anfangs, begann dann doch zu schmelzen und zu tropfen. Hunderte, tausende von Tropfen, die als Tränen aus Peers Augen flossen. Hunderte, tausende von Tränen.

Irgendwann gab es keine Tränen mehr. Peer wischte die Augen mit einem Tuch trocken. Sein Schmerz über Beates Verrat war nicht kleiner geworden. Und trotzdem fühlte er sich getröstet. „Welt ging verloren, Christ ward geboren …" Die Weihnachtsbotschaft war so weit entfernt und doch so nah … Freue dich, oh Christenheit.

Nein, für Freude war es noch zu früh. Aber die Hoffnung auf Freude hatten die Tränen ihm geschenkt, als sie seinen Körper von dem Eisklumpen befreiten. Hanna und Hubert schlichen aus dem Zimmer. Peer war erschöpft wie nach einer schweren Krankheit. Er stand auf und ging zum Fenster. Die Regentropfen an der Fensterscheibe ähnelten seinen Tränen. Langsam flossen sie nach unten und versickerten.

„Christ ist erschienen …"

Ulrike Pichota

66. Die Bescherung

Hinführung: Der Kabarettist Hanns Dieter Hüsch ist bekannt dafür, dass er dem Alltag neu auf die Finger schaut und uns zum Schmunzeln bringt.
Vorlesedauer: ca. 7 Minuten.

Dass mir keiner ins Schlafzimmer kommt! Alle Jahre wieder ertönt dieser obligatorische Imperativ aus dem Munde meiner Frieda, wenn es darum geht, am Heiligen Abend Pakete und Päckchen in geschmackvolles Weihnachtspapier zu schlagen; wenn es darum geht, den Rest der Familie in Schach zu halten, damit auch ja keiner einen voreiligen Blick auf die Geschenke werfen kann.

Ich dagegen habe es etwas einfacher: Ich schmücke den Baum! Punkt 17.00 Uhr begebe ich mich auf die Veranda und hole den schönen Baum herein.

Es ist wirklich ein schöner Baum, sagt die Frieda.

Doch, sage ich, der Baum ist schön.

Dann kommt die kleinere Frieda auch noch und sagt, dass der Baum schön ist.

Und nachdem wir alle noch ein paar Mal um den schönen Baum herumgegangen sind, sagt die Frieda: Mein Gott! Es ist ja schon halb sechs!

Und damit beginnt offiziell in allen Familien, die sich bei diesem Fest noch bürgerlicher Geheimnistuerei bedienen, der nervöse Teil der Bescherung.

Deshalb stecke ich mir vorbeugend – einmal im Jahr – zunächst mal eine Zigarre an und überlege in aller Ruhe, welche formalen Prinzipien ich dieses Mal zur Ausschmückung des schönen Baumes anwende.

Habe ich dann den Baum nach einigen Schnitzereien mit einem Sägemesser glücklich in den Christbaumständer gezwängt, weiß ich auch schon, wie ich's mache:

Dieses Mal werde ich endlich dem Prinzip huldigen: Je schlichter, desto vornehmer! Zwei, drei Kugeln, vier bis fünf Kerzen, hie und da einen Silberfaden, aus! Schließlich ist das ja ein Baum und keine Hollywoodschaukel.

Das soll natürlich nicht heißen, dass wir nicht genug Kugeln und Kerzen, Lametta und Engelshaar, Glöckchen und Trompetchen hätten.

Im Gegenteil. Ich könnte damit drei Bäume, Pardon, drei schöne Bäume schmücken.

Und schon erhebt sich die Frage: Nur bunte Kugeln oder nur silberne? Nur weiße Kerzen oder nur rote? Engelshaar oder kein Engelshaar? Ja, was sollen meine intellektuellen Freunde denken, wenn die am zweiten Feiertag zu Besuch kommen und sehen dann meinen Mischmasch aus Sentimentalität und Kunstgewerbe. In diese meine präzisen ästhetischen Überlegungen hinein platzt die Frieda mit dem Ruf: Wie weit bist du? Um sechs Uhr ist Bescherung!

Das schaffe ich nicht, rufe ich zurück, ich kann ja den Baum nicht übers Knie brechen.

Wir haben zu Hause, sagt die Frieda, immer um sechs Uhr die Bescherung gehabt.

Wir haben die Bescherung, sage ich, immer um halb acht gehabt.

Wir haben sie um sechs gehabt, sagt die Frieda.

Um sechs Uhr schon Bescherung, sage ich, warum dann nicht schon gleich um vier oder im Oktober. Wir haben die Bescherung immer um halb acht gehabt; manche Leute haben ja die Bescherung erst am anderen Morgen.

Und wann sollen wir essen? fragt die Frieda.

Nach der Bescherung, sage ich.

Also um 9.00 Uhr, sagt die Frieda, bis dahin sind wir ja verhungert. Wer hat übrigens das Marzipan gegessen, das hier auf der Truhe lag?

Ich nicht, ruft die kleinere Frieda aus der Küche.

Also, sagt die Frieda, also, wenn du jetzt nicht den Baum in einer Viertelstunde fertig hast, dann könnt ihr euch eure Bescherung sonst wo hinstecken!

Vielleicht fängt schon mal einer an zu singen, sage ich, desto leichter geht mir der Baum von der Hand. Und alle ästhetischen Überlegungen nun über den Haufen werfend, überschütte ich den schönen Baum mit allem, was wir haben, so dass man schließlich vor lauter Glanz und Gloria keinen Baum mehr sieht, und die Frieda kommt herein und sagt: Nun hast du's ja doch wieder so gemacht wie im vorigen Jahr, das nächste Mal schmücke ich den Baum!

Ja, sage ich, wenn ihr mir keine Zeit lasst, dann kann natürlich kein Kunstwerk entstehen.

Nun steh hier mal nicht im Weg, sagt die Frieda, geh jetzt mal raus, ich muss nämlich jetzt hier die Geschenke packen und aufbauen!

Ja, wo soll ich denn hingehen, frage ich, darf ich vielleicht ins Wohnzimmer?

Nein, ruft da meine Schwägerin, die inzwischen eingetrudelt ist! Dass mir keiner ins Wohnzimmer kommt, ich bin noch nicht fertig. Und in die Küche darf ich auch nicht, da bastelt nämlich die kleine Frieda noch an diesen entzückenden Kringelschleifchen für jedes Päckchen herum.

Die Frieda kommt aus dem Christbaumzimmer und sagt: Augen zu! Ich halte mir die Augen zu und sage: Ins Bad nur über meine Leiche, da hab ich nämlich *meine* Geschenke versteckt!

Und so geht das die ganze nächste halbe Stunde: Dreh dich mal um, guck nur nicht unter den Teppich, wer hat den Schlüssel vom Kleiderschrank, ich brauche noch geschmackvolles Weihnachtspapier, der Klebestreifen ist alle, willst du wohl von der Tür da weggehen, such lieber mal die Streichhölzer, meine Mutter hat das alles alleine gemacht, das ist gemein, du hast geguckt, die paar Minuten wirste wohl noch warten können.

Bis es dann endlich so weit ist, aber selbst dann kommt bei uns keine Ordnung zustande, dann heißt es nämlich: Wer packt zuerst aus? Du! Nein, ich nicht, zuerst das Kind, dann du. Nein, du dann. Wieso ich? Also, dann du und dann ich. Ich zuletzt, bitte.

Nun werden Sie vielleicht fragen, mit Recht fragen: Wird denn bei Ihnen gar nicht gesungen, wird denn bei Ihnen nur eingepackt und ausgepackt?

Doch, doch natürlich eine Strophe wird schon gesungen, aber dann fällt das Singen meist auseinander. Aber, wissen Sie, beim Einpacken und Auspacken, da sind wir alle so nervös und verlegen! Dabei merkt man die Liebe und den Frieden und den Menschen ein Wohlgefallen viel stärker als beim Singen. Und auch der Baum, der kann dann sein, wie er will, groß oder klein, dürr oder dicht, bunt oder schlicht, die Frieda sagt dann jedes Mal – auch dieses Mal wieder:

Also der Baum … also, der Baum … der Baum ist wunderschön!!

Hanns Dieter Hüsch

67. Wann ist Weihnachten?

Hinführung: Ein kleiner Engel beobachtet ein paar Stunden eine Familie und weiß danach, wann Weihnachten ist.
Vorlesedauer: ca. 2 Minuten.

Wann ist Weihnachten?", fragte einer der jüngsten Engel im Himmel. Ein erfahrener Engel antwortete: „Natürlich am 24. Dezember!"

Nein, nein, die Antwort gefiel dem kleinen Engel nicht. Er musste selbst auf die Suche gehen. Also sauste er auf die Erde und schaffte es noch gerade, hinter einer 35-jährigen Frau, die total geschafft von der Arbeit kam, durch die Haustür zu schlüpfen.

Drei Kinder warteten auf die Mutter, einen Vater schien es nicht mehr zu geben. Sie hatten die Wohnung mit Sternen und Lichtern geschmückt, und die Mutter war sichtlich erstaunt und erfreut, weil auch schon etwas Gutes zum Abendessen brutzelte. Sie atmete auf, kein Chaos in Sicht! So setzten sie sich zu Tisch und ließen es sich schmecken.

Der Jüngste wurde dabei immer zappeliger. Ihn reizte ein Raum, in den Mutter bald verschwand; selbst der kleine Engel schaffte es nicht schnell genug, und bums, die Tür war zu.

Unerträglich langsam verging die Zeit, bis sie alle auf ein Glöckchenzeichen ins Zimmer stürzten. Da leuchteten die Kerzen am geschmückten Tannenbaum, darunter die Krippe und viele Geschenke.

„Halt!", rief die Mutter, „erst hören wir die Weihnachtsgeschichte, und ohne Lieder ist es eine Beleidigung für das Kind in der Krippe und den schönen Weihnachtsbaum!" Dann endlich durften die Geschenke ausgepackt werden und jeder schien glücklich.

Da wusste der kleine Engel die Antwort: Weihnachten ist,
- wenn Menschen, müde gearbeitet, wieder hellwach werden;
- wenn Menschen miteinander am Heiligabend am Tisch sitzen und das Essen mundet;
- wenn Menschen miteinander hören, dass in Jesus ein Licht geboren wurde für alle, die guten Willens sind;
- wenn Menschen um einen Baum herum mit Blick auf die Krippe miteinander singen;
- wenn Menschen erleben: Freude, die geschenkt wird, kehrt ins eigene Herz zurück.

P. Norbert Possmann

68. Die Geige

Hinführung: Über eine Erbschaft gibt es oft unendlichen Streit. Aber wir haben doch mehr von den Eltern geerbt als die Zahl auf dem Konto!?
Vorlesedauer: ca. 3 ½ Minuten.

Es war ein Dezemberabend wie er im Bilderbuch steht. Ein wenig Schnee von der Nacht hat das Land verzaubert. Die Adventszeit mit all ihren kleinen Freuden und Hoffnungen, ihren Düften und Klängen, ihren Erwartungen und Heimlichkeiten lag einfach in der Luft.

Barbara Lehner, eine sehr begabte und geschätzte Musiklehrerin, konnte all dem nichts abgewinnen. Sie wollte nicht singen, nicht musizieren. Weder beim Weihnachtskonzert ihrer Schule noch in ihren vier Wänden. Sie, die immer gerne Freude bereitete, verschloss sich sogar der Bitte, mit ihrem herrlichen Sopran den Insassen eines Alters- und Pflegeheimes frohe Stunden zu bereiten. Sie griff auch nicht zu ihrer Geige, weder zu Weihnachten noch zum Geburtstag ihres jüngsten Neffen. Selbst in einem kleinen Orchester wollte sie nicht mehr mitspielen und riskierte dadurch sogar dessen Niedergang.

Zu tief schmerzte sie der Tod ihres geliebten Vaters, eines begnadeten Musikers. Vor allem aber verhärtete sich ihr Inneres durch den Verlust der väterlichen Geige, eines Musikinstrumentes, das einfach zum Leben ihres Vaters gehörte, das er in seinen großen, weichen Händen hielt, dem er wohlklingende Töne entlockte. Diese Geige bedeutete für Barbara Lehner die einzige Verbindung mit ihrem verstorbenen Vater.

Zu seinen Lebzeiten war es immer sonnenklar gewesen: Sie, seine außereheliche Tochter, würde die Geige erben. Jetzt, nach seinem Tod, wollten die übrigen Familienmitglieder nichts davon gewusst haben.

Barbara Lehner verbohrte sich immer mehr in den Gedanken, dass ihr das Einzige, was ihr von ihrem Vater verblieb, womit er sie beschenken wollte, nun versagt blieb. Sie wollte nichts anderes von ihm, sie wollte sich um nichts in der Welt bereichern, sie wollte nur das, was für sie das Wesentliche war.

Enttäuschung, Wut und innere Leere – im Bewusstsein nun wirklich alles von ihrem Vater verloren zu haben – begleiteten sie tagtäglich.

Die Zeit verging und eines Tages, es war wieder einmal Advent, öffnete sich Frau Lehner in ihrer Verbitterung einer Bekannten, in der

Hoffnung, in ihr eine mitleidende Seele zu finden. Dem war aber nicht so. Die Bekannte sah sie groß an und fragte verwundert und fast ein wenig vorwurfsvoll: „Soll ein alter Geigenkasten das sein, was deinen Vater ausmacht? Meinst du, dass er allein durch dieses Erbstück mit seiner Tochter verbunden bleibt? Ist diese Geige alles, was du von deinem Vater erwartet hast? Ich glaube, du besitzt wesentlich mehr von ihm: Deine Liebe zur Musik, dein Talent zu singen und zu musizieren, deine Begabung, auf der Geige zu spielen und anderen Menschen Freude zu bereiten … Das hast du an Bleibendem von deinem Vater erhalten! Und es ist unendlich viel mehr, als ein totes Stück Holz aus der Vergangenheit."

Tage vergingen. Weihnachten rückte immer näher. Am 24. Dezember packte Barbara Lehner ihre Geige. Ihr Weg führte sie zu einer Weihnachtsfeier für Einsame. Dort sang und spielte sie, dort war sie mit jenen Menschen, die noch schwerere Verluste als sie erleiden mussten, verbunden; dort teilte sie mit ihnen die Freude an der Musik, dort konnte sie geben, was sie an Talenten erhalten hatte, dort war sie auch mit ihrem Vater verbunden, wie schon lange nicht.

69. Wenn Weihnachten heute stattgefunden hätte

Hinführung: Viele lauschen immer ganz fasziniert auf die biblische Weihnachtsgeschichte. Wie nüchtern würde heutzutage die Öffentlichkeit reagieren?
Vorlesedauer: ca. 4 ½ Minuten.

Was, wenn Weihnachten nicht vor über zweitausend Jahren, sondern heute stattgefunden hätte …?

Säugling im Stall gefunden – Polizei und Jugendamt ermitteln – Schreiner aus Nazareth und unmündige Mutter vorläufig festgenommen …

Bethlehem, Judäa. In den frühen Morgenstunden wurden die Behörden von einem besorgten Bürger alarmiert. Er hatte eine junge

Familie entdeckt, die in einem Stall haust. Bei Ankunft fanden die Beamten des Sozialdienstes, die durch Polizeibeamte unterstützt wurden, einen Säugling, der von seiner erst vierzehnjährigen Mutter, einer gewissen Maria H. aus Nazareth, in Stoffstreifen gewickelt, in eine Futterkrippe gelegt worden war.

Bei der Festnahme von Mutter und Kind versuchte ein Mann, der später als Josef H. ebenfalls aus Nazareth identifiziert wurde, die Sozialarbeiter abzuhalten. Josef, unterstützt von anwesenden Hirten, sowie drei unidentifizierten Ausländern, wollte die Mitnahme des Kindes unterbinden, wurde aber von der Polizei daran gehindert.

Festgenommen wurden auch die drei Ausländer, die sich als „weise Männer" eines östlichen Landes bezeichneten. Sowohl das Innenministerium als auch der Zoll sind auf der Suche nach Hinweisen über die Herkunft dieser drei Männer, die sich anscheinend illegal im Land aufhalten. Ein Sprecher der Polizei teilte mit, dass sie keinerlei Identifikation bei sich trugen, aber in Besitz von Gold sowie einigen möglicherweise verbotenen Substanzen waren. Sie widersetzten sich der Festnahme und behaupteten, Gott habe ihnen angetragen, sofort nach Hause zu gehen und jeden Kontakt mit offiziellen Stellen zu vermeiden. Die mitgeführten Chemikalien wurden zur weiteren Untersuchung in das Kriminallabor geschickt.

Der Aufenthaltsort des Säuglings wird bis auf weiteres nicht bekannt gegeben. Eine schnelle Klärung des ganzen Falls scheint sehr zweifelhaft. Auf Rückfragen teilte eine Mitarbeiterin des Sozialamts mit: „Der Vater ist mittleren Alters und die Mutter ist definitiv noch nicht volljährig. Wir prüfen gerade mit den Behörden in Nazareth, in welcher Beziehung die beiden zueinander stehen."

Maria ist im Kreiskrankenhaus in Bethlehem zu medizinischen und psychiatrischen Untersuchungen. Sie kann mit einer Anklage wegen Fahrlässigkeit rechnen. Ihr geistiger Zustand wird deshalb näher unter die Lupe genommen, weil sie behauptet, sie sei noch Jungfrau und der Säugling stamme von Gott.

In einer offiziellen Mitteilung des Leiters der Psychiatrie steht: „Mir steht nicht zu, den Leuten zu sagen, was sie glauben sollen, aber wenn dieser Glaube dazu führt, dass – wie in diesem Fall – ein Neugeborenes gefährdet wird, muss man diese Leute als gefährlich einstufen. Die Tatsache, dass Drogen, die vermutlich von den anwesenden Ausländern verteilt wurden, vor Ort waren, trägt nicht dazu bei, Vertrauen zu erwecken. Ich bin mir jedoch sicher, dass alle Beteiligten mit der nötigen Behandlung in ein paar Jahren wieder normale Mitglieder unserer Gesellschaft werden können."

Zu guter Letzt erreicht uns noch diese Info: Die anwesenden Hirten behaupten steif und fest, dass ein großer Mann in einem weißen Nachthemd mit Flügeln(!) auf dem Rücken ihnen befohlen hätte, den Stall aufzusuchen und das Neugeborene zu seinem Geburtstag hochleben zu lassen. Dazu meinte ein Sprecher der Drogenfahndung: „Das ist so ziemlich die dümmste Ausrede eines vollgekifften Junkies, die ich je gehört habe."

70. Das Flüstern im Herzen

Hinführung: Es gab auch kritische Hirten, die selbst nach der Botschaft des Engels nicht bereit waren, nach Bethlehem zu gehen.
Vorlesedauer: ca. 4 Minuten.

Der Engel des Herrn und die Scharen der Engel hatten den Himmel mit Glanz erfüllt. Nun waren sie gegangen, und die Schafhirten und ihre Schafe standen unter dem milden Sternenlicht. Die Hirten waren erschrocken und berührt von dem, was sie gesehen und gehört hatten, und sie drängten sich zusammen, fast wie die Tiere ihrer Herden. „Lasst uns nach Bethlehem gehen", sprach der Älteste unter den Hirten, „wir wollen die Dinge anschauen, die uns der Herr bekannt gemacht hat!"

Die Stadt Davids lag ein ganzes Stück entfernt vom Weideplatz. Alle machten sich fertig, nur ein Hirt namens Amos machte keine Anstalten mitzugehen. „Komm", rief der älteste der Hirten, aber Amos schüttelte nur den Kopf. Ein anderer sprach: „Amos, es war ein Engel! Du hast die Botschaft gehört: Der Retter ist geboren!" Aber Amos sagte nur: „Ich habe es gehört, aber ich möchte hierbleiben." Da kam der älteste der Hirten noch einmal zurück und versuchte, ihn zu bewegen: „Hast du nicht verstanden? Es war ein Befehl! Wir sollen den Retter in Bethlehem anbeten! Es ist Gottes Wille!"

„Es ist nicht in meinem Herzen", antwortete Amos. Da wurde der Alte zornig: „Mit deinen eigenen Augen hast du den Glanz des Herrn gesehen, und mit deinen Ohren hast du gehört, wie sie das ‚Ehre sei Gott in der Höhe' gesungen haben ..." Und ein anderer Hirt stimmte in die Vorwürfe ein: „Weil die Berge weiterhin still stehen und der Himmel nicht gleich auf die Erde fällt, genügt es dem Amos nicht. Er muss etwas haben, das lauter als die Stimme Gottes ist."

Aber Amos hielt sich nur noch fester an seinen Hirtenstab und sprach: „Ich bräuchte dazu ein Flüstern."

Da lachten alle und sagten: „Was hast du für merkwürdige Stimmen im Ohr? Was sagt uns dein Gott, Amos? Du kleiner Hundertschafehirt!" Da fiel die Sanftmut von Amos ab, und er rief mit lauter Stimme: „Für meine hundert Schafe bin ich ein Retter. Schaut euch meine Herde an! Die Furcht vor dem Glanz der Engel und den Stimmen über ihr verwirrt sie noch. Gott ist in Bethlehem beschäftigt. Für die hundert Schafe hat er keine Zeit. Ich bleibe!"

Da gingen die Hirten nach Bethlehem. Amos aber dachte: „Ein Hirte weniger, das macht vor dem Thron Gottes nichts."

Aber er hatte auch gar keine Zeit, um zu grübeln, denn es gab eine Menge zu tun: Die Schafe waren sehr unruhig. Darum ging Amos mitten unter sie und beruhigte sie, indem er mit der Zunge schnalzte und leise gurrte. Für seine hundert Schafe und für all die übrigen aus den anderen Herden klang das schöner und freundlicher als die Stimme des Engels. Da wurden sie ruhig.

Bald kam die Sonne hinter dem Hügel hervor, über dem der Stern gestanden hatte. Da kamen auch die anderen Hirten von der Krippe zurück und erzählten viele wunderbare Dinge. Als sie geendet hatten, fragten sie Amos: „Und welche Wunder hast du in dieser Nacht bei deinen hundert Schafen gesehen?"

„Nun", sagte Amos, „jetzt sind es einhunderteins Schafe!" Und er zeigte ihnen ein Lamm, das gerade vor Sonnenaufgang geboren worden war.

„Gab es dafür eine Stimme aus dem Himmel?", fragte der älteste der Hirten: Amos schüttelte den Kopf und lächelte. Dabei war etwas in seinem Blick, das den anderen noch einmal wie ein Wunder vorkam – in dieser heiligen Nacht der Wunder: „In meinem Herzen war ein Flüstern."

71. Mein schönstes Weihnachtsgeschenk

Hinführung: Manchmal gibt es Überraschungen, in denen unvermutet die Handschrift Gottes auftaucht.
Vorlesedauer: ca. 2 ½ Minuten.

Letztes Jahr bekam ich zu Weihnachten von meiner Freundin aus Koblenz eine weihnachtliche Geschenktüte überreicht. Darin befanden sich Süßigkeiten, eine sehr schöne Karte mit lieben Grüßen und eine Waldrebe. Diese Waldrebe wurde am Koblenzer Bahnhof so schön von der Sonne angestrahlt, dass meine Freundin sie mir einfach mitbringen musste. Sie wusste ja, wie sehr ich die Natur liebe.

Auch wenn in meiner Wohnung keine Sonne meine Waldrebe zum Leuchten brachte, freute ich mich sehr über dieses ungewöhnliche Geschenk. So ließ ich die Waldrebe dann auch in einer Vase bis weit ins neue Jahr hinein auf meinem Küchentisch stehen. Weil es immer noch Winter war, hatte ich meine Sternengirlande auch im Februar noch. Eines Morgens, als draußen alles weiß war und es noch weiter schneite, machte ich meine Sternengirlande an. Ich hatte wirklich das Gefühl, der Winter würde überhaupt kein Ende mehr nehmen. In diesem Moment, als meine Sterne zu leuchten begannen, flog etwas vom Küchentisch an mein Fenster. Ich traute meinen Augen nicht. Es war ein Schmetterling!

Er war von der Ecke des Tisches gekommen, wo die Waldrebe war. Offensichtlich hatte mir meine Freundin mit der Waldrebe einen Kokon mitgebracht. Durch die Wärme war der Schmetterling viel zu früh geweckt worden und war geschlüpft.

Das war wirklich das allerschönste Weihnachtsgeschenk, das ich jemals bekommen hatte! Mitten im kalten Winter hat mir der Schmetterling einen Hauch von Frühling, von Sonne, Licht und Wärme gebracht. Darüber hinaus verzauberte er mich ein wenig, da er mir von der Leichtigkeit des Seins erzählte.

Eine Sehnsucht nach einem ganz anderen Leben stieg in mir auf. Ich dachte an den Frühling und an meine Freude über die Schönheit der Schöpfung.

Erzählt nicht auch die Weihnachtsgeschichte von einem solchen Lichtgeschenk, das in die Welt kam, um sie heller zu machen? Das Kind, das vor über zweitausend Jahren zur Welt kam, ließ uns eine verheißene Wirklichkeit erahnen, die viel mehr ist als unser alltägliches Leben, das uns in Sorgen und Nöten gefangen hält. Auch Jesus brachte einen Frühling auf diese Erde, der mit seiner Geburt anfing und nie mehr aufhören wird.

Nebenbei bemerkt: den Schmetterling brachte ich zu einem Schmetterlingsexperten, der ihn in einer warmen Voliere mit Zuckerwasser fütterte und so über den Winter brachte. Im Frühling ließ er ihn dann frei.

Wie das Licht im Dunkeln am hellsten scheint, so ist auch ein in der Küche geschlüpfter Schmetterling ein kleines Wunder.

Anneruth Wenzel

72. Mein Heinrich

Hinführung: Ein Blick zurück rührt manchmal bis ins Herz. In der Weihnachtszeit dürfen wir uns Zeit lassen, zurückzuschauen.
Vorlesedauer: ca. 5 ½ Minuten.

Es war spät am Heiligen Abend. Die Kinder waren endlich eingeschlafen und die Eltern genossen die Stille. Rolf zündete noch einmal die Kerzen am Christbaum an. „Jetzt haben wir Zeit, ihn in Ruhe zu betrachten", sagte er.

„Jetzt haben wir auch Zeit für unsere Post", sagte Gesa und brachte viele Briefe und Karten, zwei Päckchen und ein Paket herbei. Sie hielt das Paket prüfend in den Händen: „Für mich. Adressiert an ‚Fräulein Gesa Becker' und an die Wohnung meiner Eltern. Dabei wohne ich seit zehn Jahren nicht mehr dort und heiße seit zehn Jahren nicht mehr Becker. Mutter hat es nachgeschickt. Ohne Absender."

Rasch entfernte Gesa Schnur, Packpapier und den Deckel des Kartons, dann hielt sie überrascht inne. „Mein Heinrich!", sagte sie leise und holte aus viel Zeitungspapier ein seltsames Etwas hervor. Es war ein abgenützter Teddybär, bekleidet mit vielen warmen Kleidungsstücken, mit Socken, mit einem Schal um den Kopf. An den Pfoten war er gestopft und die Schnauze in seinem lieben Gesicht war abgewetzt vom vielen Küssen und Streicheln. Gesa betrachtete ihn zärtlich: „Es ist mein alter, lieber Heinrichbär", sagte sie erklärend.

„Und woher kommt der so plötzlich?", fragte Rolf.

„Weiß ich nicht. Vielleicht ist ein Brief dabei." Gesa setzte Heinrich in den nächsten Sessel und durchsuchte das Papier, während sie weitersprach: „Er könnte von Fräulein Charlotte kommen. Ich hab ihn ihr geschenkt. Da war ich gerade sieben. Kurz danach sind wir weggezogen und haben die Verbindung verloren. Ich war noch so klein. Ich weiß nicht einmal, wie Fräulein Charlotte mit dem Nachnamen hieß. Ich hatte sie völlig vergessen. Ist schon mehr als zwanzig Jahre her ... Hier ist er!"

Sie zog einen Briefumschlag aus dem Knüllpapier. „An Gesa von Charlotte Frey" stand mit müden Buchstaben darauf und darunter in anderer Handschrift: „Verstorben am 1. Dezember". Gesa nahm den Brief heraus und las:

„Meine liebe Gesa,
als ich am einsamsten war, hast du mir geschenkt, was du am liebsten hattest, Deinen Heinrich. Er war das Wertvollste, das mir jemals geschenkt wurde, denn er hat mir den Glauben an das Gute im Menschen erhalten, auch wenn ich oft anderes erleben musste. Ich danke dir. – Deine Charlotte Frey."

Gesa setzte sich neben ihren Mann und erzählte: „Du weißt, dass ich ein sehr einsames Einzelkind war. Vater verbrachte seine wachen Stunden in der Backstube und Mutter die ihren im Laden. Zum dritten Geburtstag bekam ich einen Teddy, den Heinrich. Er wurde mein Freund. Er ersetzte Eltern und Geschwister. Ihm erzählte ich alles. Er tröstete mich. Wir waren Tag und Nacht zusammen. So ging er auch immer mit, wenn ich bei Fräulein Charlotte Flötenstunde hatte. Sie war gelähmt, ältlich und ärmlich und wohnte nicht weit von uns.

Am Heiligen Abend schickte mich meine Mutter mit schön verpacktem Christstollen und Weihnachtsgebäck zu ihr und sagte: ‚Eil dich, wir fangen mit der Bescherung an, wenn du zurück bist.'

Es dämmerte schon. Ich nahm Heinrich mit. In Fräulein Charlottes Wohnung war es sehr dunkel. Ich gab die Sachen ab. Weil es so dunkel war, fragte ich: ‚Wann fängt denn bei dir Weihnachten an?'

‚Jetzt gleich.' Sie bewegte sich im Rollstuhl zum Tisch, zündete die einzige Kerze an und legte Mutters Päckchen daneben. Das war alles.

Ich war nicht zufrieden. ‚Wir singen ‚Ihr Kinderlein kommet' bat ich. Es war mein und Heinrichs Lieblingslied und Singen gehört zu Weihnachten. Wir sangen. Nach dem dritten Vers wollte ich gehen. In Heinrichs Glasaugen spiegelte sich der Schein der einzigen Kerze und an der Wohnungstür flüsterte er: ‚Ich will hierbleiben!'
Ich verstand meinen Heinrich immer – und ohne zu überlegen, ging ich zurück zu der einsamen Frau. ‚Er will mit *dir* Weihnachten feiern', sagte ich und setzte ihr meinen lieben Heinrich auf den Schoß. Und lief davon, laut heulend durch die Straßen. Meinen erschrockenen Eltern konnte ich nur sagen: ‚Mein Heinrich wollte bei Fräulein Charlotte bleiben. Sie war so allein.' – Es war ein tränenreiches Weihnachtsfest."

„Hast du deinen Teddybär später vergessen?", fragte Rolf nach einer Pause. „Nein, ich habe Heinrich oft besucht. Er saß immer in der rechten Sofaecke. Er freute sich, wenn ich kam, aber er wollte bleiben."

Nach einer Pause sagte Gesa leise: „Dass ein siebenjähriges Kind spürte, der Mensch neben ihm braucht Trost – und dass es ihn tröstete, auch wenn es ihm bitter wehtat ... Woher kam die Kraft dazu?"

„Von Weihnachten", sagte Rolf.

Barbara Hug

73. Die Versuchung

Hinführung: Wir hören von der größten Versuchung der Gottesmutter durch den Engel, der alle Welt durcheinanderbringen möchte.
Vorlesedauer: ca. 2 ½ Minuten.

Ein mächtiges Flügelrauschen schreckte Maria auf, die voller Glück ihr Kind in der Krippe betrachtete. Ein mächtiger Engel stand vor ihr, der sie so anstrahlte, dass sie geblendet den Kopf zur Seite wandte.

„Fürchte dich nicht", sprach der Engel, „weil Gott dich besonders liebt, darf ich dich in die Zukunft deines Kindes sehen lassen!" Und er breitete seine mächtigen goldenen Flügel aus, dass die Wände des Stalles sich auflösten.

Maria blickte in einen Garten: Da lag ein Mann auf dem Boden, dessen Gesicht Schmerz und Verzweiflung kennzeichneten und darum bat, dass der Kelch der Qualen an ihm vorüberginge. Maria rief: „Warum antwortet Gott nicht? Und wo sind seine Freunde?"

Wieder ein Flügelrauschen. Und Maria sah drei Männer, die wie Verbrecher ihre Kreuze zur Hinrichtung schleppten. „Nein", schrie Maria, die den in der Mitte erkannt hatte, „mein Sohn, ein Verbrecher?"

Wieder das Flügelrauschen, und Maria hörte vom Kreuz in der Mitte die grauenvollen Worte: „Mein Gott, mein Gott, warum hast du mich verlassen?"

Die Bilder lösten sich auf. Maria schluchzte gebrochen: „Dann wäre es besser, du wärest nie geboren worden!"

Der Engel sprach: „Maria, deshalb bin ich hier: Du kannst entscheiden, ob dein Kind jetzt nicht besser sterben soll!"

Maria schwieg tränenüberströmt. Sie rief die geschauten Bilder in sich zurück. Da erblickte sie das Gesicht ihres Sohnes, das verständnisvoll auf die schlafenden drei Gefährten schaute, und sie sah das verzweifelte Antlitz des Mannes am Kreuz zur Rechten, das sich vertrauensvoll an ihren Sohn wandte.

Der Engel ließ nicht locker: „Willst du deinem Kind das nicht alles ersparen? Wähle jetzt!" Maria aber sprach langsam: „Dieses Kind ist nicht mein Eigentum. *Ich* habe kein Recht, über sein Leben zu bestimmen."

Da zuckte ein Blitz auf, der alles blendete. Dann war der Engel verschwunden. Das Kind in der Krippe aber streckte Maria lächelnd die winzigen Arme entgegen.

Inhaltsangabe einer Geschichte von Agatha Christi, auf ein Viertel verkürzt

74. Nicht vor dem Leben kapitulieren

Hinführung: Auch gute Kirchgänger können in Sachen Liebe blinde Christen sein.
Vorlesedauer: ca. 4 Minuten.

Seit einem Vierteljahr begegne ich täglich, wenn ich mich auf meinen morgendlichen Spaziergang begebe, einer jungen Frau, die einen etwas ramponierten Kinderwagen vor sich herschiebt.

Erst gingen wir aneinander vorbei, ohne zu grüßen; nach ein paar Tagen nickten wir uns scheu zu, dann grüßten wir uns, schließlich reden wir jetzt miteinander wie gute Nachbarn. Die junge Frau wohnt in unserer Siedlung bei einer verwitweten Tante. Sie musste von zu Hause fort, denn sie bekam ein Kind von einem Mann, mit dem sie nicht verheiratet ist und der sich, wie ich jetzt erfahren habe, weder um Kind noch Mutter kümmert; er überweist zwar monatlich Geld, sonst aber will er mit seiner Jugendsünde, wie die junge Frau mir schmerzlich mitteilte, nichts zu tun haben.

Für ihre Eltern war sie in dem Moment eine Schande geworden, seit nicht mehr zu verbergen gewesen ist, dass sie schwanger war. Ihr wurde gesagt, sie soll sich was suchen, wo sie nicht den neugierigen Blicken der Nachbarn ausgesetzt ist, für sie sei zu Hause kein Platz mehr, und überhaupt, warum habe sie nicht abtreiben lassen, als es noch Zeit war. All das hat mir die junge Frau so nach und nach bei unseren morgendlichen Begegnungen erzählt, wenn wir ein paar Minuten beisammen standen. Sie erzählte es nicht bitter, nein, immer traf ich sie heiter, lachend – und, wie andere Mütter auch, voll Stolz in den Kinderwagen schielend.

Sie musste ihre Arbeitsstelle aufgeben, um sich ihrem Kind widmen zu können; die Tante ist zu alt, ihr könne sie das Kind nicht anvertrauen, aber sie werde wieder arbeiten gehen, sobald das Kind aus dem Gröbsten raus sei.

Was mich aber an der ganzen Geschichte empörte, war, dass ihre Eltern gute Kirchgänger sind – auch das erzählte die junge Frau heiter –, für ihre Eltern sei ein Sonntag kein Sonntag, wenn sie nicht in der Kirche gewesen sind. Und einmal fragte ich sie: Wie können Ihre Eltern das vereinbaren, auf der einen Seite hören oder sogar nachbeten: Liebe deinen Nächsten wie dich selbst – und dann die eigene Tochter aus dem Haus schicken?

Sie gab mir an diesem Tag keine Antwort darauf. Tage später sprach sie mich darauf an: Wissen Sie, sagte sie, ich habe darüber nachgedacht, was Sie gesagt haben. Ich glaube, für meine Eltern ist das gar kein Widerspruch; sie haben immer so gelebt, ohne über etwas anderes nachzudenken; sie haben immer über andere gesprochen und nie daran gedacht, dass es in ihren eigenen vier Wänden auch so sein könnte. Meine Eltern haben eigentlich immer gelebt mit der Frage „Was werden die Nachbarn sagen?" Ja, so denke ich mir das. Und auch das sagte sie heiter.

Für sie habe es niemals Zweifel gegeben, ob sie das Kind behalten oder aber abtreiben lasse; sie hat sich, als sie merkte, was mit ihr los war, ohne zu zögern für das Kind entschieden, und das war es eigentlich, warum die Frau für mich interessant wurde, denn aus Erfahrung weiß ich, dass man sich erst einmal gegen das Kind entscheidet; erst recht, wenn man keinen Trauring trägt. Das gibt es also noch, wie es immer noch Eltern gibt wie die ihren, die ein Kind als Schande empfinden, nur weil die junge Mutter nicht verheiratet ist. Manchmal fühlt man sich ins Mittelalter versetzt, wobei ich nicht genau weiß, ob das im Mittelalter eine Schande war. Da laufen die Eltern ihr Leben lang in die Kirche und kapitulieren vor dem Leben, als Leben unterwegs ist. Meine Frau und ich haben der jungen Frau angeboten, wir würden das Kind manchmal abends nehmen, wenn sie etwas vorhabe, wenn sie weg wolle, ins Kino oder so, aber die junge Frau lehnte ab und sagte: Vielen Dank, aber ich will es mir nicht so leicht machen.

Walter Jens

75. Der bucklige Josef

Hinführung: Josef kommt in den Weihnachtserzählungen meist zu kurz. Aber ihm wäre auch viel in den Mund zu legen.
Vorlesedauer: ca. 5 Minuten.

Aquarelle, Ölbilder, Radierungen, Kleinplastiken – die Weihnachtsausstellung einer Künstlervereinigung. Man geht von Winterlandschaften zu italienischen Städten, von Blumenbildern zu verschlungenen Kreisen, farbigen Punkten, schwarzen Linien. „Sonderbare Auffassungen sind das heute", sagt ein Mann neben Georg und Elisabeth. „Da hat tatsächlich der heilige Josef einen Buckel."

Das junge Paar beugt sich zu der kleinen Holzplastik nieder. Auf einem Schemel sitzt eine junge Frau, ein Kind auf dem Schoß. Dahinter steht ein kleiner, buckliger Mann und hat die Hand auf die Schulter der Frau gelegt. Georg liest den Zettel darunter: Die Heilige Familie. Von Robert Milwagner! Robert? Der alte Freund Robert Milwagner! Warum hat er …? Der Mann gibt auf ihre unausgesprochene Frage Antwort: „Er war immer ein ehrlicher Künstler. Aber wenn du heute eine Heilige Familie in einer Kunstausstellung unterbringen willst, musst du schon schockieren. Er fängt auch an, sich anzupassen."

Als die beiden heimkommen, lässt ihnen der Gedanke an den buckligen heiligen Josef keine Ruhe. Die drei Gestalten hatten einfache, klare Linien, ohne Lieblichkeit, aber auch ohne Verzerrungen. Nur der Höcker war da. Sollte wirklich Robert, der Redliche, seinen Tribut gezahlt haben, um „mitspielen" zu können?

Georg ruft an. Robert soll kommen! – Am nächsten Tag kommt er. Er ist so einfach und gerade wie immer. „Wir haben deine Holzplastik gesehen. Warum hat dein heiliger Josef einen Buckel?" Robert zieht noch einmal an seiner Pfeife und streckt die langen Beine aus, ehe er zu reden anfängt:

„Diese Familie hat mich mehr als zwanzig Jahre lang beschäftigt. Immer wieder hab ich die Arbeit daran zurückgedrängt. Ich dachte, ich könne es nicht. Jetzt hab ich mich doch daran gewagt. Ich habe diese drei nur einmal gesehen. Es war nach dem Krieg. Da bin ich in ein Bauernhaus gekommen im oberen Mühlviertel. Es war ein kleiner Hof und hat nicht nach vollen Kammern ausgesehen. Aber wir waren sehr hungrig; ich wollte versuchen, etwas zu essen zu bekommen. Als ich in die Stube trat, saß da eine junge Bäuerin mit einem freundlichen Gesicht und hatte ein Kind auf dem Schoß. Sie wurde ein wenig ängstlich, als ein Fremder zur Tür hereinkam. Da kam ein Mann aus der Ofenecke hervor, stellte sich hinter die Frau und legte beschützend seine Hand auf ihre Schulter. Er sagte kein Wort. Aber man merkte es, er würde die Frau und das Kind verteidigen gegen eine ganze Welt voll Gewalt und Bosheit. Ich entschuldigte mich, dass ich eingedrungen war, und fragte, ob sie mir etwas verkaufen könnten, Brot, Eier oder Fett? Der Mann strich beruhigend über die Schulter der Frau, ehe er einen halben Laib Brot holte und ein Stückchen Speck. Da erst merkte ich, dass er klein und bucklig war.

Nie ist mir die Verbundenheit zweier Menschen so deutlich geworden wie damals in diesem abgelegenen Mühlviertler Bauernhaus. Es war eine Zuneigung und ein Vertrauen zwischen den beiden, die mehr spürbar als sichtbar war. Dass der Mann klein und bucklig war, zählte nicht. Ich wollte diese drei darstellen als Heilige Familie, eigentlich als das Heilige in der Familie. Ich habe sie zu zeichnen versucht, hab's in Farbe probiert, aber es ist nie so gelungen, wie ich's wollte. Jahrelang ist die Idee liegen geblieben, aber im vorigen Jahr bin ich doch wieder darangegangen. Holz schien mir am besten zu ihnen zu passen.

An euch merke ich, dass es mir wieder nicht gelungen ist. Ihr habt nicht gesehen, worum es mir ging: um die Einheit der drei, um ihre unbedingte Zusammengehörigkeit, an der auch ihre Schwächen nichts ändern. Seelische Gebrechen kann man nicht sichtbar machen, darum war der Bucklige gerade das richtige Modell."

Am nächsten Tag sind die beiden wieder in die Ausstellung gegangen: Georg und Elisabeth. Vor der kleinen Holzplastik sind sie stehen geblieben. „Ich kaufe uns die Heilige Familie, Elisabeth. Wir sind eine schlechte Antenne gewesen, sonst hätten wir begriffen. Wenn ich wieder einmal einen Höcker habe aus schlechter Laune und Gereiztheit, dann schau dir den buckligen Josef an und denk daran, dass ich trotzdem immer die Hand auf deiner Schulter hab!"

Berta Stummer

76. Was der Esel dem Christkind zu sagen hatte

Hinführung: Wenn der Esel mit dem Kind in der Krippe richtig sprechen könnte, was würde er ihm anvertrauen?
Vorlesedauer: ca. 2 Minuten.

Der Esel an der Krippe sagte: „Ich schaue dich nun schon eine ganze Weile an. Das tut mir gut und macht mich glücklich. Schon manches Kind habe ich angeschaut. Du gefällst mir besonders. Ich bin nur ein Esel, aber in dir spüre ich ein Geheimnis: Du bist mein kleiner Bruder! Eine großartige Entdeckung. Ich kann das nicht begründen, aber mein Herz sagt mir, dass es so ist.

Jetzt möchte ich einfach aus meinem Eselsleben erzählen. Du verstehst mich. Weißt du", sagte der Esel, „ich bin ein geduldiger Lastenträger, ein Packesel; für den Krieg tauge ich nicht. Da nehmen die Menschen die schnellen und stolzen Pferde. Ich liebe den Frieden. Mein Leben ist ganz einfach, und ich bin mit wenigem zufrieden. Wohlstand kenne ich nicht. Oft bekomme ich nur Heu und Stroh. Wenn ich manchmal draußen eine schöne Distel zum Fressen finde, dann ist für mich Sonntag. Oft schlagen die Menschen mich; das tut mir weh, weil ich mich nicht wehren kann. Aber es ist meine Eigenart, zu schweigen und nicht zu klagen, demütig zu sein und bereit für den Dienst am Menschen.

Laut aussprechen kann ich nur das kleine Wort ‚I-A' – es klingt wie ein JA. Dieses Wort höre ich bei den Menschen immer seltener.

Hören ist übrigens meine Spezialität. Findest du meine großen, langen Ohren nicht schön? Und meinst du nicht auch, dass gutes Hören besser ist als vieles Reden?

Wie gut wir uns verstehen! Je länger ich dich anschaue, umso mehr begreife ich den Spruch:
‚Reich ist nicht, wer viel hat, sondern der, der wenig braucht.
Und: Arm ist nicht, wer wenig hat, sondern der, der viel begehrt.'

Es ist eigenartig: Was man als Esel nicht alles begreifen kann, wenn man dich nur ruhig und lange genug anschaut. Wir haben uns verstanden. Weil ich nicht schlafen kann, werde ich dich einfach anschauen. Ich spüre, dass jeder Augenblick in dieser Nacht einfach kostbar ist."

Verfasser unbekannt

77. Der Stein des Eseltreibers

Hinführung: Mit einem Stein können wir andere verletzen. Aber wer dem Kind in der Krippe wirklich begegnet, kann verhärtete Stellen des Herzens zum Schmelzen bringen.
Vorlesedauer: ca 6 Minuten.

Hätte ich nur meinen Stein noch! Am liebsten würde ich alles kaputt schlagen. Dieses Gasthaus, das für unsereinen keinen Platz hat. Den Schuppen, wo ich übernachtete und fror. Den Stall, ja, den Stall auch. Weil dort der Esel steht. Mein Esel. Dieser verdammt kluge Esel, der glaubt, er könnte mich belehren. Dabei ist er nichts anderes als ein unwissendes Vieh, eine erbärmliche Kreatur, die sich nicht mal wehrte, wenn ich sie schlug oder ihr einen Tritt versetzte.

Es ist wahr, mitunter tat der abgelebte Bursche, dessen Fell voller Schorf und Narben ist, mir leid. Konnte ich dafür, dass der Aufseher mich antrieb? Dass er die Peitsche über mir schwang wie ich den Stecken über dem Esel? Na, und weshalb tat er das, der Aufseher? War er ein Unmensch? Zuzeiten konnte er recht gemütlich sein, doch er hatte den Oberaufseher über sich und dieser wiederum den Oberoberaufseher und der den Allerobersten. Was bedeutet da schon, frage ich, ein Eseltreiber, wo es so viele Aufseher gibt?

Dabei habe ich von Herrn Abamoth noch gar nicht gesprochen, von ihm, dem alle Aufseher und Oberaufseher blind gehorchen. Herr Abamoth, ist er nicht fast so mächtig wie der liebe Gott? So streng, so allwissend, so weit entfernt? Oh, wie ich ihn hasse!

Hätte ich nur meinen Stein noch, den flachen, dreikantigen Stein, den ich aufhob, als Herr Abamoth mich vom Hof jagte.

Jawohl, das hat er getan. Ohne Grund sozusagen, denn ich trank nicht, ich stahl nicht, ich hatte kein vorlautes Maul, nein, ein Eseltreiber bin ich gewesen wie jeder andere; und einen demütigen Augenaufschlag, wenn es nötig war, hatte ich auch.

Nur dieser mein Esel, er war ein anmaßender, übermäßig lauter Esel! Er schrie. Er schrie immer, ob ich ihn schlug oder nicht. Ich denke, es machte ihm einfach Spaß zu schreien. Vielleicht kam er sich gar vor wie einer, der etwas Wichtiges zu verkünden hat – kurz und gut, dem Herrn Abamoth war das laute Wesen nicht angenehm.

Er sagte: „Dieser Esel schreit mehr, als einem Esel erlaubt ist. Das stört mich."

Was wollte ein jämmerlicher Mensch wie ich da erwidern? „Herr", sagte ich, „ein guter Esel, der viel schreit. Womöglich ist es Gottes Stimme, und Ihr solltet nicht taub sein wie Bileam, der Prophet, der auf seinen Esel nicht hören wollte."

Das war, mit Verlaub, etwas großspurig geredet, doch musste Herr Abamoth deshalb gleich in Zorn geraten? Die Ader schwoll ihm auf der Stirn. „Fort mit dem Esel!", schrie er. „Und der Treiber Joel, der die Hoffart des vorwitzigen Esels entschuldigt, mag gleichfalls zum Schinder gehen!" Dieser Joel war ich, versteht ihr?

Joel nahm also den Esel beim Halfter und beide gingen von Herrn Abamoths Hof. Vorher aber hob Joel den Stein auf und steckte ihn in die Tasche. Man kann ihn auch in die Faust nehmen, den Stein. Man kann ihn durch die Luft schleudern, aus fünf Schritt Entfernung. Und er ist härter als Herrn Abamoths glatter, haarloser Schädel. Das wusste Joel. Jedenfalls bis gestern. Gestern besaß Joel den Stein noch. Er hütete ihn wie seinen Augapfel, denn Rache ist süß, sagt man. Joel wollte sie kosten. Er wollte diesem Herrn Abamoth zeigen, wo der Schinder wohnt. Und ein Recht dazu hatte er doch?

Oh, dieser Joel, wäre er bloß nicht in den Stall gegangen! Daran ist niemand sonst als der Esel schuld. Wieso, fragt ihr? Nun, ich hatte das Tier dort angepflockt, damit es ein Dach überm Kopf hätte. Ich selber schlief nebenan im Schuppen. Aber der Esel hörte nicht auf zu schreien. Genügte das Stroh ihm nicht? Oder was hatte er sonst für eine unausstehliche Neuigkeit?

Jedenfalls, Joel ging in den Stall. Und der Esel sagte: „Kommst du endlich, du Muffel?" Muffel nannte er mich. Das tat er stets, wenn er böse auf mich war. Das heißt, reden kann der Esel natürlich nicht, doch ich verstehe ihn. Wir leben ja länger als zehn Jahre zusammen.

„Siehst du nicht, was hier los ist?", fragte der Esel.

Ich sah zwei arme, landfahrende Leute, die im Stall untergekommen waren, ein Weib und einen Mann. Kann nicht weit her sein mit denen, dachte ich, sonst hätten sie das Kind woanders zur Welt gebracht. Es ist wahr, das Neugeborene sah ich auch. Es weinte, und ich wusste nicht, was tun, denn ich bin noch nie ein Kindernarr gewesen.

„Na, mach schon", sagte der Esel. Er wollte partout, dass ich die Krippe in Ordnung brächte. Sie wackelte, die Krippe. Das eine Bein war zu kurz, deshalb konnte das Kind nicht schlafen. „Leg was unter!", sagte der Esel. Oder hatte ich das selber gedacht?

Ich blickte mich im Stalle um. Es war ziemlich dunkel. Der Mann, der sich Josef nannte, mochte nicht mehr Öl genug in der Laterne haben.

„Greif doch in die Tasche, du Muffel", sagte der Esel.

Ich griff in die Tasche, das hätte ich sowieso getan. Wenn man etwas braucht, sucht man zuerst bei sich selber, nicht wahr? Doch in der Tasche war nichts. Nur der Stein. Und der Esel nickte befriedigt, als ich den Stein unter das kurze Krippenbein legte. Er passte genau.

Offen gestanden, ich hatte einen unmäßigen Zorn. Nicht, dass ich den fremden Leuten gram gewesen wäre, nein, sie waren womöglich ebenso schlimm dran wie ich, allein auf der Landstraße, ohne Dach. Auch, dass das Kind in der Krippe nun schlafen konnte – alles in Ordnung. Aber was sollte ich ohne den Stein? Gewiss, Steine gibt es genug im Feld, doch dieser eine, den ich in Herrn Abamoths Hof aufhob, lag er mir nicht scharf und griffig in der Hand? Ein Stein, wie für mich gemacht. Was also hatte der Esel gemeint?

Er schwieg. Wollte er, dass ich den Zorn vergesse? Kann ich das?

Und, wenn ich Herrn Abamoth den Schädel nicht einschlage, wer soll dann für Gerechtigkeit sorgen in der Welt?

Rudolf Otto Wiemer

78. Die Klage der Christbäume

Hinführung: Immer nur jammern, oder die rettenden Strohhalme sehen?
Vorlesedauer: ca. 2 ½ Minuten.

Die Weihnachtszeit ging langsam zu Ende, und wie in jedem Jahr trafen sich die Christbäume zu ihrer Vollversammlung. Nachts, wenn die Menschen schliefen, konnten sie in Ruhe auf die Festtage zurückblicken und Bilanz ziehen. „Es wird immer trauriger", begann ein stämmiger Baum die Aussprache, „die meisten Leute wissen nicht mehr, warum sie uns aufstellen und schmücken. Sie singen zwar kräftig ‚Heut schließt er wieder auf die Tür zum schönen Paradeis‘, aber dass wir den Paradiesbaum, den Baum des Lebens, darstellen, daran denkt heute kaum noch jemand."

„Ganz richtig", ergänzte eine Christbaumkugel und kam sofort ins Rollen, „wer ahnt denn heute noch, dass unsere Vorfahren Äpfel waren und dass wir die Früchte am Baum des Lebens symbolisieren? Je kunstvoller und schöner wir werden, desto mehr gerät unsere eigentliche Bedeutung in Vergessenheit."

„Was sollen wir erst sagen", rief ein Lebkuchenherz und schüttete sich aus: „Wir sollen auf die Herzlichkeit und Menschenfreundlichkeit Gottes hinweisen, die Jesus uns gezeigt hat – aber wer uns sieht, interessiert sich nur dafür, wie er uns möglichst schnell vernaschen kann!"

Eine Kerze vergoss einige Wachstränen und klagte: „Auch wir wollen, dass die Menschen an Jesus denken, wenn sie uns anzünden. Wer sich an ihm orientiert, dem geht ein Licht auf, der entdeckt, was im Leben wirklich wichtig ist, der findet auch einen Weg durch die dunklen Stunden – aber wem leuchtet das heute noch ein?"

Schließlich meldete sich noch ein kleiner Strohstern zu Wort: „Wer mich in Ruhe betrachtet, könnte sich von mir sagen lassen: ‚Du wirst immer einen rettenden Strohhalm haben, weil Jesus – das Kindlein auf Heu und auf Stroh – die Not und Armut mit dir teilt.‘ Aber für die meisten ist Weihnachten nur ein Strohfeuer, das schnell verlischt."

So klagten die Christbäume noch eine ganze Weile, bis endlich einer kleinen Tannennadel eine Idee kam: „Es nützt doch nichts, wenn wir traurig und gekränkt in der Ecke stehen und die Zweige hängen lassen. Wir Nadeln könnten doch die Leute, die uns zum nächsten Weihnachtsfest schmücken, ganz vorsichtig stichlen und anstacheln. Vielleicht spüren sie dann, dass wir eine Botschaft haben, die unter die Haut gehen will. Vielleicht werden sie dankbarer für das Leben, das Jesus ihnen neu schenkt. Vielleicht lassen sie sich anstecken zu mehr Herzlichkeit, vielleicht sehen sie manches in einem anderen Licht und vielleicht entdecken sie neu, wie wichtig der rettende Strohhalm des Glaubens für sie ist."

Wenn Sie also in Zukunft einmal von einer kleinen Tannennadel gepiekt werden: Nicht ärgern, nur wundern, was Ihnen ein Christbaum so alles erzählen kann!

Wolfgang Raible

79. Merkwürdige Gäste an der Krippe

Hinführung: Viele fanden damals zur Krippe. Könnten nicht auch Kinder unserer Tage – zeitversetzt – den Weg dorthin wagen?
Vorlesedauer: ca. 4 ½ Minuten.

Kaum hatten die Hirten den Stall in Bethlehem verlassen, näherten sich drei merkwürdige Gestalten der Krippe. Einige Bewohner von Bethlehem, die das Treiben bemerkt hatten, verfolgten alles neugierig mit ihren Blicken.

Die erste Gestalt trug ein buntes Flickenkleid und war wie ein Clown geschminkt, aber unter der lustigen Maske wirkte sie sehr traurig. Sie beugte sich über die Krippe und strich dem Kind zärtlich übers Haar. Da huschte ein leises Lächeln über ihr Gesicht. „Ich bin die Lebensfreude" sagte sie, „aber die Menschen haben das wirkliche Leben verlernt; sie sind traurig geworden bis ins Herz hinein. Vielleicht, weil sie das Danken verlernt haben; weil sie alles für selbstverständlich halten; aus diesem Vergessen aber wird Gleichgültigkeit geboren; und aus der Gleichgültigkeit wächst irgendwann Verzweiflung." Sie zog ihr Flickengewand aus und deckte das Kind damit zu. „Darum ist es kalt geworden in dieser Welt. Möge mein buntes Kleid dich wärmen. Schenke den Menschen wieder die wirkliche Lebensfreude zurück!"

Dann trat die zweite Gestalt vor. Wer genau hinsah, bemerkte ihren gehetzten Blick und ihre Eile. Erst vor dem Kind in der Krippe entspannten sich die Züge. „Ich bin die Zeit", sagte die Gestalt und strich dem Kind zärtlich über die Wange, „aber zu viele haben keine Zeit mehr. Sie meinen, die Zeit vergehe im Fluge. Doch die Menschen haben das große Geheimnis vergessen: Zeit vergeht nicht, sie entsteht – wie eine Blume, wie ein Baum. Zeit trägt den Keim der Ewigkeit in sich; sie wächst überall dort, wo man sie mit anderen teilt." Dann griff die Gestalt in ihren Mantel und legte ein Stundenglas in die Krippe. „Diese Sanduhr schenke ich dir. Du wirst nicht allzu viel Zeit haben. Aber teile sie mit den anderen, und sie wird nie vergessen werden."

Dann kam die dritte Gestalt näher. Ihr Gesicht war einmal sehr schön gewesen, aber jetzt wirkte es geschunden und verquollen, als ob sie immer und immer wieder geschlagen worden wäre. Als sie sich aber über das Kind beugte, um es zärtlich über das ganze Gesicht zu streicheln, da war es, als heilten die Narben und Striemen, die ihr das Leben zugefügt hatte. „Ich bin die Liebe!", begann sie zu sprechen. „Es ist nicht leicht, an die Liebe zu glauben, wenn ein anderer Mensch zehn, zwanzig oder dreißig Jahre mit dir gegangen ist und sich dann einer anderen Person zuwendet. Es war doch versprochene *ewige* Liebe, die aus der Treue geboren wird; aber schließlich verkümmert alles zum Rechenexempel. Zurück bleiben Narben, die nicht verheilen wollen." Drei dicke Tränen tropften auf das Kind. „Ich schenke sie dir!", sagte die Liebe. „Sicherlich liegt Enttäuschung in ihnen, aber auch eine ungeheure Kraft: wie Wasser, das den Stein schleifen kann; wie Regen, der Wüsten wieder zum Blühen bringt."

Jetzt knieten die Lebensfreude, die Zeit und die Liebe vor dem Kind in der Krippe. Es schaute die drei an, als ob es verstanden hätte.

Plötzlich stand die Liebe auf und drehte sich zu den Menschen, die im Hintergrund warteten. Sie zeigte auf das Kind und sprach: „Dieses Kind wird zu einem leuchtenden Stern, der alles andere in den Schatten stellt. Man wird es zwar zum Narren machen, und alle, die ihm nachfolgen, werden ausgelacht. Aber es wird den Menschen die Lebensfreude zurückgeben, eine Freude, die über den Tod hinausreicht. – Sie werden es um seine Lebenszeit bringen, aber es wird die Zeit bis zuletzt mit den Menschen teilen. – Und weil es die Liebe bis in den Tod beweist, wird die Welt nie mehr so sein wie früher."

Dann rief die Liebe den Menschen im Hintergrund noch etwas lauter zu: „Wer sich dem Licht dieses Kindes anvertraut, der braucht keine Finsternis zu fürchten!"

Nach Ulrich Peters

80. Die goldene Kette

Hinführung: Einer der Sternkundigen aus dem Morgenland tauscht eine Kette aus purem Gold ein in eine unendlich wertvollere Kette.
Vorlesedauer: ca. 7 Minuten.

Hallo! Ich hoffe, ihr habt ein wenig Zeit, denn ich möchte euch eine Geschichte erzählen, die ich selbst erlebt habe. Das ist zwar jetzt einige Jahre her, aber dafür ist alles wirklich so passiert.

Es fing damit an, dass ich eine Einladung bekam. Eine entfernte Verwandte, die schon seit langem in einem anderen Land lebte, erwartete ein Kind. Zum Fest der Geburt war ich eingeladen, ebenso zwei meiner Freunde. Und weil wir noch nie in dem fremden Land gewesen waren und überhaupt noch nie eine so weite Reise gemacht hatten, beschlossen wir voller Abenteuerlust, uns auf den Weg zu machen.

Damals, das müsst ihr wissen, gab es noch keine Flugzeuge oder Autobahnen. Daher mussten wir viel Zeit für unsere Reise einplanen. Aber das war kein Problem, wir freuten uns sogar darauf. Denn so bot sich uns die Gelegenheit, unterwegs neue Länder kennenzulernen. Aber etwas anderes beschäftigte uns sehr: Wir machten uns Gedanken darüber, was wir wohl als Geschenk mitnehmen könnten. Meine beiden Freunde hatten sofort eine gute Idee, aber ich überlegte lange. Zu groß und zu schwer darf ein Geschenk nicht sein, das man auf einer so weiten Reise mit sich tragen will.

Da fiel mir nach einigem Überlegen die goldene Kette ein, die schon seit Jahren in unserer Familie immer dem ältesten Sohn gehört. Eine ganz wertvolle goldene Kette aus kostbaren, großen Kettengliedern mit einem seltsamen Schmuckstück dran. Das Schmuckstück sah aus wie zwei gekreuzte Stäbe und war auch aus Gold. Ein Kreuz sozusagen! Keiner aus unserer Familie konnte sich erklären, was das zu bedeuten hatte, denn in unserem Land sah der Schmuck eigentlich ganz anders aus: Wir hatten Herzen, Sterne, ineinander verschlungene Kreise und kleine Tiere aus Gold. Besonders die Tiere fand ich damals schön. Aber ein einfaches Kreuz? Ich wusste nicht, ob das Kind sich darüber freuen würde. Aber immerhin war es aus Gold, und so war es schon ein richtiger Schatz.

Ich hängte mir die Kette um den Hals, und gemeinsam machten wir uns auf den Weg. Durch viele fremde Länder sind wir gereist. Manchmal mussten wir auf freiem Feld übernachten; einmal sind wir sogar zwei Tage in einer Höhle geblieben, weil es in Strömen regnete und wir auf dem aufgeweichten Boden nicht weitergehen konnten. Viele kleine und große Abenteuer haben wir auf der Reise erlebt, aber das aufregendste war die Geschichte mit der Kette.

Alles begann sehr merkwürdig … Ein kleines Kind stand plötzlich mitten im Weg und bat mich um eine Gabe. Es war ganz abgemagert und hatte sicher schon seit Wochen nicht mehr richtig gegessen. Leider haben wir solche armen Menschen oft getroffen, denn es gab zu der Zeit viel Not und Elend. Doch diesmal merkte ich, wie sich die Kette um meinen Hals löste. Mit der einen Hand konnte ich sie gerade noch fassen, mit der anderen Hand fing ich ein einzelnes Kettenglied auf. Ihr könnt euch vorstellen, was für große Augen das Kind bekam, als es in meiner Hand den goldenen Ring sah. Es dachte wohl, dass ich ihn verschenken wollte, daher strahlte es über das ganze Gesicht, begann vor Freude zu hüpfen und umarmte mich. Als ich den kleinen, ausgemergelten Körper des Kindes in meinen Armen spürte, konnte ich nicht mehr anders. Ich habe ihm das Kettenglied wirklich geschenkt und zugesehen, dass ich schnell weiterkam.

Natürlich war die Kette jetzt zu klein, um sie weiter um den Hals zu tragen. Aber ein neugeborenes Kind hat nicht so einen dicken Hals wie ich, nicht wahr? Die Kette würde schon noch passen.

Aber ein paar Tage später sah ich auf unserem Weg eine Gruppe von Waldarbeitern, die Bäume fällten und zu Brennholz machten. Als wir vorbeizogen, fiel einer der Holzfäller vor Erschöpfung zu Boden. Sofort kam der Vorarbeiter mit einer Peitsche in der Hand und schlug auf den armen Mann ein. Meine Hand, in der ich die goldene Kette jetzt trug, steckte in der Manteltasche. Da spürte ich, wie sich auf einmal zwei Glieder der Kette lösten. Ohne zu zögern, gab ich das eine Kettenglied dem Vorarbeiter und kaufte den armen, erschöpften Mann frei. Das andere drückte ich ihm in seine schwieligen Hände. Er starrte mich fassungslos an. „Danke", stammelte er.

„Wenn er das goldene Glied verkauft", dachte ich, „hat er sicher genug Geld, um ein Jahr gut zu leben. Vielleicht kann er sogar noch seine Familie ernähren, so er denn eine hat." Aber ich habe nicht gefragt, sondern bin weitergezogen, bevor jemand unangenehme Fragen stellen konnte.

Die Kette war jetzt eigentlich keine Halskette mehr. Aber vielleicht konnte das Kind, dem ich sie schenken wollte, die Kette wie ein Armband um das Handgelenk tragen?

Aber schon wieder kam mir etwas in die Quere. Eine heruntergekommene Räuberbande lauerte uns auf und umstellte uns, noch bevor wir begriffen hatten, was geschah. Meine beiden Freunde wollten schon zu ihren Waffen greifen und sich zur Wehr setzen, als sich plötzlich die restlichen Kettenglieder alle auf einmal lösten und mir in meine offene Hand kullerten. „Was!?", dachte ich, „Verbrecher und Lumpenpack soll ich damit beschenken?" Aber die Kette hatte wohl ihren eigenen Willen, und so bot ich den Räubern an, dass jeder von ihnen ein Stück des Goldes bekommen würde, wenn sie uns gehen ließen. Nun, offensichtlich hatte keiner von ihnen Lust zu kämpfen. So stimmten sie schnell zu und ließen uns in Frieden ziehen, jetzt um eine beträchtliche Summe reicher als zuvor.

Aber mir war gar nicht wohl zumute. Die wertvolle Kette war verloren, mir blieb als Geschenk nur noch dieses seltsame Kreuz. Ohne Kette sah es einfach nach gar nichts aus. Sollte ich es überhaupt verschenken? Alle würden vermutlich lachen, denn wer hat schon jemals ein so langweiliges Schmuckstück gesehen?

So kamen wir schließlich an unser Ziel. Durch unsere Abenteuer waren wir nicht rechtzeitig zur Geburt gekommen, aber das war nicht schlimm; es war schön, überhaupt angekommen zu sein. Als ich die ärmliche Unterkunft sah, in der der Vater, die Mutter und das Kind hausten, tat es mir leid um die wertvolle Kette. Die drei hätten das Gold wirklich gebrauchen können: In einem einfachen Stall war das Kind zur Welt gekommen, ganz in der Nähe von Bethlehem. Schon viele andere Menschen – hauptsächlich arme Leute, Hirten und Bauern – waren der Einladung gefolgt und hatten das Neugeborene besucht. Meine beiden Freunde knieten ebenfalls vor dem Kind nieder. Der eine schenkte ihm eine Kiste mit Weihrauch, ein ganz seltener und kostbarer Schatz; mein zweiter Reisegefährte gab seine wertvollsten Salben und Düfte her: Myrrhe, Aloë und Kassia. Nur ich stand etwas verlegen vor dem Kind. Meine Kette war ja verloren. Sollte ich nun wirklich das unscheinbare Kreuz hergeben? Immerhin, es war aus reinem Gold, und wenn es auch zusammen mit der Kette mehr wert gewesen war, so war es doch auch jetzt noch wertvoll für die armen Leute. Da beugte auch ich meine Knie und gab dem Kind das goldene Kreuz.

Ihr glaubt gar nicht, was da geschah: Plötzlich sah ich die Welt voller Licht; Musik erfüllte den Stall von so wunderbarer Reinheit, wie ich sie nie wieder vernommen habe. Und dann hörte ich das Kind sprechen. Ja, der kleine, neugeborene Sohn sprach zu mir! Ich hörte seine Stimme in meinen Ohren, auch wenn der Kleine seinen Mund nicht bewegte.

„Danke!", sagte er zu mir und strahlte mich an.

„Ach!", gab ich leise zurück, und wurde ein wenig verlegen: „Eigentlich gehört noch eine Kette dazu, aber die habe ich auf der Reise verloren."

„Nein", sagte das Kind und lächelte, „nichts hast du verloren. Du hast deine Kette aus Gold nur eingetauscht in eine unendlich wertvollere Kette." Es schaute an mir vorbei. Da wendete ich mich um und mir kamen die Tränen: Ich sah, dass alle, denen ich ein Glied der Kette geschenkt hatte, mir heimlich gefolgt waren und nun das Neugeborene anbeteten. Das abgemagerte Kind war mit seiner ganzen Familie und allen seinen Freunden dort und schaute im Gebet versunken auf die Krippe. Der gemeine Vorarbeiter sah gar nicht mehr so gemein aus und betete genauso wie der arme Holzfäller. Sogar die Räuberbande kniete hinter mir und blickte andächtig auf das Kind. Frieden erfüllte ihre Gesichter.

„Mit den Menschen, die du mir geschenkt hast, werde ich eine Kette durch alle Zeiten bauen", meinte das kleine Kind. „Und hiermit", fuhr es ernst fort und hielt mit beiden Händen das goldene Kreuz fest, „hiermit werde ich dafür sorgen, dass diese Kette bis in den Himmel reicht."

Autor unbekannt

81. Auf der Suche

Hinführung: Auch die Heiligen Drei Könige standen noch im Lernprozess, nachdem sie das Kind in der Krippe gefunden hatten.
Vorlesedauer: ca. 4 Minuten.

In der Nacht erteilte ihnen ein Engel den Befehl, nicht mehr zu Herodes nach Jerusalem zurückzukehren, sondern auf einem anderen Wege in ihre Heimat zu ziehen. Noch vor Sonnenaufgang hatte sich ihre Karawane wieder in Bewegung gesetzt. Kein Stern stand mehr am Himmel, seitdem der Stern, dem sie gefolgt waren, verblasst war. Er konnte sie nicht länger leiten. Da sie nicht nach Jerusalem konnten, nahmen sie den Weg in die entgegengesetzte Richtung: die Weisen auf Pferden und Kamelen, ihre Diener ihnen über Stock und Stein folgend. Kaum waren sie zwei Stunden unterwegs, da ging es nicht mehr weiter. Nur noch Felsen und Schluchten. Wenn sie sich jetzt nur nicht verirrten oder stolperten und sich verletzten!

Also hieß es: absteigen und Rat halten! Sie brachten kluge Argumente vor, konnten sich nicht einigen. Und da sich ihre Konferenz hinzog, drängten sich auch die Diener heran.

Plötzlich brachte einer hervor: „Ich weiß, wo sich hier ein kleiner Pfad durch die Berge schlängelt."

Da wurde einer der Könige böse: „Seit wann mischen sich Knechte ein, ohne gefragt zu werden?"

Der Zweite pflichtete ihm bei: „Wo kämen wir hin, wenn hier jeder ungefragt mitreden wollte?"

Und der Erste beendete das Thema: „Seit wann weisen uns denn Diener den Weg?"

Da stammelte der Diener: „Vor wenigen Stunden knieten wir gemeinsam vor dem Kind, jetzt müssen wir uns gemeinsam in die Dinge der Welt hineinknien."

„Papperlapp, hier ist nicht mehr die Krippe, hier ist die kalte Welt mit anderen Gesetzen, mit Rangunterschieden und Rederecht."

Da wusste jeder der drei Knechte, wie wenig das Licht von der Krippe in die Herzen der Könige gestrahlt war. Wie begossene Pudel probten sie den Rückmarsch.

Der dritte König hatte sich bisher nicht eingemischt. Wie von

Geschichten für jüngere Erwachsene

einem Licht erfasst, hielt er den beiden Königen entgegen: „Es kommt mir schon seltsam vor. Unsere Diener tun alles für uns. Sie bedienen uns beim Essen und decken uns in kalter Nacht zu. Sie tragen unsere Lasten und kümmern sich um die Tiere. Aber zu sagen haben sie nichts? Woran das wohl liegt?" Dann zog er den Diener zu sich und fragte ihn: „Sag, kennst du diese Gegend?"

„Ja, vor vielen Jahren wurde ich als Kriegsgefangener durch diese Gegend geschleppt. Um eine günstige Fluchtmöglichkeit auszuspähen, prägte ich mir vieles ein. Ich habe es nicht vergessen."

Der König dankte dem Diener und versicherte seinen Mitreisenden: „Dieser Mann ist zuverlässig. Wir können ihm vertrauen." Vom Reittier herab rief er dem Knecht zu: „Geh vor, aber zuerst gib mir dein Gepäck, ich habe genügend Platz dort, wo bisher das Gold lag für das Kind."

Die beiden anderen Könige waren entrüstet: „Bedenkst du nicht, was du tust? Du stellst die Welt auf den Kopf!"

Der dritte König lächelte: „Welche Welt stelle ich auf den Kopf, wenn man aufeinander hört und die Lasten anders verteilt?"

Und während sie sich den Weg bahnten, meinten sie, es liefe auf dem dunklen Weg ein heller Glanz mit. So suchten sie jetzt vereint den Weg.

Nach Werner Reiser

82. Der Nachweihnachtsengel

Hinführung: Wir hören von einer Freude, die auch nach Weihnachten möglich bleibt.
Vorlesedauer: ca. 3 Minuten.

Als ich dieses Jahr meine Krippe und die fünf Weihnachtsengel wieder einpackte, behielt ich den Letzten in der Hand. „Du bleibst", sagte ich. „Ich brauche ein bisschen Weihnachtsfreude für das ganze Jahr."

„Da hast du aber Glück gehabt", sagte er.

„Wieso?", fragte ich ihn.

„Na, ich bin doch der einzige Engel, der reden kann."

Stimmt! Jetzt erst fiel mir auf: ein Engel, der redet? Da hatte ich wirklich Glück gehabt. „Wieso kannst du eigentlich reden? Das gibt es doch gar nicht!"

„Doch, das ist so: Nur wenn jemand nach Weihnachten einen Engel zurückbehält, nicht aus Versehen, sondern wegen der Weihnachtsfreude – wie bei dir –, dann können wir reden. Aber es kommt ziemlich selten vor. Übrigens, ich heiße Heinrich."

Seitdem steht Heinrich in meinem Wohnzimmer im Regal. In den Händen trägt er seltsamerweise einen Müllkorb. Heinrich steht gewöhnlich still an seinem Platz, aber wenn ich mich über irgendetwas ärgere, hält er mir seinen Müllkorb hin und sagt: „Wirf rein!"

Ich werfe meinen Ärger hinein – weg ist er! Manchmal ist es ein kleiner Ärger: wenn ich zum Beispiel meine Brille verlegt habe oder meinen Haustürschlüssel nicht finde. Es kann aber auch ein größerer Ärger sein oder eine Not, ein Schmerz, mit dem ich nicht fertig werde.

Eines Tages fiel mir auf, dass Heinrichs Müllkorb immer gleich leer war. Ich fragte ihn: „Wohin bringst du das alles?"

„In die Krippe", sagte er.

„Ist denn so viel Platz in der kleinen Krippe?"

Heinrich lachte. „Pass auf: In der Krippe liegt ein Kind, das ist noch kleiner als die Krippe. Und sein Herz ist noch viel kleiner. Deinen Kummer lege ich in Wahrheit gar nicht in die Krippe, sondern in das Herz des Kindes. Verstehst du das?"

Ich dachte lange nach. „Das ist schwer zu verstehen. Und trotzdem freue ich mich. Komisch, nicht?"

Heinrich runzelte die Stirn. „Das ist gar nicht komisch, sondern das ist die Weihnachtsfreude. Verstehst du?"

Auf einmal wollte ich Heinrich noch vieles fragen. Aber er legte den Finger auf den Mund. „Pst", sagte er, „nicht reden. Nur sich freuen!"

Verkürzt nach Dietrich Mendt

Tipp: Behalten Sie doch auch mal einen Engel zurück – wegen der Weihnachtsfreude! Und spitzen Sie die Ohren. Sie werden es hören: „Wirf rein!"

Weitere geeignete Geschichten in diesem Buch:
Die Nummern 16, 18, 21–23, 26, 28–30, 34, 35, 38, 39, 41–56, 84–91, 93–98.

V. Geschichten für ältere Erwachsene

83. Das Krippenhuhn

Hinführung: Wir hören von einer Krippenbauerin, die sehr eigenwillig baut. Sie dürfen dabei schmunzeln.
Vorlesedauer: ca. 2 Minuten.

Fünfundfünfzig Jahre ist die jetzt alt – meine Krippe. Der Nachbar hat nämlich Zigarren geraucht, und als ich wieder einmal borgen ging bei ihm, sah ich die Kiste. Dünnes, helles Holz. Schönes Holz. Deckel und Boden groß genug, zwei Figuren auszusägen. Es gab ja kein Sperrholz achtundvierzig. Ich musste all meinen Mut zusammennehmen, um ihn zu fragen. Er guckte so schräg, wie er immer guckte, wenn arme Leute was von ihm wollten. Und dann sagte er: „Ja, ich gebe sie Ihnen. Zehn Eier die Kiste."

Wir hatten zwei Hühner, die mehr fraßen als sie Eier legten. Ich erzählte ihnen von der Krippe. Sie strengten sich an. Ich sparte noch mehr als sonst, und im Frühjahr kaufte ich drei Küken. Eins davon wurde ein Hahn. Ich zeichnete Figuren. Maria natürlich, Josef, das Jesuskind, zwei Hirten, die Heiligen Drei Könige. Zwei Kühe, einen Esel, sechs Schafe, zwei Lämmer. Dann fand ich, dass da auch Frauen zum Stall kommen müssten, ist doch richtig, oder? Schließlich wäre *ich* damals mit meiner Mutter auch gerne hingegangen. Immer stehen da all die Hirten und Könige, und Maria würde sich doch bestimmt freuen, wenn auch ein paar Frauen da sein würden, die was von kleinen Kindern verstehen.

Währenddessen gaben sich die Hühner und der Hahn alle Mühe. Nach zwei Jahren hatte ich elf Zigarrenkisten. Beim Tischler borgte ich mir eine Laubsäge. Die Sägeblätter waren sehr teuer, und obwohl ich sie wie rohe Eier behandelte, rissen mir zwei. Deshalb kam ich nicht so schnell voran. Ich musste immer erst aufs nächste Sägeblatt sparen. Der Fahrradhändler wunderte sich zwar, aber er gab mir seine leeren Lacktöpfchen. Da war immer ein kleiner Rest drin. Leider gab es kein Gelb. Deshalb sind die Gesichter so rosa. Drei Jahre hat es gedauert. 1951 hatte ich sie dann fertig. Das war ein Fest, als ich sie das erste Mal aufstellte! Jetzt bin ich achtzig. Hier ist sie, meine Krippe. Ich freue mich immer das ganze Jahr darauf, sie aufzubauen. Zigarrenkisten und Fahrradlack. Ist das nicht schön? Ach ja, sehen Sie das kleine Huhn? Direkt neben

Maria? Es schläft ... Ich weiß, eigentlich gibt es keine Hühner im Stall von Bethlehem, aber Sie werden verstehen.

Doris Bewernitz

84. Das richtige Wort

Hinführung: Manchmal fällt uns das richtige Wort, das Türen öffnen kann, einen Augenblick zu spät ein. Wir hören eine Geschichte, in der das Wort goldrichtig kam.
Vorlesedauer: ca. 2 Minuten.

Es war am 23. Dezember 1928. Der unvergessliche Berliner, Studenten- und Armenseelsorger und Verfasser der „Weltstadtbetrachtungen", Dr. Carl Sonnenschein, stand am Kassenschalter seiner Bank und holte Geld ab. Vor ihm besprach sich eine alte Frau mit dem Kassierer wegen eines kleinen Kredits. „Morgen ist Heiliger Abend, meine Enkelin kommt zu Besuch, und ich habe kaum noch eine Mark im Haus." Der Kassierer verwies die Frau an die Kreditabteilung. „Von dort komme ich ja", sagte die alte Frau seufzend. Um Sonnenschein Platz zu machen, trat sie zur Seite.

Die Frau stand noch neben dem Schalter, als Sonnenschein das erhaltene Geld nachzählte. Dabei bemerkte er, wie die Frau ihn beobachtete. Kurz entschlossen ging er zu ihr und schob ihr einen zusammengefalteten Schein in die Hand. Die Frau betrachtete den Schein überrascht, faltete ihn auseinander und sagte errötend: „Nein, nein! Das kann ich nicht annehmen!"

Sonnenschein durchschaute, dass die Frau gewiss einst bessere Tage gesehen hatte und wahrscheinlich in der großen Inflation (1923) verarmt war. Die Frau zitterte vor Erregung. Wie sollte sie sich verhalten? Das Geld doch annehmen? Sah sie wie eine Almosenempfängerin aus? Der Mann vor ihr war Priester. Durfte sie das Geld zurückweisen? Sie brauchte es ja dringend. Außerdem würde sie den hilfsbereiten Geistlichen beleidigen.

Sonnenschein empfand, was die Frau bewegte. „Lieber Himmel, ein Wort!", durchfuhr es ihn, „das richtige Wort – die goldene Brücke, auf der wir uns begegnen können!" Da fiel ihm auch schon dieses richtige Wort ein. Als die Frau nochmals stammelte: „Ich kann das Geld nicht annehmen. Auch nicht von Ihnen, Hochwürden!", antwortete Sonnenschein: „Aber vom Christkind!" Jetzt lächelte die Frau wie erlöst und stopfte den Geldschein in ihr Handtäschchen. Und Sonnenschein freute sich über den innigen Händedruck der Beschenkten.

Andreas Vogt-Leppla

85. Der goldene Kreislauf

Hinführung: Das Böse kennt seine Teufelskreise. Aber auch das Gute kann Kreise ziehen, die bis in den Himmel hinaufreichen.
Vorlesedauer: ca. 3 Minuten.

In den Tagen vor Weihnachten wäre beinahe ein böses Unglück passiert: Pferde, die Kurgäste durch den Ort ziehen, scheuten plötzlich. Und sie hätten sicher den Sohn eines unserer Gäste schwer verletzt oder vielleicht getötet, wenn nicht ein Mann beherzt dazwischengesprungen wäre und das Kind an sich gezogen und in Sicherheit gebracht hätte.

Die sehr reichen Eltern des geretteten Kindes wollten ihn für seine Tat fürstlich belohnen, aber der einfache Mann lehnte das ab und sagte: „Für mich war das selbstverständlich." Dann fügte er noch etwas verschämt, aber bestimmt hinzu: „Ich bin Christ." Weil die reichen Eltern vor Staunen fast mit offenem Mund dastanden, sagte er noch: „Lieber wäre mir: Tun Sie einem anderen dafür Gutes. Ich bin überzeugt, alles Gute kommt von Gott, und wenn wir es weitergeben, kommt es wieder bei Ihm an!"

Da die Eltern des geretteten Kindes immer noch wie gebannt dastanden, erzählte der Mann: „Hören Sie! In meinem Dorf, aus dem ich komme, lebten zwei Brüder, die sich bis auf den Tod nicht mehr ausstehen konnten. Und dann, mitten in der Ernte, lag der eine im Sterben. Was soll ich Ihnen sagen? Da tauchte plötzlich und unvermutet der andere auf und versöhnte sich mit ihm. Der Sterbende konnte nur noch ganz glücklich sagen: ‚Das nehme ich gleich mit in den Himmel vor den Herrgott als ein Geschenk von dir und mir:' Dann starb er.

Als die Beerdigung vorüber war, sagte der andere Bruder: ‚Was bin ich froh, dass ich mich versöhnt habe! Wir lagen beide in dem Streit etwas daneben. Aber ich will auch verraten, woher ich die Kraft nahm: Ich hatte mich tags zuvor im Hochgebirge verspätet und verirrt und kam erst in der Nacht erschöpft und zitternd vor Anstrengung auf einer Alm an. Da stand der Senner doch mitten in der Nacht auf, melkte eine Kuh und gab mir frische Milch, die mich wieder zu Kräften kommen ließ. Da habe ich gedacht: Wenn ein fremder Mensch zu mir so gut sein kann, warum denn du nicht zu deinem Bruder? Und das habe ich dem Senner auch gesagt, dass ich jetzt zu meinem Bruder gehen wollte, um mich mit ihm zu versöhnen. Da hat der Senner den Kopf geschüttelt und unter Tränen gesagt: „Ich bin in der Nacht für Euch aufgestanden, weil mich am Abend vorher der Bauer wieder hier eingestellt hat. Ach, da war eine böse Sache gegen ihn im Dorf, in die ich verwickelt war, und keiner hätte mich mehr genommen. Und weil er so gut zu mir war, habe ich die Nacht vor Freude nicht geschlafen, und ich habe mir vorgenommen: Ich will das Gute weitergeben! Verstehen Sie deshalb", so beendete der Retter des Jungen seine Erzählung, „dass ich nicht belohnt sein will. Geben Sie das Gute weiter!"

Als die reichen Eltern sahen, dass sie nichts bei ihm ausrichten konnten, fuhren sie zur Stadt und erklärten im Krankenhaus: „Wenn hier einmal ein Schwerkranker eingeliefert wird, der nicht genügend abgesichert ist, übernehmen wir die Rechnung!"

Der Oberarzt wurde herbeigerufen und sagte: „Ich glaube, hier geschieht ein Wunder: Wir haben hier einen jungen Menschen, der muss so teuer operiert werden, dass die Krankenkasse die Zahlung ablehnt. Danke für dieses großartige Geschenk!"

Ob auch der operierte junge Mann, wenn er ins Leben zurückkehrt, das Gute weitergibt? Es kann doch zu einem goldenen Kreislauf werden, der bis in den Himmel hinaufreicht.

Umgeschrieben nach der gleichnamigen Geschichte
von Maria Therese Baur

86. Die Geschichte vom Weihnachtsbraten

Hinführung: „Gott ist Mensch geworden." Vom Urtext her gilt diese Freude nicht nur den Menschen, sondern auch Tieren und Pflanzen. Wir hören von einem Tier, das sich an Weihnachten freuen durfte.
Vorlesedauer: ca. 6 Minuten.

Einmal fand ein Mann am Strand eine Gans. Tags zuvor hatte der Novembersturm getobt. Sicher war sie zu weit hinausgeschwommen, dann abgetrieben und von den Wellen wieder an Land geworfen worden. In der Nähe hatte niemand Gänse. Es war eine richtige weiße Hausgans. Der Mann steckte sie unter seine Jacke und brachte sie seiner Frau: „Hier ist unser Weihnachtsbraten." Beide hatten noch niemals ein Tier gehabt, darum hatten sie auch keinen Stall. Der Mann baute aus Pfosten, Brettern und Dachpappe einen Verschlag an der Hauswand. Die Frau legte Säcke hinein und darüber einen alten Pullover. In die Ecke stellten sie einen Topf mit Wasser.

„Weißt du, was Gänse fressen?", fragte sie.

„Keine Ahnung", sagte der Mann. Sie probierten es mit Kartoffeln und Brot, aber die Gans rührte nichts an. Sie mochte auch keinen Reis und nicht den Rest vom Sonntagsnapfkuchen. „Sie hat Heimweh nach anderen Gänsen", sagte die Frau.

Die Gans wehrte sich nicht, als sie in die Küche getragen wurde. Sie saß still unter dem Tisch. Der Mann und die Frau hockten vor ihr, um sie aufzumuntern. „Wir sind eben keine Gänse", sagte der Mann. Er setzte sich auf seinen Stuhl und suchte im Radio nach Blasmusik. Die Frau saß neben ihm am Tisch und klapperte mit den Stricknadeln. Es war sehr gemütlich. Plötzlich fraß die Gans Haferflocken und ein wenig vom Napfkuchen.

„Er lebt sich ein, der liebe Weihnachtsbraten", sagte der Mann.

Bereits am anderen Morgen watschelte die Gans überall herum. Sie streckte den Hals durch offene Türen, knabberte an der Gardine und machte einen Klecks auf dem Fußabstreifer. Als der Mann einen Eimer voll Wasser pumpte, wie er es jeden Morgen tat, ehe er zur Arbeit ging, kam die Gans, kletterte in den Eimer und badete. Das Wasser schwappte über und der Mann musste noch einmal pumpen.

Im Garten stand ein kleines Holzhäuschen, das war die Toilette.

Als die Frau dorthin ging, lief die Gans hinterher und drängte sich mit hinein. Später ging sie mit der Frau zusammen zum Bäcker und in den Milchladen. Als der Mann am Nachmittag auf seinem Rad von der Arbeit kam, standen die Frau und die Gans an der Gartenpforte.

„Jetzt mag sie auch Kartoffeln", erzählte die Frau.

„Brav", sagte der Mann und streichelte der Gans über den Kopf, „dann wird sie bis Weihnachten rund und fett."

Der Verschlag wurde nie benutzt, denn die Gans blieb jede Nacht in der warmen Küche. Sie fraß und fraß. Manchmal setzte die Frau sie auf die Waage und jedes Mal war sie schwerer. Wenn der Mann und die Frau am Abend mit der Gans zusammensaßen, malten sich beide die herrlichsten Weihnachtsessen aus. „Gänsebraten und Rotkohl, das passt gut", meinte die Frau und kraulte die Gans auf ihrem Schoß.

Der Mann hätte zwar statt Rotkohl lieber Sauerkraut gehabt, aber die Hauptsache waren für ihn die Klöße. Sie müssen so groß sein wie mein Kopf und alle genau gleich", sagte er. „Und aus rohen Kartoffeln", ergänzte die Frau. „Nein, aus gekochten", behauptete der Mann. Dann einigten sie sich auf Klöße aus halb rohen und halb aus gekochten Kartoffeln. Wenn sie ins Bett gingen, lag die Gans am Fußende und wärmte sie.

Mit einem Mal war Weihnachten da. Die Frau schmückte einen kleinen Baum. Der Mann radelte zum Kaufmann und holte alles, was sie für den großen Festschmaus brauchten. Außerdem brachte er ein Kilo extrafeine Haferflocken. „Wenn es auch ihre letzten sind", seufzte er, „soll sie doch wissen, dass Weihnachten ist."

„Was ich sagen wollte", meinte die Frau, „wie, denkst du, sollten wir ... ich meine ... wir müssten doch nun ..." Aber weiter kam sie nicht.

Der Mann sagte eine Weile nichts. Und dann: „Ich kann es nicht."

„Ich auch nicht", sagte die Frau. „Ja, wenn es eine x-beliebige wäre. Aber nicht diese hier. Nein, ich kann es auf gar keinen Fall."

Der Mann packte die Gans und klemmte sie in den Gepäckträger. Dann fuhr er auf dem Rad zum Nachbarn. Die Frau kochte inzwischen den Rotkohl und machte die Klöße, einen genauso groß wie den anderen.

Der Nachbar wohnte zwar ziemlich weit weg, aber doch nicht so weit, dass es eine Tagesreise hätte werden müssen. Trotzdem kam der Mann erst am Abend wieder. Die Gans saß friedlich hinter ihm.

„Ich habe den Nachbarn nicht angetroffen, da sind wir etwas herumgeradelt", sagte er verlegen.

„Macht gar nichts", rief die Frau munter, „als du fort warst, habe ich mir überlegt, dass es den feinen Geschmack des Rotkohls und der Klöße nur stört, wenn man noch etwas anderes dazu auftischt."

Die Frau hatte recht und sie hatten ein gutes Essen. Die Gans verspeiste zu ihren Füßen die extrafeinen Haferflocken. Später saßen alle drei nebeneinander auf dem Sofa in der guten Stube und sahen in das Kerzenlicht.

Übrigens kochte die Frau im nächsten Jahr zu den Klößen zur Abwechslung Sauerkraut. Im Jahr darauf gab es zum Sauerkraut breite Bandnudeln. Das sind so gute Sachen, dass man nichts anderes dazu essen sollte.

Inzwischen ist viel Zeit vergangen. Gänse werden sehr alt.

Margret Rettich

87. Das Gesicht des Engels

Hinführung: Eine Frau, die immer schon schlecht malen konnte, soll einem gebastelten Engel ein Gesicht malen. Doch dann geschieht etwas, was ihr Klarheit gibt.
Vorlesedauer: ca. 7 Minuten.

Schon oft hatten wir im Advent umsonst auf die weiße Pracht des Schnees gewartet. Erst viel später, als wir uns bereits auf den Frühling einstellten, tanzten die federleichten Flocken vom Himmel.

In diesem Jahr aber stehen termingerecht Berge und Wälder, wie zuckerbestäubt, in der winterlichen Landschaft. So richtig warm wird es einem ums Herz. Im Schein der knisternden Adventskerzen wacht manche Erinnerung wieder auf. Und auch diese schleicht sich heute im Dämmerdunkel zu mir ins Zimmer:

Im Nachbarhaus waren neue Mieter eingezogen. Sie fanden nicht leicht Kontakt. Denn wie man an den wenigen Möbelstücken sah, die sie ein paar Mal auf einem Handwagen anschleppten, gehörten sie nicht gerade zu den Wohlhabenden unserer Gesellschaft. Die Frau hatte nur selten Zeit für ein Plauderstündchen. Sie verdiente durch schwere Putzarbeit etwas Zusätzliches. Die größeren Kinder halfen durch Zeitung- und Prospektaustragen, den karg bemessenen Verdienst des behinderten Vaters aufzubessern. Nur die Kleinste, die Beate, die noch nicht zur Schule ging, saß tagsüber viele Stunden allein in der ärmlich eingerichteten Wohnung. Ganz allmählich entwickelte sich zwischen uns beiden eine echte Freundschaft.

Und dann kam sie an einem Winternachmittag wieder zu Besuch. Vor den Fensterscheiben tanzten die Flocken und es war frostig kalt. Es tat gut, nicht draußen, sondern drinnen zu sein. Sie schien heute etwas verlegen, meine kleine Freundin. Doch dann holte sie unter ihrer Jacke etwas hervor, was ich anfangs gar nicht recht zu deuten wusste. Halb verschämt, halb freudig sagte das Kind: Du, bis Weihnachten sind doch nur noch drei Tage … Es folgte eine lange Pause. Erwartete sie eine Bestätigung von mir? Ja, sagte ich, Beate, in drei Tagen feiern wir das Geburtsfest unseres Herrn. Da war wieder das beklemmende Schweigen zwischen uns. Doch endlich das Kind: Die Leute schenken sich dann etwas, stimmt's? Ihre glänzenden Kinderaugen schauten mich herausfordernd an. Wollte sie mich darauf aufmerksam machen, dass es an der Zeit sei, etwas Passendes für sie einzukaufen?

Aber nein. Meine kleine Freundin überreichte mir nun ihr Mitbringsel: Da schau, was ich für dich habe. Weißt du, ich wollte dir einen Engel machen. Aber das Gesicht. Ich bring das Gesicht des Engels einfach nicht hin. – Jetzt sah ich, dass dieses Etwas in den Kinderhänden wirklich einem Rauschgoldengel ähnelte. Das Kleid, die Flügel, sogar das Krönchen fehlte nicht. Nur an der Holzkugel, die den Kopf des Engels symbolisieren sollte, waren weder Augen, Mund noch Nase.

Oh, sagte ich. Du machst mir einen Engel zum Geschenk. Wie ich mich darüber freue! Und ich freute mich auch wirklich, denn hier brachte man mir eine Gabe, die im Unterschied zu vielen anderen, ohne Berechnung und Erwartung auf Gegenleistung verschenkt wurde.

Du freust dich, sagte das Kind voller Aufregung und merkte gar nicht, dass von seiner Stupsnase kleine helle Tröpfchen fielen. Aber das Gesicht fehlt doch, wiederholte Beate: das Gesicht. Kannst du dem Engel ein Gesicht geben?

Da hatte ich nun die Bescherung. Während meiner ganzen Schulzeit brachte ich ausgerechnet im Zeichnen immer die schlechteste Note mit nach Hause. Da ich viel lieber einen Osterhasen von hinten, als einen Elefanten von vorne malte, schien mir die Bitte des Kindes fast ein unmögliches Unterfangen. Nie in meinem ganzen Leben hatte ich auch nur den geringsten Versuch unternommen, das Gesicht eines Engels zu malen.

Und so erinnere ich mich weiter. Stundenlang irrte ich damals durch die Geschäftsstraßen der Stadt, starrte jeden Wachs-, jeden Papier- und jeden Holzengel in den Schaufenstern an, setzte mich in der Kirche ganz nah zum Altar und studierte die anmutig lächelnden Gesichter der himmlischen Boten. Wenn mich niemand beobachtete, zog ich Zeichenblock und Malstift heraus, mir eine Vorlage zu schaffen für den Holzkopf, der daheim neben meinem Adventskranz auf Nase, Mund und Augen wartete. Aber selbst die andächtige Stille des Kirchenraumes und der süßlich-herbe Geruch von Weihrauch und Kerzen brachten mein noch unentdecktes Künstlertalent nicht zur Entfaltung. Deprimiert und an mir selbst irre geworden, machte ich mich unter heftigem Schneegestöber auf den Heimweg.

Und jetzt erinnere ich mich nicht nur, jetzt erlebe ich es wie schon so oft in all den zurückliegenden Jahren, in seiner ganzen Wirklichkeit: Vor einem hell erleuchteten Schaufenster war ein alter Mann zusammengebrochen. Ein Nichtsesshafter. Einer, der es gewohnt war, unter Brücken und Pappkartons zu schlafen. Die spärlichen Pfennige waren aus seiner Bettlermütze in den Rinnstein gerollt. Die meisten Menschen gingen eilends vorüber. Es galt ja noch so viele Geschenke für das Fest einzukaufen. Andere blieben stehen, gaffend, schimpfend, wütend: sind doch alles nur Halunken diese Kerle. Wird besoffen sein, der Gauner.

Auch eine noch junge Frau mit einem kleinen Buben und einem Einkaufskorb an der Hand blieb stehen. Sie schimpfte nicht, sie tobte nicht, sie ging nicht vorüber. Wie selbstverständlich kniete sie sich auf das nasse Straßenpflaster, nahm mit mütterlicher Gebärde den Kopf des Gestürzten in ihren Schoß, holte aus ihrem abgestellten Korb eine schon festlich verpackte Flasche heraus, entkorkte sie und hielt sie dem Bettler an die Nase. Sie rieb ihm mit dem Alkohol die eiskalten Schläfen ein und hauchte seine verdreckten Hände wärmend an.

Plötzlich schlug der Gestürzte die Augen auf, sah der Frau ins Gesicht und stammelte: Mutter, Mutter … und dann dies: Sie sind ja ein Engel.

Geschichten für ältere Erwachsene

Ich weiß nicht, wie die Geschichte dort am Straßenrand weiterging. Doch das weiß ich, und ich werde es wohl nie mehr vergessen: Ich rannte, so schnell ich nur konnte, nach Hause. Noch mit durchnässtem Mantel setzte ich mich zum Adventskranz und gab dem Engel ein Gesicht. Ich gab ihm das Gesicht jener gütigen Frau, die wie selbstverständlich im Schnee und im Dreck am Straßenrand kniete. Die wie selbstverständlich einen verachteten Tippelbruder in ihre mütterliche Liebe nahm und ihm, dem ins Abseits verwiesenen, ein Stück Heimrecht gab in ihren Armen und in ihrem Herzen.

Heute frage ich mich wieder, wie ich mich seitdem an vielen Adventsabenden fragte: Könnte einer, der mir irgendwann einmal im Leben begegnet ist, um meinetwillen einem halb fertigen Engel ein Gesicht geben?

Emma Elisabeth Frey

88. Mein Stern

Hinführung: Eine alte Frau schenkt einem Zivi ihren Stern vom Himmel.
Vorlesedauer: ca. 2 ½ Minuten.

Das sonderbarste Geschenk meines Lebens, das mich überallhin begleitet, bekam ich während meiner Zivi-Zeit im Altersheim geschenkt.

Ich hatte Spätdienst und räumte in den einzelnen Zimmern das Abendessen ab. Bei Frau König vergoss ich dummerweise Tee und musste den Boden aufwischen. Frau König war eine sehr liebe Frau, aber im Stationszimmer hatte ich gehört, dass sie immer schwächer werde. Lange würde das nicht mehr gehen.

Vielleicht nahm ich mir deshalb mehr Zeit für sie. Sie bat darum, an das Fenster gefahren zu werden, damit sie den Himmel betrachten könne. Ich tat ihr diesen Gefallen und setzte mich neben sie. Sie begann zu erzählen:

Als Kind saß ich oft mit meinem Großvater abends vor dem Haus und betrachtete den Sternenhimmel. Großvater kannte alle Sterne mit

Namen; er zeigte mir zu den verschiedensten Jahreszeiten, wo die Sterne standen. Für mich waren das damals die schönsten Stunden des Tages. Der Blick zum Himmel ließ mich vergessen den knurrenden Magen, meine weinende Mutter, die Enge der Stube und das sorgenvolle Gesicht meines Vaters, der wieder keine Arbeit gefunden hatte.

Eines Abends sprach Großvater ganz ernst mit mir: Schau, ich bin sehr alt, und ich sehne mich danach, endlich hinter die Sterne schauen zu dürfen und dort bei Gott Großmutter wiederzusehen. Ich merke, dass es bald so weit ist. Deshalb möchte ich, dass du meinen Stern übernimmst. Ich habe ihn mir als Kind ausgesucht und immer, wenn die Erde mir zu schwer wurde, habe ich zum Himmel geschaut, meinen Stern gesucht und bin einfach eine Weile bei seinem Licht geblieben. Es war Gottes Licht am Himmel für mich. Das hat mir vieles leichter gemacht, zu wissen, dieses Licht ist immer da. Dir soll es auch so gehen, nimm meinen Stern und schaue immer zum Himmel auf, wenn dich hier auf Erden etwas niederdrückt.

Bleib eine Weile bei unserem Stern, atme tief durch, und glaube mir, es wird dir guttun. Da zeigte mir Opa sein Himmelslicht. Es war zum Norden hin der Stern, der beim großen Bären in der Höhe des Polarsterns stand. Opa hatte ihn einfach „Meiner" genannt. Und so wurde dieser Stern auch „Meiner". Immer wenn ich es sehr schwer hatte, ging ich an das Fenster oder vor das Haus und schaute nach meinem Stern.

Oft war der Himmel verhangen, aber ich wusste, hinter den Wolken war sein Licht. Und allein das Wissen, dass er da ist, genügte mir.

Jetzt bin ich selbst Oma und möchte auch hinter die Sterne schauen. Ich habe kein Enkelkind, das mein Himmelslicht übernimmt. Willst du meinen Stern?

Etwas verlegen ob dieses sonderbaren Geschenkes sagte ich: „Ja."

So bekam ich etwas geschenkt, das mir niemand nehmen kann, eigentlich das schönste Geschenk meines Lebens.

Ein Stern am Himmel war „Meiner".

P. Norbert Possmann

89. Der Schattenengel

Hinführung: Ein Engel erblickt bei allem Jubel um das Kind in der Krippe nur die dunklen Bilder auf der Erde. Als Schattenengel versucht er fortan, geprüften Menschen beizustehen.
Vorlesedauer: ca. 3 Minuten.

Von Anfang an war es dunkel um ihn gewesen. War es, dass eine dunkle Wolke über ihn gezogen war, als der himmlische Anhauch die anderen Engel berührt hatte, oder war es Luzifer selbst gewesen, dessen dunkle Flügel ihn gestreift hatten?

So viel war sicher: Das Gesicht des Schattenengels war nicht von Licht umflossen wie das Antlitz der anderen Engel der himmlischen Heerscharen. Er stand auch immer etwas abseits, meist ganz hinten in der letzten Reihe, wenn der himmlische Chor seinen Jubelgesang probte.

Während die anderen Engel mit fröhlichem Tun beschäftigt waren, himmlisches Backwerk und glitzernden Tannenbaumschmuck zu zaubern, hockte er abseits auf einer dunklen Regenwolke, kämmte die zerzausten Haare einiger unwilliger Wolkenschafe und schaute wieder und wieder auf die dunkle Erde hinab. „Der Schattenengel hat mal wieder traurige Gedanken!", flüsterten die anderen Engel und wandten sich ab.

Ihre Augen, gewohnt an glitzernden goldenen und silbernen Sternenschmuck, erblickten nicht die dunklen Bilder, die unten auf der Erde vorbeizogen. Der dunkle Engel aber sah die fliehenden Menschen auf verschneiten Wegen, die durch Eis und Kälte davonhasteten, vorbei an zerstörten Häusern und verbrannten Bäumen. Er sah voll beladene Schiffe, die dem Grauen des Krieges zu entkommen suchten. Er sah verletzte Kinder und alte Menschen in den Krankenhäusern. Er sah Kränze, immer mehr Kränze auf den verschneiten Gräbern. Und er sah Menschen, deren Herzen in den Weihnachtstagen beladen waren von Kummer und Schmerzen, die allein saßen ohne Kerze und Tannengrün. Nicht abwenden konnte er sein dunkles Gesicht von dem Elend der Menschen auf der Erde.

Als die anderen Engel ihm zuriefen, dass es höchste Zeit sei, auf die Erde zu fliegen und den Menschen die frohe Botschaft von der

Ankunft des Heilandes zuzurufen, da stand er zögernd auf und folgte ihnen. Aber er konnte nicht mehr wie die hellen Lichterengel hoch über dem Gestein auf dem Hirtenfeld schweben und aus der Höhe seinen Lobgesang erschallen lassen.

Sein dunkler Flügel streifte schwer auf dem Boden, der ihn festzuhalten schien. Und als die anderen Engel sich wieder emporhoben und den himmlischen Glanz mit sich nahmen, da kauerte er in der Finsternis auf der kalten Erde. Er legte die gebrochenen Flügel ab und lief mit schmerzenden bloßen Füßen den Hirten nach, der Krippe entgegen.

Als die Hirten und Könige ihre Gaben dargereicht und wieder fortgezogen waren, als Maria und Josef erschöpft eingeschlafen waren und die Dunkelheit das Höhlengestein ergriff, da kniete er neben dem Kind. Sein Schattenmund formte bittere, schwere Klageworte, alle Traurigkeit, alles Elend der Welt floss aus ihm hervor.

Da spürte er, wie das Kind seine kleine Hand auf sein Antlitz legte und ihm zuflüsterte: „Du wirst der Engel sein, der die Dunkelheit und Not der Welt in sich aufnimmt. Du wirst sie nicht verbannen können, denn sie gehört zu den Menschen wie die Freude und das Licht. Aber du kannst vielleicht die Menschen spüren lassen, dass sie in all ihrer Angst nicht allein sind; dass Gott ihnen ganz nahe sein will – auch in Nacht und Dunkelheit."

Da erhob sich der Schattenengel und suchte mit schweren Schritten den Weg zu den Menschen. Gerade in den dunklen Weihnachtstagen können wir ihm begegnen.

Barbara Cratzius

90. Mutter wacht auf

Hinführung: Eine junge Mutter gerät in ein Trauma, aus dem sie beinahe nicht erwacht wäre.
Vorlesedauer: ca. 5 Minuten.

Meine Eltern heirateten 1939, in dem Jahr, als Großvater starb. Mutter war gerade achtzehn Jahre alt geworden, Vater war Berufssoldat bei der Luftwaffe. Ich wurde 1941 mitten im Krieg geboren, meine Schwester drei Jahre später. Mein Vater hat sie nur ein einziges Mal gesehen, als er einen kurzen Heimaturlaub machte. Wenige Monate später kam völlig unerwartet die Nachricht, dass mein Vater gefallen war – für das Großdeutsche Reich und für den Führer.

Für meine Mutter brach eine Welt zusammen. Sie schloss sich in ein Zimmer ein und ließ sich Tage nicht mehr sehen. Sie war nach anfänglichem Toben stumm und sprachlos geworden. Danach kümmerte sie sich einfach nicht mehr um uns Kinder und haderte mit Gott und den Menschen, die ihr das angetan hatten. Meine kleine Schwester war doch gerade erst sechs Monate alt und musste gestillt werden. Durch den erlittenen Schock konnte meine Mutter sie aber nicht mehr stillen, meine kleine Schwester drohte schlichtweg zu verhungern.

In dieser schweren Zeit ersetzte Großmutter uns die Mutter und legte all ihre Kraft in den Erhalt unserer Familie. Sie fand einen gütigen Bauern, der ihr jeden Tag kostenlos frische Milch für uns Kinder gab. Meiner Mutter konnte aber leider niemand helfen. Ihr Schmerz saß sehr tief, sie weinte nur still vor sich hin und nahm ihre Umwelt nicht mehr wahr. Ein befreundeter Arzt meinte damals, dass sie verloren sei, wenn nicht ein Wunder geschehe.

Es wurde Weihnachten, und das fiel diesmal sehr traurig aus. Trotz allem ließ sich Großmutter nicht beirren. Sie sammelte Holz im Wald, damit wir nicht frieren mussten. Selbst als schon Schnee lag, suchte und sammelte sie noch.

Wie es sich für eine christliche Familie gehört, wurde die Geburt Jesu und die damit verbundene Hoffnung und Zuversicht gefeiert. Großmutter bereitete alles dafür vor. Für uns Kinder wurden sogar kleine Geschenke gebastelt. Oma strickte mir aus Wollresten eine

Schlenkerpuppe, die ich lange Zeit sehr liebte. Ich klammerte mich an mein Püppchen und meine Augen strahlten vor Glück. Gustav von nebenan hatte für alle Pantoffeln gemacht. Die Sohlen waren aus alten Autoreifen und der Rest aus Filzdecken genäht – einfach, warm und nützlich.

Meiner Schwester ging es dank der guten Pflege auch besser. Vor dem Essen wurde wie immer gebetet und Gott dem Herrn gedankt. Es gab nicht viel zu essen: ein paar harte Plätzchen und einen Kuchen aus Maisgrieß – das war eine Köstlichkeit und eine willkommene Abwechslung, denn meist gab es nur eine einfache Kartoffel- oder Gemüsesuppe, oftmals aber auch nur ein trockenes Stück Brot.

Ein kleiner Weihnachtsbaum mit spärlichem Schmuck stand in der Ecke und ein paar Kerzen brannten still vor sich hin. Es war ein getrübtes Fest, viele Männer und Frauen waren Opfer des Krieges geworden. Alles erschien so sinnlos. Immer war die Angst da, wieder in den Keller zu müssen, um Schutz zu suchen, wenn feindliche Flieger im Anflug waren. Zwei Söhne von Gustav waren auch schon gefallen; mein Onkel lag schwer verwundet im Lazarett und ein Neffe hatte sein Bein verloren. Er war gerade einmal achtzehn Jahre alt.

Doch an diesem Abend geschah überraschend ein Wunder, man könnte auch sagen, ein Weihnachtswunder. Waren es die Lieder, die wir sangen oder war es die besondere Atmosphäre – wer weiß?: Zum ersten Mal nach langer Zeit kam unsere Mutter auf uns zu. Sie umarmte uns, küsste meine kleine Schwester und mich und brachte uns, als wir müde waren, zum Schlafen in unsere Bettchen. Sie war an diesem Abend aus ihrem Trauma erwacht.

Von nun an kümmerte sich Mama wieder um uns. Das war eine große Erleichterung für unsere Großmutter. Ganz sicher ist Mutter in der Heiligen Nacht bewusst geworden, dass sie leben musste für uns Kinder. Und Gott gab ihr die Kraft dazu.

Ellen Juen

91. Die Macht der Christnacht

Hinführung: Was die Botschaft von Weihnachten für eine Macht hat, erzählt ein Soldat, der im russischen Kessel überlebt hat.
Vorlesedauer: ca. 5 Minuten.

Ein deutscher Soldat berichtet von den Kämpfen im Zweiten Weltkrieg vor den Toren Moskaus: Ich war Nachrichtenoffizier einer Panzerabteilung. Nur etwa einhundert Mann unserer Einheit lebten noch. Wir bekamen an Heiligabend den Befehl, uns in Kromy, einem Städtchen südwestlich von Orel, zu sammeln.

Wir freuten uns wahnsinnig auf die Feldpost von Daheim: Päckchen und Briefe, die uns wochenlang nicht erreicht hatten. Jetzt wollten wir unsere erste Weihnacht in Russland feiern. Wir fanden eine halb verfallene russische Kirche. Der Schnee lag kniehoch im Innenraum und Eiszapfen hingen in den leeren Fensterhöhlen. Wir stellten zwei Fichten auf und schmückten sie mit Kerzen und Lametta aus den Weihnachtspäckchen. Während junge Soldaten begeistert aus rohen Brettern einen klobigen Altar zimmerten, kam ein aufgeregter Melder und händigte mir den dringenden Funkspruch aus: „Russische Truppen, in Zivil verkleidet, rücken auf Kromy vor!"

Nein, ich wollte nicht glauben, dass die Russen gerade in den nächsten beiden Stunden an Heiligabend hier aufkreuzen würden. Ich gab die Nachricht nicht an meinen Kommandeur weiter. Ich wusste, darauf stand: Erschießen! Aber ich wollte meinen Kameraden diese Stunden nicht stehlen. Wir stellten Posten auf.

Andächtig feierten wir den Gottesdienst. Der Feldgeistliche am schmucklosen Altar wurde von den flackernden Kerzen der beiden Christbäume angestrahlt. Lautlos schwebten die Schneeflocken durch das zerrissene Kirchengewölbe. Als ich mich einmal umschaute, um in die Gesichter meiner Kameraden zu schauen, glaubte ich meinen Augen nicht zu trauen: Kopf an Kopf standen die Einwohner von Kromy hinter uns. Es waren bärtige Männer mit Rindensandalen an den mit Lumpen bedeckten Beinen, Frauen in abgeschabten Schafpelzen und dunklen Kopftüchern. Aber noch nie im Leben hatte ich so schöne, so gläubig verklärte Gesichter gesehen. Wie lange mochte es her sein, dass diese gequälten Menschen an einem Gottesdienst hatten teilnehmen können?

Mein Blick glitt von Gesicht zu Gesicht. Da entdeckte ich plötzlich in einer dunklen Ecke eine Gruppe von jungen russischen Männern. Sie hielten trotzig die Pelzmützen auf dem Kopf, und ich sah in ihren Augen unheimlichen Hass; Augen, die man nie vergisst. Mitten unter ihnen eine hohe, schlanke Gestalt mit scharf geschnittenem Gesicht und intelligentem Blick. Da fuhr es mir wie ein Blitz durch den Kopf: der Funkspruch! Glühend heiß rann es mir den Rücken hinunter: Was alles hätte jetzt passieren können!

Als eine alte Frau mit schneeweißem Haar bei der Wandlung aufschluchzend in den Schnee sank und mit zittriger Hand das Kreuzzeichen über sich schlug, erschienen mir die Gesichter der jungen Russen nicht mehr so teilnahmslos und spöttisch. Und als zum Schluss der Feldgeistliche den Segen erteilte, nahm der auffallende Mann in der Mitte der Gruppe – ich konnte ihn jetzt gut sehen, weil wir alle im Schnee knieten – umständlich die Pelzmütze ab und senkte den stolzen Kopf. Und alle jungen Männer um ihn herum folgten zögernd seinem Beispiel.

Dann stimmten zwei Mundharmonikas das Weihnachtslied an „Stille Nacht, Heilige Nacht!" Langsam leerte sich das Gotteshaus. Ich verließ es als Letzter.

Draußen trat mir der Mann mit den Offiziersstiefeln entgegen. In seinem Blick war ein eigenartiger Glanz. In holprigem Deutsch sagte er feierlich und bedächtig: „Christ ist geboren!" Er küsste mich auf beide Wangen – so war es ja Brauch im alten Russland. Wir drückten uns fest und lange die Hand. Er sagte kein Wort mehr.

Seltsam, als er zum Ort zurückging, nahm er nicht den ausgetretenen Pfad, nein, er ging mitten durch den knietiefen Schnee.

Hans Schäufler

92. Der junge Hirte

Hinführung: Wir hören eine Begebenheit aus russischer Gefangenschaft am Weihnachtsabend 1946.
Vorlesedauer: ca. 5 Minuten.

Nie hat man sich in der Gefangenschaft die Decke schneller über die Ohren gezogen als am Weihnachtsabend. Nur nichts sehen, nur nichts hören! Nur schlafen, schlafen, um nicht vor Heimweh zu sterben!

So lag ich auch am Weihnachtsabend 1946 in einem dumpfen Erdbunker in Russland, eingerollt wie ein Igel, unter meiner Decke. Eben als ich einschlafen wollte, rüttelte mich einer. „Ich habe schon Wasser getragen, ich tu heut' keinen Streich mehr", brummte ich unter meiner Decke.

„Brauchst kein Wasser zu tragen. Komm, wir sitzen auf meiner Pritsche, und der kleine D. will uns etwas von Weihnachten erzählen."

„Lass mich in Ruh', ich will nichts von Weihnachten hören", rief ich verärgert. Aber schon zog mir mein Landsmann – das war der Störenfried – die Decke vom Gesicht und holte mich ziemlich unsanft von meiner Pritsche herunter.

„Was will uns der kleine D. von Weihnachten erzählen?"

„Der wird schon was erzählen können, du, der hat auf Pfarrer studiert."

„Jetzt soll ich mich wohl noch anpredigen lassen?"

Wir kamen an eine Ecke des Bunkers, wo vier Gestalten um ein kleines Öllämpchen saßen. „Komm mit!", sagte mein Landsmann, „da sind wir beieinander."

Da war auch der junge Theologe. Ich kannte ihn. Er arbeitete in einer Nachbarbrigade, die auf Loren Erde fahren musste. Und wie plagten sich die armen Kerle, um ihre Norm zu erfüllen! Da hat mir der junge D. manchmal leid getan. Dass er Theologe war, wusste ich nicht.

Man rückte auf der Pritsche zusammen, um für mich noch Platz zu machen. Dann fing D. an. Er predigte nicht. Nein, er fing an zu erzählen. Er erzählte von der Heiligen Nacht wie einer, der selbst mit dabei war. Ja, war das denn noch der junge Pfarrer, der da erzählte? Oder war da vielleicht gar einer der Hirten von Bethlehems Fluren zu uns unter die Erde gekommen? Ja, so klang es. Man meinte, ihm noch den Schrecken abzuspüren über das grelle Licht, das plötzlich vom Himmel kam. Und seine Augen leuchteten auf, und seine Stimme fing an zu jubeln an, als hätte er eben erst den Chor der Engel vernommen: „Ehre sei Gott in der Höhe." Und auf einmal saßen wir nicht mehr in unserem dumpfen Bunker, wir waren hineingeführt in den Stall zu Bethlehem, und nun standen wir anbetend an der Krippe.

Bisher hatte ich nur Worten gelauscht. Da fiel mein Blick auf das schmale Gesicht des jungen Pfarrers und mir schien, als sähe ich den jungen Hirten, der daheim in unserer Weihnachtskrippe mit einem Körbchen vor dem Kind in der Krippe stand. Ja, so hatte er auch ausgesehen, genau so. Meine Mutter hatte mir einmal erlaubt, ihn aus dem Krippenhäuslein herauszunehmen und ihn anzugucken. Er hatte wirklich so ausgesehen wie der junge Pfarrer, genauso fröhlich, genauso andächtig.

Langsam brannte das Lämpchen nieder. Wir drückten uns die Hand und verkrochen uns auf unseren Pritschen.

Am Weihnachtsmorgen kam mein Nachbar zu mir und sagte: „Da vorne liegt ein Toter!"

„Wer ist denn das?", fragte ich.

„Ich kenn ihn nicht", war die Antwort.

„Dann kenn ich ihn auch nicht." Damit war die Sache abgetan. Denn dass einer früh plötzlich nicht mehr aufwachte, war bei uns keine Seltenheit. Kurze Zeit darauf kam mein Landsmann, der mich am Abend abgeholt hatte, nahm mich bei der Hand und sagte: „Komm mit, ich will dir was zeigen."

„Wollt ihr wieder Weihnachten feiern?", fragte ich.

„Ja, wir wollen Weihnachten feiern."

Er führte mich an die Pritsche, auf der wir am Abend vorher gesessen hatten. Da lag der junge D. friedlich schlafend. „Und was willst du jetzt von mir?", fragte ich. „Dass wir mit ihm noch einmal Weihnachten feiern?" „Noch einmal?" „Ja, noch einmal", entgegnete mein Landsmann. „Denn gleich tragen sie ihn hinaus!"

Da wurde ich erst gewahr, dass wir vor einem Toten standen. Und wir haben mit ihm noch einmal Weihnachten gefeiert. Doch was er jetzt schaute, konnte er uns nicht mehr erzählen.

Gabriel Busch

93. Die Ferntrauung

Hinführung: Ein Kind ist unterwegs. Der Vater an der Front. Eine so genannte Kriegstrauung war dann angesagt mit zwei Trauzeugen in einem kahlen Raum. Und das Schlimmste traf ein …
Vorlesedauer: ca. 5 ½ Minuten.

Noch bevor der Sommer begann, begann mein Glück. Der Sommer war besonders schön in diesem Jahr, aber viel zu kurz. Hans hatte Urlaub, Fronturlaub. „Bist du glücklich?", fragte er mich und nahm mich zärtlich in seinen Arm. Ich nickte.

„Nur", ergänzte ich zögernd und wurde dabei rot, „ich wäre so gerne deine Frau." Einen Augenblick schwiegen wir beide.

„Dieser verdammte Krieg", sagte Hans dann, „wenn er doch nur schon vorbei wäre, dieser verdammte Krieg. Wer weiß, was da noch alles auf uns zukommt. Besser ist es, wir heiraten, wenn der Krieg zu Ende ist; lange kann es ja nicht mehr dauern, dann heiraten wir."

Er sah in meine Augen und war ganz ernst. „Vor dem Herrgott bist du ja schon meine Frau, und vor den Menschen wirst du es bestimmt, sobald ich zurückkomme." Ich kuschelte mich in seine Arme und war glücklich.

Die Tage vergingen. Wunderschöne, viel zu kurze Tage. Nun war ich wieder allein. Besonders gut fühlte ich mich nicht, darum ging ich auch eines Tages zu unserem guten, alten Doktor. „Ja, Mädchen", sagte er, „du wirst Mama." Kaum konnte ich es glauben, doch dann freute ich mich. Briefe an die Front gingen hin und kamen her. „Dann machen wir eine Kriegstrauung", schrieb Hans, „damit das Kind meinen Namen hat, und ich freue mich auf unser Kind", so schrieb er in jedem Brief.

Und dann saß ich da, mit zwei Trauzeugen in einem kahlen Raum; meine Hochzeit hatte ich mir ganz anders vorgestellt. Der Standesbeamte schob mir einen Bogen hin, ich unterschrieb mit meinem neuen Namen und war nun Hans' Frau.

Die Zeit verging. Ich strickte, ich häkelte in Grün und Weiß, Mützen, Höschen, Jäckchen, und ich schrieb Briefe an die Front, täglich. Und sooft Hans Zeit hatte, schrieb er zurück, und immer schrieb er, wie sehr er sich auf das Kind freue.

Dann kamen eines Tages zwei Männer, der Herr Bürgermeister und der Herr Pastor, auf unseren Hof. Sie brauchten nichts zu sagen, kein Wort, ich wusste auch so, dass Hans gefallen war, tot. Und in mir war nun auch alles tot. Ich weinte nicht, ich sagte nichts, ich fühlte nichts. Alle meine Lieben waren gut zu mir, liebevoll, mir war alles egal, wie eine Marionette bewegte ich mich, stopfte wahllos Essen in mich hinein und wurde immer runder. Das Kind in mir bewegte sich, aber ich fühlte nichts dabei. Täglich stand ich am Fenster und wartete auf den Briefträger, aber er ging immer vorbei.

„Heute ist nun Heiligabend", sagte Mutter, „willst du nicht die kleine Tanne mit Kerzen und Kugeln ausputzen?" Ich schüttelte den Kopf, zog meinen Mantel an, nur der obere Knopf ging noch zu, so rund war ich inzwischen geworden, band mein Kopftuch um und ging nach draußen. Hoher Schnee lag, ein kalter Wind blies. Bis an den Waldrand wollte ich gehen. Eine junge Frau kam mir entgegen, ganz in Schwarz. Sie wohnte noch nicht lange hier bei uns im Ort: sie waren evakuiert, drei Kinder. Die beiden Kleinen hielt sie an der Hand, ein etwas größerer Junge trug eine kleine Tanne. Die Frau nickte mir freundlich zu. „Ihr Mann ist ja auch gefallen", ging es mir durch den Sinn, „drei Kinder ohne Vater, und trotzdem holen sie eine Tanne, und trotzdem wird es Weihnachten."

Ein stechender Schmerz ging durch meinen Körper; erschrocken legte ich beide Hände auf meinen Leib, und nach einer Weile wieder dieser Schmerz. Ich drehte um und ging den Weg zurück nach Haus.

„Mädchen", empfing mich meine Mutter, „wie siehst du denn aus?" In der guten Stube war schon der eiserne Ofen angeheizt, der geschmückte Weihnachtsbaum stand in der Ecke. Mein Bett wurde aufgestellt, denn oben in der Schlafkammer war es zu kalt. Unser guter, alter Doktor kam mit seiner großen Tasche. Und nun ging alles glatt und schnell. „Da haben wir ja ein richtiges Christkind", sagte er und legte mir etwas Warmes, Weiches in die Arme, an die Brust. Und nun plötzlich fühlte ich etwas. Dieses Warme, Weiche in meinen Armen fing an zu weinen, und es waren so liebliche Töne. „Mein schönstes Geschenk", musste ich denken, „ein Geschenk meines Mannes oder ein Geschenk des Himmels?" Mein kleiner Sohn.

Und nun wusste ich plötzlich, dass ich leben musste, stark sein musste für diesen kleinen Sohn. Jetzt sah ich auch den Weihnachtsbaum und die kleinen Jäckchen und Mützchen darunter.

Der Schein der Kerzen fiel auf ein Bild an der Wand, das Bild meines Mannes, und nun weinte ich, aber es war nicht nur Trauer oder Erlösung, es war auch Freude in mir, und in der Ferne hörte ich die Kirchenglocken läuten und dachte: „Frieden auf Erden."

Gertrud Grothe

94. Herr Kreuzer zündet die Kerzen an

Hinführung: Es gibt alte Menschen, die werden immer barmherziger, und es gibt welche, die werden immer sturer und verbitterter. Ob durch einen Eispanzer noch etwas durchdringen kann?
Vorlesedauer: ca. 4 Minuten.

Leicht hat's der Kreuzer nie gehabt. Den Hof hat er nicht halten können. Die Zeiten waren schlecht. Die Landwirtschaft rentierte sich nicht mehr. Er hat verkaufen müssen. Was er herausschlagen konnte, war das Wohnrecht auf Lebenszeit. Zwei Zimmer und Küche. Eins für sich, eins für die Tochter, die in der zehn Kilometer entfernten Fabrik arbeitete.

Die Frau war ihm früh gestorben. Die Tochter besorgte ihm den kleinen Haushalt. Leicht hat's der Kreuzer nie gehabt. Aber selbst wenn er's leichter gehabt hätte – er gehörte zu den Menschen, die sich nichts schenken lassen wollen. Zu denen, die sich's schwer machen.

Und schließlich weiß man nicht mehr: ziehen sich alle von ihm zurück, weil er's einem so schwer macht, oder macht er sich's so schwer, weil er vereinsamt. Immer mehr.

Schließlich wechselte auch der neue Bauer gerade noch den Tagesgruß mit ihm. „Er verbittert", sagte er zu seiner Frau, „er sieht aus, als hört er nix, wenn ich ihn anred. Versuch du's. Auf dich hört er noch."

Die Frau seufzte und nickte. Es hatte einen Grund, dass der Kreuzer sich noch mehr zurückzog, und sie wusste den Grund. Die Tochter erwartete ein Kind. Jeder wusste es.

Einmal hatte sie mit dem Kreuzer darüber gesprochen.

„Was hat er g'sagt?", fragte der Bauer seine Frau. „Die Schand", hat er g'sagt. „Und du?"

„Ich hab g'sagt, dass er nicht so sein soll und dass wir im 20. Jahrhundert leben. Aber er hat g'sagt: ‚Schand is Schand'."

„Und?" „Ich hab g'sagt, dass es vielleicht ein Christkindl gibt."

„Und?" „Er hat g'sagt: ‚I pfeif drauf.'"

„Wo soll's denn kommen?", fragte der Bauer.

„Im Haus", sagte die Bäuerin, „sie will's hier haben. I hilf ihr."

Am Morgen des 24. Dezember war so viel Schnee gefallen, dass sie die Türen freischaufeln mussten. Dieser Tag ist der kürzeste im Jahr, weil's immer noch mehr zu tun gibt, als man noch so sorgfältig vorbereitet. Für Kreuzer war er so lang wie jeder andere.

Die Bäuerin hatte ungefragt einen Krug mit Tannenzweigen und Kerzen in sein Zimmer gestellt. Er saß am Fenster, den Stock zwischen den Knien, hatte sich nicht gerührt. Die Bäuerin hatte ein Mittagessen auf seinen Tisch gestellt und nach einer Stunde wieder hinausgetragen.

Die Tochter lag in ihrem Zimmer. Es war so weit.

Kreuzer saß im dunklen Zimmer am Fenster.

Als er das Kind weinen hörte, stand er auf. Er blieb noch lange, auf seinen Stock gestützt, am Fenster stehen und rührte sich nicht. Dann ging er langsam hinaus. Kurz darauf hörte das Weinen auf.

Draußen fiel kein Schnee mehr. Die Sterne standen groß und klar über dem Wald und den weißen Feldern. Es war sehr kalt.

Als der Bauer und seine Frau am Tisch saßen, wollte er wissen, wie alles gegangen sei. „Gut", sagte sie, „fürs erste Kind. Der Bub ist groß und kräftig."

„Und er?", fragte der Bauer. „Er ist gekommen."

Der Bauer sah seine Frau an. „Und?" „Ich bin hinaus, als er gekommen is. Nachher war Licht in seinem Zimmer. Da bin ich zu ihm."

„Was hat er g'sagt?" Sie bekam ein feierliches Gesicht und saß ganz aufrecht und sprach ganz nach der Schrift: „Er hat gesagt: ‚Ich hab das Kind gesehen'."

Als der Bauer mit seiner Frau zur Christmette ging, sahen sie, dass im Kreuzerzimmer die Kerzen brannten.

Catarina Carsten

95. Nachdenken Josefs

Hinführung: Wir meinen immer, Maria und Josef hätten alle Schwierigkeiten mit einem unerschütterlichen Glauben überwunden. Wir hören am Beispiel Josefs, dass sie auch nur Menschen waren und darum manchmal voller Zweifel – wie wir.
Vorlesedauer: ca. 5 Minuten.

Ich geh ein wenig vor die Tür", sagte Josef. Und Maria sagte: „Ja."
„Wenn du etwas willst, brauchst zu nur zu rufen", sagte Josef. Und Maria sagte: „Ja."
„Ich will nur ein bisschen Luft schnappen."
Maria sagte: „Ja, Josef, geh nur. Ich brauche nichts. Es ist alles gut."
Josef schaute über die linke Schulter zurück. Verlegen ein wenig und verworren, sah er, wie sie sich über das Kind beugte; sah, wie sie mit der Hand versuchte, es zu streicheln. Sie flüsterte etwas, aber er konnte es nicht verstehen. Er wusste nicht, was sie zu dem Kind sagte: Nur, dass er die beiden jetzt allein lassen musste, das wusste er. Dass er jetzt hier raus musste, das wusste er. Es ging über seinen Verstand. – Nicht, dass die plötzliche Geburt ihn überrascht hatte. Das nicht. Das war kein Wunder. Die neun Monate waren um. Dazu kam die Anstrengung der letzten Tage. Und seit wann nahmen die Behörden Rücksicht auf die Leute?
Ja, ich hätte es mir damals überlegen sollen! Und Josef dachte an den Engel, der ihn aus dem Schlafe geschreckt hatte; erinnerte sich seiner Worte, dieser unglaublichen Botschaft: „Sie wird ein Kind haben ohne dich!"
„Ein Kind von einem anderen also!"
„Ja, von einem anderen. Aber nicht so, wie du denkst. Nicht von einem Manne, Josef."
„Das soll ich verstehen? Ich bin ein Zimmermann, Engel! Ich kann nicht einmal lesen. Das ist doch kein Grund, mich zu verspotten!"
Und er quälte sich. Und er dachte: Ich träume! Biss sich in den Finger; schrie auf vor Schmerz, so biss er zu; und schwieg, als er die Stimme des Engels wieder hörte: „… die Leute werden ihn Immanuel nennen. Verstehst du jetzt, Zimmermann? Immanuel!"

Doch Josef hörte ihn nur; verstehen konnte er ihn nicht. Nicht um alles in der Welt. Tat nur, was der Engel ihm sagte. Verließ das Haus, ging zu ihr und sagte: „Komm zu mir, Maria!" Und nahm sie schüchtern bei der Hand – Was ist sie nur für eine Frau? – und vertraute auf den Spruch des Engels. – Der Herr hat gesprochen. Der Herr weiß, was er tut. Der Herr wird seine Hand über uns halten.

Lange stand Josef draußen vor der Tür. Von den Bergen her kam kalter Wind. Er kühlte seine heißen Schläfen, das heftig pochende Herz. Seine zitternden Hände beruhigten sich nur langsam. Immer wieder war er versucht, die Tür einen Spaltbreit zu öffnen, um zu sehen, ob da drinnen nicht doch noch das große Wunder geschah, auf das er wartete. Das Wunder, das diesen miserablen Stall verwandelte. In eine Wohnung für Immanuel. „Wo bist du, Engel, wo ist dein Versprechen?"

Aber es gab keinen Engel, gab keine Antwort – nur den Wind. Einen kalten Wind, der kalkigen Staub mitbrachte von den Bergen, Schafsgeruch von den Herden, Hundegebell.

„Ich bin nur ein einfacher Mann, Engel!", stöhnte Josef, „zimperlich bin ich auch nicht. Auch zu Hause hätten wir uns einen Arzt nicht leisten können. Sicher nicht. Aber zu Hause, da wären die Nachbarn da gewesen. Und vielleicht wäre auch Elisabet für ein paar Tage herübergekommen. Aber so, wie soll ich hier, vor dieser elenden Tür, dein Versprechen deuten? Das meine halten? Ich schäme mich, Engel! Nicht einmal eine Bank in einer billigen Kneipe habe ich auftreiben können. Eine Bank neben dem Fenster, neben dem Herd. Kein Tropfen heißes Wasser – weißt du überhaupt, was das heißt, Engel?" Josef schlug seinen Kopf gegen das Gatter und flüsterte: „Nichts als ein paar brüchige Bretterwände, die kaum die ärgste Kälte abhalten, eine Laterne mit einem Kerzenstummel, ein Ochse und ein Esel – für deinen Immanuel!"

Er spürte die Tränen nicht, die ihm übers Gesicht liefen. Er spürte den Frost nicht, der ihn schüttelte. Er fürchtete sich vor morgen und übermorgen. Maß ja alles an der Elle von heute.

Da hörte er Stimmen. Stimmen von Männern und Kindern. Und einer rief: „Dort drüben in der Hütte, dort muss es sein. Ich sehe Licht!"

Da glaubte er wieder.

Kurtmartin Magiera

96. König, Bauer und Knecht

Hinführung: Alle Menschen haben Angst, ob König, Bauer oder Knecht. Es kommt darauf an, die Kraft zu finden, die die Angst überwinden lässt.
Vorlesedauer: ca. 4 Minuten.

In der Nähe Bethlehems lebten vor zweitausend Jahren ein König, ein Bauer und ein Knecht. Wenn der König auf seinem Pferd durch die Straßen ritt, fiel der Bauer vor ihm auf die Knie und küsste den Saum seines Gewandes. Wenn der Bauer auf seinem Esel über die Felder ritt, verneigte sich der Knecht und nahm seinen Hut vom Kopf. Wenn aber der Knecht jemandem begegnete, wurde er von niemand gegrüßt. Nur ein kleiner herrenloser Hund hängte sich eines Tages an ihn und wollte nicht mehr von ihm weichen.

Wenn der König schlechter Laune war, ließ er den Bauern für einen Tag ins Gefängnis werfen. Wenn der Bauer zu viel getrunken hatte, rief er den Knecht und ließ ihn am Feiertag Holz hacken. Wenn der Knecht unglücklich war, pfiff er den kleinen herrenlosen Hund und schlug ihn mit dem Stock. So fürchteten sich der Bauer vor dem König, der Knecht vor dem Bauern und der Hund vor dem Knecht. Aber auch der König fürchtete sich. Er fürchtete sich vor dem Tod.

Der König verbot seinen Kindern, mit den Kindern des Bauern zu spielen. Der Bauer verbot seinen Kindern, mit den Kindern des Knechtes zu spielen. Der Knecht verbot seinen Kindern, mit dem kleinen herrenlosen Hund zu spielen. So fürchteten sich die Kinder des Königs, die Kinder des Bauern und die Kinder des Knechtes nicht vor dem Tod, nicht vor dem König, nicht vor einem Bauern und nicht vor einem Knecht. Sie fürchteten sich vor der Strafe. Die Kinder waren traurig, denn sie vermochten zwischen dem Kind eines Königs, dem Kind eines Bauern und dem Kind eines Knechtes keinen Unterschied zu erkennen.

Eines Tages aber stand über Bethlehem ein leuchtender Stern. In einem Stall mitten auf dem Feld war Christus geboren. Der König erfuhr es von den Weisen, der Bauer von den Hirten und der Knecht von einem Hütejungen. Die drei Weisen, die Hirten und der Hütejunge erzählten von den Begegnungen mit dem Kind, als ob sie ein großes Geschenk von ihm empfangen hätten. Ohne dass einer vom andern wusste, machten sich der König, der Bauer und der Knecht auf, das

Kind zu suchen. Als sie einander vor dem Stall mitten auf dem Feld trafen, waren sie verlegen. Aber Maria, die das Kind geboren hatte, lächelte ihnen zu und bat sie, näher zu treten. Und als sie das Kind in der Krippe erblickten, erfüllte sie plötzlich eine große Freude. Und sie taten, was auch die drei Weisen, die Hirten und der Hütejunge getan hatten: Sie knieten nieder und beteten es an.

„Nimm mir die Angst vor dem Tod", bat der König.

„Nimm mir die Angst vor dem König", bat der Bauer.

„Nimm mir die Angst vor dem Bauern", bat der Knecht.

Da fing das Kind an zu weinen, weil es ahnte, dass es für den König, den Bauern und den Knecht einst am Kreuze sterben würde.

Am frühen Morgen kehrten die drei Männer gemeinsam nach Hause zurück, der König in sein Schloss, der Bauer auf seinen Hof und der Knecht in seine Hütte. Nun wusste einer um des anderen Angst, doch der Glaube an das Kind schenkte ihnen die Kraft, sie zu überwinden.

Am folgenden Tag aber spielten die Kinder des Königs, die Kinder des Bauern und die Kinder des Knechtes zusammen mit dem kleinen herrenlosen Hund. Auch er brauchte sich nicht mehr zu fürchten.

Max Bolliger

97. Der Weihnachtsnarr

Hinführung: Auch auf einer mittelalterlichen Burg durfte ein Narr am Hofe nicht fehlen. Seine Aufgabe war es, bei aller Narretei den Punkt zu treffen, der Weisheit verriet.
Vorlesedauer: ca. 4 Minuten.

Im Morgenlande lebte vor zweitausend Jahren ein junger Narr. Und wie jeder Narr sehnte er sich danach, weise zu werden. Er liebte die Sterne und wurde nicht müde, sie zu betrachten und über die Unendlichkeit des Himmels zu staunen. Und so geschah es, dass in der gleichen Nacht nicht nur die Könige Kaspar, Melchior und Balthasar den neuen Stern entdeckten, sondern auch der Narr.

Der Stern ist heller als alle andern, dachte er, es ist ein Königsstern. Ein neuer Herrscher ist geboren. Ich will ihm meine Dienste anbieten, denn jeder König braucht auch einen Narren. Ich will mich aufmachen und ihn suchen. Der Stern wird mich führen.

Lange dachte er nach, was er dem König mitbringen könne. Aber außer seiner Narrenkappe, seinem Glockenspiel und seiner Blume besaß er nichts, was ihm lieb war. So wanderte er davon, die Narrenkappe auf dem Kopf, das Glockenspiel in der einen und die Blume in der andern Hand.

In der ersten Nacht führte ihn der Stern zu einer Hütte. Dort begegnete er einem Kind, das gelähmt war. Es weinte, weil es nicht mit den andern Kindern spielen konnte. Ach, dachte der Narr, ich will dem Kind meine Narrenkappe schenken. Es braucht die Narrenkappe mehr als ein König. Das Kind setzte sich die Narrenkappe auf den Kopf und lachte vor Freude. Das war dem Narr Dank genug.

In der zweiten Nacht führte ihn der Stern zu einem Palast. Dort begegnete er einem Kind, das blind war. Es weinte, weil es nicht mit den andern Kindern spielen konnte. Ach, dachte der Narr, ich will dem Kind mein Glockenspiel schenken. Es braucht das Glockenspiel mehr als ein König. Das Kind ließ das Glockenspiel ertönen und lachte vor Freude. Das war dem Narr Dank genug.

In der dritten Nacht führte ihn der Stern zu einem Schloss. Dort begegnete er einem Kind, das taub war. Es weinte, weil es nicht mit den andern Kindern spielen konnte.

Ach, dachte der Narr, ich will dem Kind meine Blume schenken. Es braucht die Blume mehr als ein König. Das Kind betrachtete die Blume und lachte vor Freude. Das war dem Narr Dank genug.

Nun bleibt mir nichts mehr, dachte der Narr, was ich dem neuen König mitbringen könnte. Es ist wohl besser, wenn ich umkehre. Aber als der Narr zum Himmel emporschaute, stand der Stern still und leuchtete heller als sonst. Da fand er den Weg zu einem Stall mitten auf dem Feld. Vor dem Stall begegnete er drei Königen und einer Schar Hirten. Auch sie suchten den neuen König. Er lag in einer Krippe, war ein Kind, arm und bloß. Maria, die eine frische Windel übers Stroh breiten wollte, schaute Hilfe suchend um sich. Sie wusste nicht, wo sie das Kind so lange hinlegen sollte. Josef fütterte den Esel und alle andern waren mit Geschenken beladen. Die drei Könige mit Gold, Weihrauch und Myrrhe, die Hirten mit Wolle, mit Milch und Brot.

Nur der Narr stand da mit leeren Händen. Voll Vertrauen legte Maria das Kind auf seine Arme.

Er hatte den König gefunden, dem er in Zukunft dienen wollte. Er wusste auch, dass er seine Narrenkappe, sein Glockenspiel und seine Blume für dieses Kind hingegeben hatte. Und das Kind schenkte ihm nun mit seinem Lächeln die Weisheit, nach der er sich sehnte.

Max Bolliger

98. Friede allen Völkern

Hinführung: Es ist gut, sich in unserer immer noch satten und oft unzufriedenen Welt klarzumachen, unter welch armseligen Umständen Menschen in einem Krieg Weihnachten feierten; wahrscheinlich viel tiefer und inniger.
Vorlesedauer: ca. 6 Minuten.

Es war 1945 in Waidmannsberg, Kreis Crailsheim. Wir waren Heimatvertriebene und hausten zu sechst in einer winzigen Kammer im Dachboden des Hauses von Landwirt Karl Wüster. Vater hatte auf wunderbare Weise nach kurzer US-Gefangenschaft wieder zur Familie gefunden. Unser Bruder Peter, geboren am 13. September 1944, lebte nicht mehr. Er hatte die Strapazen und den Hunger unserer Flucht nicht überstanden.

Alles war so trostlos! Nun aber stand Weihnachten vor der Tür, und uns Kindern zuliebe sollte es gefeiert werden. Mein jüngster Bruder Wulf und ich sammelten schon früh Stanniolstreifen, die büschelweise in Feld und Wald zu finden waren. Diese waren von feindlichen Bombern abgeworfen worden, die so die deutsche Radarüberwachung des Luftraumes ausschalten sollten. Wir wollten mit diesen Metallfäden als Lamettaersatz ein Bäumlein zum Fest schmücken! Außerdem schabten wir von aufgelesenen Seekartons, in denen die Truppenverpflegung der amerikanischen Soldaten angeliefert wurde, den dicken, braunen Wachsüberzug herunter und formten daraus in der warmen Hand kurze, gedrungene Kerzen, denen als Docht ein Bindfadenstück dienen musste.

Nur den Christbaum gab es nirgendwo. Die Forstleute waren noch in Gefangenschaft. Ein Verkauf fand nicht statt. Wer nicht glücklicher Waldbesitzer war, musste zum „Selbstversorger" werden, wollte er denn ein Bäumlein haben! Mit einem geliehenen Beil zog daher Vater mit uns Buben in den verschneiten Wald. Mit einer kleinen Fichte kehrten wir zurück.

Die Not war groß. So genügte der Familie eine nach langem Suchen endlich gefundene Fünf-Liter-Dose der US-Armee als einziger Kochtopf. Dies war ein Glücksfall für uns, waren doch sämtliche Proviantdosen, die von den US-Soldaten in Mengen in den Wald gekippt wurden, zuvor durchlöchert worden, damit sie nicht mehr verwendbar waren.

Weihnachten 1945 lag das Land fest im Griff eines schneereichen Winters. Damals war es Wulfens und meine Aufgabe, Brot zu besorgen. Dazu mussten wir auf schlechten Feldwegen an Haselhof vorbei, durch Mariäkappel und durch Gersbach bis nach Ellrichshausen zur Bäckerei Schöll marschieren. Dort sollten wir für unsere Brotmarken einige große Laibe Brot für eine ganze Woche einkaufen.

Auf dem Rückweg schleppten wir die kostbare Last den langen Weg in zwei weiten offenen Taschen zurück. Wegen des hohen Schnees blieb uns nichts anderes übrig, als den etwas weiteren Weg auf den doch eher passierbaren Fahrstraßen zu nehmen. Auf dem Heimweg waren wir ganz allein auf der tief verschneiten Straße. Verkehr gab es ja so gut wie überhaupt nicht so kurz nach dem Krieg und schon gar nicht bei dieser Witterung.

Müde und durchgefroren mühten wir uns auf der verwehten Hauptstraße Schritt um Schritt voran. Schon lag Haselhof hinter uns. Eben, als wir nach rechts einschwenken wollten in den Weg nach Waidmannsberg, kam uns doch noch ein Fahrzeug von Leukershausen her entgegen. Motorengeräusch war zu vernehmen und im Schneetreiben erkannten wir in der beginnenden frühen Dunkelheit dieses Tages einen Jeep der amerikanischen Truppen. Auch er hatte Mühe, durch den Schnee voranzukommen. Weit wichen wir beide aus bis in den Straßengraben, wo wir nun bis zur Hüfte im Schnee steckten. Das Fahrzeug wurde langsamer, dann hielt es auf unserer Höhe. Vier US-Soldaten waren unter dem beschneiten Verdeck zu erkennen. Zu unserem Schrecken öffnete einer von ihnen die Fahrzeugtüre, um uns heranzuwinken.

War unser Brot gar in Gefahr? Regungslos verharrten wir beide im Graben, mein Herz schlug mir bis zum Hals! Wieder winkte der Mann und deutete auf unsere Taschen. Wir streckten eine davon ihm entgegen, sodass er den Inhalt erkennen konnte. Er lachte und sprach mit seinen Kameraden. Durchgefroren, nur notdürftig durch ärmlichste Kleidung gegen Wind und Kälte geschützt, müssen wir Mitleid erregt haben, denn unvermutet streckte er uns eine Schachtel von etwa Schuhkartongröße entgegen. Ob er auch etwas sagte, das weiß ich nicht mehr, doch ich wagte mich nun die zwei oder drei Schritte ihm entgegen, um aus seiner Hand die Schachtel zu erhalten! Der Jeep fuhr an und wir standen mit dem gewichtigen Karton in unserem Besitz wieder allein da.

Wir wussten schon, dass wir eine Packung der Truppenverpflegung in den Händen hielten, hatten wir doch oft genug den riesigen Abfallhaufen der US-Soldaten im nahen Wald ergebnislos durchwühlt! Wie war da plötzlich der noch weite Weg verkürzt, wie wurde der Schritt wieder fest! In freudiger Erwartung eilten wir weiter, dem Heiligen Abend entgegen.

Und was das für ein Heiliger Abend wurde! Ein jeder von uns wurde reich bedacht mit Gaben, die es für die meisten von uns Deutschen derzeit nicht gab. Da waren vier Zigaretten in einem eigenen kleinen Schächtelchen mitsamt den damals so kostbaren Zündhölzern für Vater, pulverisierter Bohnenkaffee, Zucker und Trockenmilch in mehreren kleinen Briefchen für Mutter und Oma, Schokoladenriegel für uns drei Buben. Dieter mit seinen gerade vier Jahren kannte solche ja überhaupt noch nicht. Es gab den uns allen fremden Kaugummi, Corned-Beef, Bohneneintopf, Rosinenkuchen, Marmelade und Crackers, eine Art Trockenbrot, alles wohlverpackt in Dosen! Wurde das ein Weihnachtsfest für uns in einer Zeit der Armut, des Hungers, der Hoffnungslosigkeit!

So flackerten nun am Heiligen Abend die rußenden Flämmlein unserer Notkerzen von den Zweigen und ließen unser Lametta aufblitzen! Vater spielte auf seiner durch die Gefangenschaft geretteten winzigen Mundharmonika; Oma und Mutter sangen „O du fröhliche" und „Stille Nacht, Heilige Nacht". Was sie wohl gedacht haben mögen nach langen Jahren der verordneten Gottferne.

Jahre danach erinnerten wir uns noch an die Botschaft, die uns die feindlichen Soldaten in ihrem Militärfahrzeug verkündet hatten: Frieden allen Völkern!

Joachim Schülke

99. Die Legende vom Baum im Paradies

Hinführung: Legenden haben einen wahren Kern. Die fromme Fantasie der Menschen sieht Verbindungen, die der Glaube beflügelt. So hören wir die Legende vom Baum im Paradies.
Vorlesedauer: ca. 5 Minuten.

Oft hatte Adam seinen Kindern von den schönen Tagen im Paradies erzählt. Er senkte ihnen mit seinen Geschichten eine Sehnsucht ins Herz, die alle Menschen zu allen Zeiten seitdem in sich tragen: die Sehnsucht nach paradiesischem Frieden, frei von Angst, Schrecken und jeglicher Not. Schließlich auch frei von Krankheiten und vom Sterben.

Als Adam den Tod nahen fühlte, sagte er zu seinem Sohn Seth: „Mache dich auf, mein Sohn. Geh bis an die Pforten des Paradieses. Wirf einen Blick hinein und komm zurück und berichte mir, was du gesehen hast."

Seth brach auf und gelangte nach langer, mühevoller Wanderung zum Eingang des Paradieses. Schon von Weitem blendete ihn die helle Lichtgestalt des Engels, der dort Wache hielt. Sein flammendes Schwert glich zuckenden Blitzen, und Seth vermochte nicht, sich dem Garten zu nähern.

„Ich kenne den letzten Wunsch deines Vaters Adam", sprach der Engel. „Verhülle dein Haupt, presse die Hände gegen die Augen und tritt näher heran."

Seth tat, wie der Engel ihm befohlen hatte, und schritt vorwärts, ohne zu sehen, wohin er seinen Fuß setzte. Endlich sagte der Engel: „Nun schau! Aber wende dich nicht nach mir um. Kein Mensch kann den Himmelsglanz ertragen!"

Da nahm Seth die Hände von den Augen. Er sah die Herrlichkeit des Gartens Eden und er schaute und schaute. Es war ihm wie im Traum: Die wunderschönen Blumen, die spielenden Tiere, die Bäume und Gräser, ein Bild vollkommener Schönheit. Nur ein Baum reckte trockene Äste in den Himmel, kein grünes Blatt an seinen Zweigen, Risse in der Rinde, ein schwarzer, toter Riese. Das war der Lebensbaum. Da fiel Seth ein, was sein Vater Adam und seine Mutter Eva getan hatten. Er wurde sehr traurig. Er schloss die Augen und wollte umkehren. Doch der Engel befahl ihm: „Öffne die Augen und sieh!"

Seth gehorchte. Und er erblickte in dem dürren Geäst des Lebensbaumes eine Schlange. Die hatte seine Eltern so schändlich betrogen. Er presste voll Schauder seine Hände gegen die Augen und wollte fliehen. Aber der Engel sprach: „Sohn des Adam, schau ein letztes Mal in die Herrlichkeit des Gartens." Und noch einmal wagte Seth einen Blick in das Paradies. Da sah er schwebend in dem Lebensbaum eine Lichtgestalt, einen Menschen, ein Knabe noch.

„Das ist eure Hoffnung", sagte der Engel. „Wenn die Zeit sich erfüllt hat, wird Gott seinen Sohn senden. Er hat es versprochen. Nicht für immer werdet ihr verloren sein." Seth konnte sich von dem Anblick nicht losreißen. Der Engel aber sagte: „Nun kehre zurück zu deinem Vater und berichte, was du gesehen hast."

Da bedeckte Seth sein Haupt mit seinem Mantel. Bevor er sich jedoch auf den Rückweg machte, bat er den Engel: „Gib mir ein Zeichen, damit mein Vater weiß, dass ich wirklich die Herrlichkeit des Paradieses geschaut habe." Der Engel schenkte Seth drei Körner. „Samen von dem Baum, von dem Adam und Eva gegessen haben", sagte der Engel. „Lege sie unter die Zunge Adams, wenn er gestorben ist und du ihn zu Grabe trägst."

Als Seth zurückgekehrt war, erzählte er alles, was er erlebt und gesehen hatte. Adams Augen begannen zu glänzen. Ein Leuchten legte sich über sein Gesicht, als aus Seths Worten das Bild des Gartens Eden wuchs.

Bald darauf starb er hochbetagt. Seth legte ihm die Samen unter die Zunge, wie der Engel gesagt hatte. Aus Adams Grab wuchsen drei Bäume hervor. Im Laufe der Jahrhunderte wuchsen die drei Stämme zu einem zusammen. Der Baum wurde schließlich gefällt. Einen mächtigen Balken schlugen die Zimmerleute daraus. Der wurde für eine Brücke über den Kidronfluss verwendet. Später, viel später, geriet in Vergessenheit, woher der Balken stammte. Aber als der Kreuzesbalken für Jesus, den Messias, gebraucht wurde, da nahmen die Menschen eben diesen Brückenbalken vom Kidronbach, den Balken vom Baum des Lebens.

So geschah es, dass von diesem Baum zuerst Verderben und Tod ausgingen, dann aber durch den Tod Jesu aus eben diesem Holze die Erlösung zum ewigen Leben kam.

Nacherzählt von Willi Fährmann

Weitere geeignete Geschichten in diesem Buch
Die Nummern 3–5, 14–18, 21–30, 32–35, 37–56, 58–62.

Quellenverzeichnis

2 Im Dornenwald
Georg Dreißig, Das Licht in der Laterne
© Verlag Urachhaus, Stuttgart [11]2010

3 Das Haus der Varenka (gekürzte Fassung)
aus: „Varenka" von Bernadette Watts
© 1971 Nord Süd Verlag AG, Zürich/Schweiz

4 Der alte Baum war doch zu etwas nütze
© Monika Endres, Heidenfeld

5 Am Hirtenfeuer
Georg Dreißig, Das Licht in der Laterne
© Verlag Urachhaus, Stuttgart [11]2010

6 Die Sternenputzer
von Rolf Krenzer
aus: Ders./Musik: Detlev Jöcker, Kleine Kerze leuchte
© Menschenkinder Verlag und Vertrieb GmbH, Münster

7 Die Bärenweihnacht
© Little Tiger Verlag GmbH, Gifkendorf

8 Der Engel und der Hirtenjunge
von Ingrid Uebe
aus: Dies. Leselöwen-Weihnachtsgeschichten
© 2008 Loewe Verlag GmbH, Bindlach

9 Drei kleine Sterne
von Ernst Wichert
aus: Rut und Rudolf Brock (Hg.), Wunderweiße Nacht
© Seemann Henschel Verlag, Leipzig 1982

10 Ein Esel geht nach Bethlehem
von Gerda Marie Scheidl
© Nord Süd Verlag AG, Zürich/Schweiz

11 Tiere an der Krippe
© Hans Orths, Viersen

13 Bömmels Weihnachtsgeschenk
nach Hans May
aus: Ders., Bömmel feiert Weihnachten
© Verlag Ernst Kaufmann, Lahr

14 Ein Geschenk für Weihnachten
von Anne Faber
© Veronika Faber Erben, München

15 Wozu die Liebe den Hirtenknaben veranlasste
aus: Karl Heinz Waggerl, Und es begab sich
© Otto Müller Verlag, 50. Auflage, Salzburg 2000

16 Der rote Mohn
    stark verändert und verkürzt nach Elisabeth Bernet
    aus: Der Mantel des Sterndeuters
    © Paulusverlag, Fribourg
17 Christrosen für Maria
    von Ingrid Uebe
    aus: Dies., Leselöwen-Weihnachtsgeschichten
    © 2008 Loewe Verlag GmbH, Bindlach
20 Dinis Weihnachtswunsch
    © Bruno Horst Bull, München
21 Das Gesicht im Spiegel
    gekürzt nach Heinz Steguweit
    Quelle unbekannt
22 Weihnachten kann man nicht kaufen
    von Horst Glameyer
    aus: Ders., Der kleine Junge im Stall, nachdenklich stimmende Geschichten zur Weihnachtszeit, © Walter-Verlag, Oltern
24 Der Bauer und das Bettelkind
    von Barbara Cratzius
    © Hartmut Cratzius Erben, Heikendorf/Kiel
27 Der Engel, der nicht fliegen konnte
    von Christa Spilling-Nöker
    aus: Dies., Vom Engel der die Welt verwandeln wollte
    © Verlag Herder, Freiburg im Breisgau 2003
28 Die Kerze, die nicht brennen wollte
    © Ulrich Peters, Freiburg
29 Ein Stern ging auf
    © Willi Fährmann, Xanten
32 Der hässliche Tannenbaum
    von Ingrid Uebe
    aus: Dies., Leselöwen-Wintergeschichten
    © 1995 Loewe-Verlag GmbH, Bindlach
33 Der Straßenkehrer und das Engelshaar
    von Eva Marder
    aus: Berta Hofberger, Der Stern im Brunnen
    © 1967 Bastei Lübbe GmbH & Co. KG, Köln
34 Kara erzählt von Renate Günzel-Horatz
    © Patmos Verlag GmbH u. Co. KG, Düsseldorf
35 Vom Geheimnis des Christkindes
    © Heinrich Bücker, Moers
36 Der Stern von Bethlehem erzählt
    aus: Susanne Herzog (Hg.), Sterne, Licht und grüne Zweige. Adventliche Symbolfeiern mit Kindern
    © Schwabenverlag, Ostfildern, 2006, S. 48f

37 Ursels Streichelbild
    von Rolf Krenzer
    aus: Ders., Das Weihnachtslicht
    © Rolf Krenzer Erben, Dillenburg
40 Ich bin ja nur ein Esel
    von Axel Schönberg, Quelle unbekannt
41 Der Weihnachtskaktus
    von Marjaleena Lembcke
    aus: Dies., Weihnachtszeit – Zauberzeit
    ©1998 by Verlag Carl Ueberreuter, Wien
42 Maria und das schwarze Schaf von Lene Mayer-Skumanz
    aus: Dies., Der kleine Fuchs und das Christkind und andere
    Weihnachtsgeschichten
    © Tyrolia Verlag, Innsbruck, 2008, S. 6–8
44 Josef gehört in die erste Reihe
    © Ursula Berg
45 Die Flucht nach Ägypten; Legende
    © H.R. Pruppacher, Mainz
47 Der verlorene König
    von Peter Spangenberg
    aus: Ders., Sternenglanz und Regenbogen
    © KREUZ Verlag in der Verlag Herder GmbH, Freiburg im Breisgau 2002
51 Der Weihnachtsbrief
    von Edeltraud Dürr
    aus: Ursula Richter (Hg.), Weihnachtsgeschichten am Karmin (21)
    © 2006 by Rowohlt Verlag GmbH, Reinbeck bei Hamburg
52 Die Gruppe würde ihn Feigling nennen
    von Dietrich Steinwede
    © Rechte beim Autor
54 Weihnachten in Chicago, „Das Paket des lieben Gottes" (Auszug)
    aus: Bertolt Brecht, Werke. Große kommentierte Berliner und Frankfurter
    Ausgabe, Band 19: Prosa 4.
    © Suhrkamp Verlag Frankfurt am Main 1997
55 Papa, Charlie hat gesagt
    © Ute Blaich, Garstedt
56 Liesel will im Gefängnis bleiben
    © Ernst Klee, Frankfurt
57 Geschenke von Herzen
    © Regina Weindl, Langenhaslach
58 Die kleine Spieldose
    von Lothar Schmitz
    aus: Stille Nacht, Heilige Nacht, Weihnachtsgeschichten aus schwerer Zeit
    © Rechte beim Autor, um ein Drittel verkürzt

59 Lebenslange Trauer um einen Feind
    von Heinz Girwert
    aus: Stille Nacht, Heilige Nacht, Weihnachtsgeschichten aus schwerer Zeit
    © Rechte beim Autor
60 Der Weihnachts-Traum
    von Paulo Coelho
    aus dem Brasilianischen von Maralde Meyer-Minnemann
    © Paulo Coelho
61 Vertrauen gegen Vertrauen
    von Ephraim Kishon
    © 1975 by LangenMüller in der F.A. Herbig Verlagsbuchhandlung GmbH, München
62 Der Engel in Uniform
    von Hildegard Richter
    aus: Doris Weber (Hg), Küssen werden wir uns später. Menschen erzählen ihre Geschichten.
    © Publik-Forum Verlagsges. mbH, Oberursel 2004
64 Das Geheimnis der Wollmütze
    © Rita Deschner
65 Der Eisklumpen
    von Ulrike Piechota
    © Rechte bei der Autorin
66 Die Bescherung
    von Hanns Dieter Hüsch
    aus: Ders., Du kommst auch drin vor. Gedankengänge eines fahrenden Poeten
    © Christiane Rasche-Hüsch, Windeck
67 Wann ist Weihnachten?
    von P. Norbert Possmann
    aus: KA+das Zeichen, 2009
71 Mein schönstes Weihnachtsgeschenk von Anneruth Wenzel
    © Rechte bei der Autorin
72 Mein Heinrich von Barbara Hug
    aus: Weihnachtsglanz
    © KREUZ Verlag in der Verlag Herder GmbH, Freiburg im Breisgau 1997
74 Nicht vor dem Leben kapitulieren von Walter Jens
    © Rechte beim Autor
75 Der bucklige Josef von Berta Stummer
    © Rechte bei der Autorin
77 Der Stein des Eseltreibers
    von Rudolf Otto Wiemer
    aus: Ders., … dann werden die Steine schreien
    © 2003 SCM R. Brockhaus im SCM-Verlag GmbH & Co. KG, Witten

78 Die Klage der Christbäume
von Wolfgang Raible
aus: Wolfgang Raible/Reinhard Abeln, Pausenzeiten für jeden Tag
© 2003 Butzon & Bercker GmbH, Kevelaer S. 22ff, www.bube.de

79 Merkwürdige Gäste an der Krippe
© Ulrich Peters, Freiburg

80 Die goldene Kette, Quelle unbekannt

83 Das Krippenhuhn
von Doris Bewernitz (Auszug)
aus: Der illegale Hund
© Trafo-Verlag, Berlin

86 Die Geschichte vom Weihnachtsbraten
von Margret Rettich
aus: Dies., Wirklich wahre Weihnachtsgeschichten
© 2001 by Verlag Carl Ueberreuter, Wien

87 Das Gesicht des Engels
von Emma Elisabeht Frey
aus: Dies., Singt mir das Lied der Weihnacht!
© Günter Albert Ulmer Verlag, Tuningen

88 Mein Stern
von P. Norbert Possmann
aus: KA+das Zeichen, 2009

89 Der Schattenengel von Barbara Cratzius
© Hartmut Cratzius Erben, Heikendorf/Kiel

90 Mutter wacht auf
von Ellen Juen
aus: Stille Nacht, Heilige Nacht, Weihnachtsgeschichten aus schwerer Zeit
© Rechte bei der Autorin, um ein gutes Drittel verkürzt

91 Die Macht der Weihnacht
Eine wahre Begebenheit, erzählt von Hans Schäufler
aus: Stille Nacht, Heilige Nacht, Weihnachtsgeschichten aus schwerer Zeit
© Rechte beim Autor

92 Der junge Hirte
von Gabriel Busch
aus: Weihnachten der Gefangenen
© Verlag W. Reckinger GmbH, Siegburg 1996

94 Herr Kreuzer zündet die Kerzen an
von Catarina Carsten
© Rechte bei der Autorin

95 Nachdenken Josefs von Kurtmartin Magiera
aus: Ders., Die Nacht im Dezember, Texte zur Geburt des Herrn
© Rechte beim Autor

96 König, Bauer und Knecht
von Max Bolliger

aus: Ders., Ein Duft von Weihrauch und Myrrhe
© 2009 Verlag am Eschbach der Schwabenverlag AG,
Eschbach/Markgräflerland
97   Der Weihnachtsnarr
von Max Bolliger
aus: Ders., Ein Duft von Weihrauch und Myrrhe
© 2009 Verlag am Eschbach der Schwabenverlag AG,
Eschbach/Markgräflerland
98   Friede allen Völkern
von Joachim Schülke
aus: Stille Nacht, Heilige Nacht, Weihnachtsgeschichten aus schwerer Zeit
© Rechte beim Autor; leicht verkürzt
99   Die Legende vom Baum im Paradies
© Willi Fährmann, Xanten

In wenigen Fällen ist es uns trotz großer Mühen nicht gelungen, alle Inhaber von Urheberrechten und Leistungsschutzrechten zu ermitteln. Da berechtigte Ansprüche selbstverständlich abgegolten werden, ist der Verlag für Hinweise dankbar.

Mehr Weihnachtsgeschichten von Willi Hoffsümmer

Willi Hoffsümmer hat die 100 schönsten Weihnachtsgeschichten gesammelt. Mit hilfreichen Hinführungen, Erklärungen zum Inhalt, Anregungen für ein weiterführendes Gespräch und Angaben zur Dauer der Erzählung. Die Geschichten stammen teils von unbekannten, zum größten Teil aber von bekannten Autoren, wie z.B. Waggerl, Bolliger, Krenzer, Cratzius, Wiemer, Pausewang, Krüss, Spilling-Nöker.

Willi Hoffsümmer
Die 100 schönsten
Weihnachtsgeschichten
Zum Vorlesen in Familie, Kindergarten, Schule und Gemeinde
256 Seiten | Gebunden mit Leseband
ISBN 978-3-451-32000-2

HERDER
Lesen ist Leben

In allen Buchhandlungen oder unter www.herder.de

Kurze Geschichten für Senioren

30 unterhaltsame Kurzgeschichten, die in Lebenswelt und Alltag alter Menschen den Zauber der kleinen Dinge zum Vorschein bringen. Ideal zum Vorlesen - ganz nah am Lebensalltag alter, oft vergessener Menschen. Sie lassen mal schmunzeln, sie regen zum Nachdenken an, sogar Krimis sind vertreten - allen gemeinsam ist die Überzeugung: alt sind wir nur von außen!

Ingrid Huber
Eigentlich bin ich nur außen alt
Kurzgeschichten für Senioren
160 Seiten | Gebunden
mit Leseband
ISBN 978-3-451-34125-0

HERDER
Lesen ist Leben

In allen Buchhandlungen
oder unter www.herder.de

Die neue große Ideenkiste

Eine Ideenkiste, bis zum Rand gefüllt mit Vorschlägen, wie Kinder zwischen 5 und 14 Jahren religiöse Inhalte sinnenfroh erfahren können. Die Einheiten sind praxiserprobt, präzise Angaben zu Material und Vorbereitung erleichtern eine zielgenaue Auswahl. Diese völlig überarbeitete Neuausgabe des Bestsellers von Kerstin Kuppig ist eine unerlässliche Grundausstattung für Schule und Gemeindekatechese.

Kerstin Kuppig
Das große Werkbuch Religion
Neue Ideenkiste voller Geschichten, Bastelanleitungen, Spiele und Lieder für Kindergarten, Schule und Gemeinde
240 Seiten | Gebunden
ISBN 978-3-451-32610-3

HERDER
Lesen ist Leben

In allen Buchhandlungen oder unter www.herder.de